W0177552

WER ÜBERLEBT?

Dr. Reiner Klingholz ist seit 2003 Direktor des Berlin-Instituts für Bevölkerung und Entwicklung und einer der renommiertesten Demografie-Experten Deutschlands.

Prof. Dr. Wolfgang Lutz, einer der weltweit führenden Demografen, ist Direktor des World Population Program am IIASA und des Vienna Institute of Demography sowie Professor an der Wirtschaftsuniversität Wien.

D1 4000 K65

Reiner Klingholz, Wolfgang Lutz

WER ÜBERLEBT?

Bildung entscheidet
über die Zukunft der Menschheit

Wirtschaftsuniversität Wien
Universitätsbibliothek
am: 17. MRZ. 2023
AUSGESCHIEDEN

Campus Verlag
Frankfurt/New York

UB-WU WIEN
+J365216004

2018 : 2724

D4

UNIVERSITÄTSBIBLIOTHEK WU WIRTSCHAFTSUNIVERSITÄT WIEN

MIX
Papier aus verantwortungsvollen Quellen
FSC® C089473
FSC www.fsc.org

ISBN 978-3-593-50510-7 Print
ISBN 978-3-593-43345-5 E-Book (PDF)
ISBN 978-3-593-43359-2 E-Book (EPUB)

Das Werk einschließlich aller seiner Teile ist urheberrechtlich geschützt. Jede Verwertung ist ohne Zustimmung des Verlags unzulässig. Das gilt insbesondere für Vervielfältigungen, Übersetzungen, Mikroverfilmungen und die Einspeicherung und Verarbeitung in elektronischen Systemen.
Copyright © 2016 Campus Verlag GmbH, Frankfurt am Main
Umschlaggestaltung: total italic, Thierry Wijnberg, Amsterdam, Berlin
Umschlagmotiv: © getty images
Satz: Campus Verlag GmbH, Frankfurt am Main
Gesetzt aus: Scala und Scala Sans
Druck und Bindung: Beltz Bad Langensalza GmbH
Printed in Germany

www.campus.de

29.03.2018 / 25,70 eur

INHALT

Prolog

BILDUNG, IHRE GEGNER UND DIE ZUKUNFT DER MENSCHHEIT

Dass Bildung etwas sehr Wichtiges in unserem Leben und für das Leben unserer Kinder ist, wird in Deutschland und generell im entwickelten Teil der Welt kaum ein Mensch infrage stellen. Bildung ist notwendig für ein erfolgreiches Berufsleben. Sie befähigt uns, über den eigenen Horizont hinauszusehen, Normen zu hinterfragen, unseren Lebensstil bewusst zu wählen. Damit können wir sogar unsere Gesundheit beeinflussen. Bildung ermöglicht überhaupt erst eine selbstbestimmte Existenz. Sie ist eine Grundvoraussetzung für die komplexe Organisation moderner Gesellschaften, sie dient übergeordneten Zielen wie Freiheit und Gerechtigkeit.

Besser Qualifizierte mischen sich eher in politische Entscheidungsprozesse ein und fördern die Demokratisierung. In den meisten Ländern der Welt, in denen sich die Bildung nach dem Motto »Bildung für alle« auf weite Bevölkerungskreise ausgedehnt hat und die Menschen immer besser qualifiziert wurden, haben sich die Lebensbedingungen seit Jahrzehnten oder gar Jahrhunderten deutlich verbessert. Weltweit hängt der Wohlstand der Nationen eng mit dem Bildungsstand seiner Bürger zusammen. Moderne Gesellschaften werden deshalb auch als Wissensgesellschaften bezeichnet.

Doch weil Bildung sich zu unterschiedlichen Zeiten auf der Welt auszubreiten begann und die Bedingungen dafür sehr unterschiedlich waren, gibt es gewaltige Unterschiede beim Entwicklungsfortschritt hin zur Wissensgesellschaft. Nicht alle Nationen waren gleich erfolgreich dabei, das Wissen unter die Menschen zu bringen und zum Wohle der Gemeinschaft zu nutzen. Die westlichen Industrieländer haben ihre Bildungsdividende früh eingefahren und die asiatischen Aufsteigernationen sind ihnen später mit hoher Dynamik gefolgt.

Anderenorts, vor allem in Afrika, in Teilen Westasiens und in der arabischen Welt, blieben diese Chancen bislang weitgehend ungenutzt. Dort sind die Bildungsmöglichkeiten begrenzt. Viele Kinder, vor allem Mädchen, gehen gar nicht zur Schule oder brechen sie ab. Der Anteil der Analphabeten ist nach wie vor erschreckend hoch. Im globalen Wettbewerb haben diese Länder geringe Chancen. Ihre Entwicklung kommt kaum voran, es fehlt an auskömmlicher Arbeit, der gesellschaftliche Wandel ist gehemmt und die Bevölkerungen wachsen rasant, denn geringe Bildung bringt überall auf der Welt hohe Kinderzahlen mit sich. Die immer größer werdenden jungen Generationen blicken auf die erfolgreicheren Länder und sehen sich um ihre Zukunft betrogen.

Dass unter diesen Bedingungen die Unzufriedenheit wächst, ist kein Wunder. Und mit ihr wächst die Wut auf jene Kulturen, die von der Bildung profitieren konnten. Häufig müssen dann Ideologie und Religion herhalten, um die Unterschiede zwischen den Kulturen zu erklären – der Entwicklungsrückstand wird begründet mit Unterdrückung, Imperialismus und Ausbeutung.

Die Unzufriedenheit in schlecht entwickelten Ländern entlädt sich immer häufiger in sozialen Konflikten und Gewalt, die auch an nationalen Grenzen keinen Halt macht. Die Menschen in den betroffenen Gebieten können aus eigener Kraft kaum etwas ändern an ihren politischen und wirtschaftlichen Rahmenbedingungen, die ihre schlechte Lage bedingen. Aber sie wissen in der global vernetzten Welt, dass es Länder gibt, in denen es friedlicher und sicherer zugeht und der Wohlstand bei größeren Teilen der Bevölkerung ankommt. Dieses Wissen treibt viele dazu, ihre Heimat zu verlassen und nach einem besseren Leben anderswo zu suchen, auch wenn dieser Weg große Gefahren birgt. Die neuen Flüchtlingsströme unserer Zeit gehen damit zum Teil auf die großen Bildungs- und damit Wirtschaftsunterschiede zwischen den Regionen zurück.

Wenn wir in diesem Buch von Bildung sprechen, dann geht es uns nicht um humanistische oder Humboldt'sche Bildungsideale, sondern um kognitive Basiskompetenzen. Es geht darum, das Lesen und Schreiben zu erlernen und die Grundrechenarten zu beherrschen. Mit diesen Kompetenzen wächst das Abstraktionsvermögen, sie liefern den Grundstock für Erwerb und Einordnung von weiterem Wissen. Sie erleichtern eine Lebensplanung. Sie befähigen Frauen und Männer in allen Ländern und Kulturen, sich selbst und anderen bei der Bewältigung der Herausforderungen zu helfen, die das Leben stellt. Sie eröffnen den Menschen neue Möglichkeiten zur Gestaltung ihres sozialen, wirtschaftlichen und kulturellen Lebens. Bildung eröffnet neue Freiheiten.

Diese Freiheiten können allerdings auch Ängste hervorrufen: Ängste der Herrschenden vor zu viel Selbstbestimmung; Ängste von Religionsführern vor einer rationalen, säkularen Welterklärung; Ängste von Männern vor eigenständigen Frauen.

Weil die Erfolge von moderner Bildung und Wissenschaft ihren Ursprung in der »westlichen«, ursprünglich vom Christentum geprägten Welt haben, werden sie in anderen Teilen der Welt mitunter als dekadent und unrein klassifiziert, als Produkte einen »falschen« Glaubens. Erprobte Prinzipien westlicher Gesellschaften wie Gleichberechtigung, Aufklärung, Pluralismus oder Rationalismus werden zu vermeintlichen Ursachen für diesen »falschen« Glauben erklärt. Nur dem eigenen, dem »richtigen« Glauben wird zugetraut, die Dilemmata der Moderne, die Umwelt- und Finanzkrisen, die Habgier und das kapitalistische Gewinnstreben aufzulösen.

Unbildung als Konzept

Auf dem Nährboden dieser Argumente breiten sich absurde Ideologien aus. Ihre Anhänger gehen, oft unter dem Deckmantel der Religion, gegen alles vor, was an eine »westliche« Dominanz erinnert, und besinnen sich stattdessen auf die Ursprünge, auf die Fundamente ihres Glaubens, auch wenn diese aus einer ganz anderen Zeit stammen. Im Zentrum der Ablehnung steht dann oft der Widerstand gegen die moderne Bildung, die als Quelle allen Unglaubens gilt. Beim Versuch, diesen Unglauben zu stoppen, verschwinden schon einmal die Naturwissenschaften vom Lehrplan – im Austausch gegen religiösen Unterricht. Häufig sind die Eingriffe jedoch militanter und der Hass gegen die Moderne entlädt sich in Terror und Gewalt: In einer wachsenden Zahl von Ländern gehen Schulen in Flammen auf, werden Mädchen vom Lernen ausgeschlossen oder Frauen aus dem öffentlichen Leben verbannt.

Für den Westen, und ebenso für die Mehrzahl der Menschen in anderen entwickelten Teilen der Welt, sind diese Lebensvorstellungen, ist der Widerstand gegen moderne Bildung komplett unverständlich. Was spricht gegen Lebensformen, die nachweislich ein besseres Dasein ermöglichen und den Geist befreien? Warum sollte man eine Gesellschaft konservieren, welche die eine Hälfte der Menschen diskriminiert und die Handlungsfreiheit aller Bürgerinnen und Bürger beschränkt? Welcher Vorteil ergibt sich aus einer Rückbesinnung auf Gesellschaftsstrukturen des frühen Mittelalters?

Dass die Menschen in Afrika, im Nahen Osten und in Teilen Asiens bis heute wenig von der weltweiten Bildungsexpansion erlebt haben, geht jedoch nur zu einem Teil auf den Terror religiöser Fanatiker zurück. Der Fanatismus kann sich nur dort ausbreiten, wo der Boden für eine »Unbildungskultur« schon bereitet ist: in jenen Ländern, die ohnehin wenig in Bildung investiert haben, in denen die Regierungen die Bildung der Allgemeinheit als unnötig erachten und sie diese zum Teil sogar bewusst unterdrückt haben – aus

Furcht davor, dass sich besser gebildete Menschen mehr Freiheiten und Mitsprachemöglichkeiten herausnehmen.

Religiöser Fanatismus hat nur dort eine Chance, Mitstreiter zu rekrutieren, wo es vielen Menschen schlecht geht, wo Unbildung vorherrscht und wo nur wenige sich mit Argumenten gegen die Ideologie des Terrors zur Wehr setzen können. In diesen Gebieten finden sich zudem viele stille Anhänger der Fanatiker, die glauben, die aufgeklärten, säkularen Gesellschaftsmodelle könnten ihnen ihre Identität rauben. Auch wenn die Anführer des »Islamischen Staates«, von Al Kaida oder Boko Haram selbst oft über eine gute Bildung verfügen: Sie brauchen ein Heer von Ungebildeten, als leicht zu manipulierende Mitläufer und als Kanonenfutter, um ihre Herrschaft zu zementieren.

Die Unbildung produziert somit ihre eigenen Kinder, und zwar überproportional viele, denn in Gesellschaften mit einem niedrigen Bildungsstand sind die Kinderzahlen besonders hoch. Dadurch vergrößert sich der Entwicklungsabstand zwischen dem besser und dem schlechter qualifizierten Teil der Weltbevölkerung immer weiter. So kommt es, dass sich zu Beginn des 21. Jahrhunderts nicht mehr Ost und West oder Nord und Süd, sondern zwei grundsätzlich verschiedene Bildungskulturen gegenüberstehen – eine Wissens- und eine Un-Wissensgesellschaft. Für die eine ist Bildung die Quelle der Fortentwicklung. Die andere hat gar keine Chance, von der Bildung zu profitieren, weil sie ihr von desinteressierten Regierungen vorenthalten wird und/oder weil religiöse Fanatiker den Rest der Bildungslandschaft auch noch wegbomben.

Diese Konfrontation trennt die Welt weit stärker als der Kampf der Kulturen, den Samuel Huntington in den 1990er Jahren beschworen hat. Der amerikanische Politikwissenschaftler hatte nach der Ära des Kalten Krieges und dem Ende der bipolaren Welt erwartet, dass neue Konfliktlinien zwischen den Staaten aufgrund ihrer unterschiedlichen kulturellen und religiösen Prägung entstehen, etwa zwischen dem aufstrebenden China und den USA oder zwischen der islamischen Welt und dem Westen.

Die heutigen Krisen deuten darauf hin, dass hinter den unübersehbaren neuen Konflikten eher mangelnde Investitionen in Bildung stecken als religiöse oder kulturelle Prägungen. Denn dort, wo – über die Bildung – ein gewisser Wohlstand und gesellschaftliche Freiräume entstehen konnten, wo in der Folge die Geburtenraten sanken und sich der Bevölkerungsdruck reduzierte, dort sind die Staaten wesentlich friedlicher und krisenresistenter geworden. Mit Kultur und Religion hatte das wenig zu tun, denn dieser gesellschaftliche Fortschritt lässt sich in Ländern mit christlichen, muslimischen, hinduistischen oder atheistischen Bevölkerungsmehrheiten beobachten und ebenso in multiethnischen Gesellschaften. Wo hingegen mangels Bildung die Entfaltungsmöglichkeiten der Menschen eingeschränkt sind, stockt der gesellschaftliche Fortschritt und der Frust über die desolate Lage entlädt sich am ehesten in Gewalt und Fanatismus. Die Konfliktlinie des 21. Jahrhunderts verläuft zwischen denen, die Bildung fördern, und jenen, die sie behindern. Huntingtons Kampf der Kulturen ist in Wirklichkeit ein Kampf der Bildungskulturen. Wenn eine »Kultur« der Unbildung die Oberhand gewinnt, dann steht es schlecht um die Zukunft der Menschheit.

Weil Bildung zu höherem Wohlstand und besserer Gesundheit führt, Unbildung aber zu Armut, Konflikten, hohem Bevölkerungswachstum und einem tendenziell kürzeren Leben, treiben beide Kulturen immer weiter auseinander. Damit wächst fatalerweise die Wahrscheinlichkeit, dass sich noch mehr Bildungsverlierer unter der Fahne einer fundamentalistisch ausgelegten Religion sammeln und die bestehenden Konflikte weiter schüren. Die rasante Ausbreitung des religiösen Terrors in immer mehr Ländern der wenig entwickelten Welt ist ein bedrohliches Zeichen für den zunehmenden Kampf der Bildungskulturen, der uns alle betrifft.

Menschen von der Bildung auszuschließen ist ein uraltes politisches Instrument, mit dem sich autoritäre Regime und Diktatoren zu stabilisieren versuchen. Gerade weil Bildung die Menschen unabhängig und selbstbewusst macht, stellt sie seit jeher eine Gefahr für alle dar, die sich mit Gewalt an der Macht halten wollen. Die Eliten der alten Hochkulturen, von Babylon bis nach Rom, von Ägypten bis ins konfuzianische China, von den Maya bis zu den Azteken, sie alle konnten sehr gut damit leben, dass nur ein kleiner Teil ihrer Bewohner gut ausgebildet war und der Rest als Bauern, Soldaten oder Sklaven ausgebeutet und manipuliert wurde.

Diese autokratischen Gesellschaftsformen waren die Norm, bis im 18. Jahrhundert (nach ein paar punktuellen Vorversuchen im klassischen Athen oder später in kleinen Ländern wie Island oder der Schweiz) die ersten modernen Demokratien entstanden. Diese »Herrschaft des Volkes«, oder die »Regierung des Volkes durch das Volk für das Volk«, wie es Abraham Lincoln einmal ausgedrückt hat, konnte aber erst funktionieren, als die Bürger (die Bürgerinnen waren erst später dran) befähigt waren, diese Regierung des Volkes auch verantwortlich auszuüben. Und dazu brauchten sie ein gewisses Maß an Bildung.

Wer oder welches Ereignis aber hat dazu geführt, dass Bildung irgendwann in der Geschichte von einem Eliten- zu einem Massenphänomen und damit zum Erfolgsmodell wurde? Ansätze dafür gab es viele, etwa im antiken Griechenland, in der italienischen Renaissance und im europäischen Humanismus. Doch die erste wirkliche Bildungsrevolution mit dem Anspruch von »Bildung für alle« hat eine Gesellschaft erst mit der Reformation Martin Luthers erlebt.

Luther war der Überzeugung, dass sich der Weg zum Heil für die Menschen erst durch ihre persönliche Beziehung zu Gott eröffne, die wiederum nur durch die direkte Lektüre der Heiligen Schrift möglich war. Deshalb musste der Reformator die Bibel aus dem nur Gelehrten und Priestern zugänglichen Lateinischen in ein Deutsch übersetzen, das Frauen und Männer aus dem Volk verstanden. Weil zur damaligen Zeit kaum ein Mensch aus dem Volk lesen und schreiben konnte, forderte Luther erstmals den Aufbau von Schulen, und zwar für Jungen wie Mädchen. Der Reformator legte damit den Grundstein für die Demokratisierung von Bildung und für die spätere wirtschaftliche und politische Befreiung der Menschen.

Durch den Anspruch, den persönlichen Zugang zum Glauben zu finden, waren mit der Reformation auch Säkularisierung und Individualisierung vorgezeichnet. Letzteres hat Luther weder geplant noch gewollt, sondern unbeabsichtigt auf den Weg gebracht, denn eigentlich ging es ihm nur um die religiöse und keinesfalls um eine weltliche Befreiung.

Auch wenn es nach Luther noch über zwei Jahrhunderte dauern sollte: Die Kombination aus Bildung und Demokratie entwickelte sich zu einem unschlagbaren Erfolgsmodell. Mehr Gleichheit und ein Basiswissen für möglichst viele Mitglieder der Gemeinschaft förderten die Verbreitung technischer und medizinischer Innovationen und bedeuteten höhere Entfaltungs- und Einkommensmöglichkeiten für breite Bevölkerungsschichten. Weil diese ihr Geld wieder ausgaben, profitierten Unternehmen und letztlich der Staat, indem er hohe Steuereinnahmen erzielte. Als in demokratischen Gesellschaften Bildung und Wohlstand eine breite Basis erhielten, wuchsen sie zu jenen flexiblen und effizienten Wirtschaftssystemen heran, die erfolgreicher und stabiler waren als andere.

Interessanterweise folgte die Ausbreitung von Bildung, Aufklärung, politischer Emanzipation und Wohlstand über die Jahrhunderte ziemlich genau jener des reformierten Glaubens. Was später einmal als »westliche Bildung« bezeichnet werden sollte, drang über Preußen, Holland, Skandinavien und England bis in die Vereinigten Staaten vor. Demgegenüber verloren die einst mächtigen katholischen Kolonialreiche Portugal und Spanien, aber auch Italien, kontinuierlich an Einfluss, denn dort war es nicht zu einer Massenbewegung in Bezug auf Bildung gekommen. Auch die arabische Welt, die bis ins 11. Jahrhundert ein Hort der Künste und der Wissenschaft gewesen war, fiel weit zurück – vor allem, weil sie sich über 300 Jahre dem Buchdruck verweigerte, jenem Instrument, mit dem sich das Wissen verbreiten konnte wie nie zuvor.

Im 20. Jahrhundert folgten andere Länder dem Prinzip des westlichen Bildungsideals, wobei die Religion immer mehr an Bedeutung verlor. Als klar war, nach welchem Muster sich die erfolgreichen Länder entwickelten, ging es nur noch darum, dieses Muster zu kopieren. Sobald die Bildung zu den Massen kam, entfaltete sie überall die gleiche Kraft, ganz egal, ob die Menschen Protestanten, Muslime, Hindus oder Atheisten waren. Die Beispiele dafür sind vielfältig. So hat sich das kleine und arme Mauritius zu dem afrikanischen Land mit dem höchsten Entwicklungsstand gewandelt. Japan beendete seine Isolation und wurde zum Wirtschafts- und Technologiegiganten. Singapur entwickelte sich von einem malariaverseuchten Sumpfgebiet zur Hightech-Metropole. Der Milliardenstaat China erholte sich binnen kürzester Zeit von den schlimmsten Folgen kommunistischer Planwirtschaft und steht heute kurz davor, zur globalen Wirtschaftsmacht Nummer eins zu werden. Stets waren es die Investitionen ins Humankapital, die der Entwicklung auf die Beine halfen.

Der Begriff des Humankapitals hat in der deutschen Sprache einen schlechten Ruf, weil er den Menschen angeblich zu einer nur noch ökonomisch interessanten Größe degradiert. Doch in Wirklichkeit definiert der Begriff die Fähigkeiten und Fertigkeiten, die eine Person zur Gestaltung ihres Lebens besitzt. Diese konzentrieren sich nun einmal auf den Kopf des Menschen, der auf Lateinisch *caput* heißt. Das Humankapital ist somit das individuelle Vermögen, das ein jeder sein eigen nennen kann, unabhängig von materiellen Gütern. Nur wer diesen Schatz besitzt und darüber selbst verfügt, profitiert von den vielfältigen Vorteilen der Bildung: von höheren Einkommen, von einem weitgehenden Schutz vor Armut und Arbeitslosigkeit, von besserer Gesundheit und einem längeren Leben und vor allem von der Möglichkeit, sein Leben individuell zu gestalten.

Wissen und Bildung gehören zu den wenigen Ressourcen, die sich durch Gebrauch nicht erschöpfen, sondern vermehren. Offene Wissensgesellschaften bieten die einzige Chance, eine Antwort auf die globalen Herausforderungen des 21. Jahrhunderts zu finden. Wie will die Menschheit ohne ausreichende Bildung den Gefahren von Bevölkerungswachstum und Klimawandel begegnen und sie meistern? Wie will sie die Ernährung von 9, 10 oder 11 Milliarden Menschen sichern, wie den drohenden Trinkwassermangel in vielen Weltregionen bewältigen und den Artenschwund bremsen, wenn nicht durch intelligente Lösungen, die ohne einen hohen Bildungsstand weiter Bevölkerungskreise nicht zu finden sind?

Wie sich die Welt fortentwickelt, ist offen, denn wir wissen nicht, ob und wann sich das Erfolgsmodell Bildung auch in jenen Ländern ausbreitet, die bisher wenig von der Bildungsrevolution profitiert haben. Wir beschreiben deshalb in diesem Buch unterschiedliche Szenarien zur Zukunft der Menschheit bis zum Ende des 21. Jahrhunderts in Abhängigkeit von künftigen Bildungsinvestitionen. Die Szenarien reichen von einer raschen, friedlichen und nachhaltigen Entwicklung bis hin zu totaler Stagnation, zu einer Welt mit rasantem Bevölkerungswachstum in den armen Regionen, einer weiteren Ausbreitung von Konflikten und Terror und massiven Umweltproblemen mit einem entfesselten Klimawandel.

Trotz aller Lippenbekenntnisse fließen derzeit nur 2 bis 4 Prozent der Mittel aus der internationalen Entwicklungszusammenarbeit in die Basisbildung der armen Länder. Hier wäre ein radikales Umdenken nötig. Ähnlich wie Martin Luther sich einst für die Alphabetisierung von Bauern und einfachen Handwerkern stark gemacht hat, müssten heute alle Kinder in den Entwicklungsländern die Chance auf eine Schulbildung mindestens bis zum Alter von 16 Jahren erhalten. Erst damit könnten sie mithelfen, ihre Länder auf den Pfad einer nachhaltigen Entwicklung zu bringen.

Gesellschaften, die sich der Bildung verweigern, laufen Gefahr, im Kreislauf von Not, Unterentwicklung, Armut, Terror und Chaos unterzugehen. Sie bedrohen mit ihren internen Konflikten ihre Nachbarn und letztlich auch den Rest der Welt. Auch wenn Bildung auf den ersten Blick ein Selbstgänger ist – es gibt keine Garantie dafür, dass sie auch den wenig entwickelten Teil der Welt erreicht und dort bei der Lösung der Probleme hilft.

Wir wollen in diesem Buch zeigen, wie, wann und mithilfe welcher Akteure sich Bildung zum Erfolgsmodell entwickelt hat. Wir schauen uns an, welche Vorteile sich aus der Bildung für jeden Einzelnen und für ganze Gesellschaften ergeben. Und wir versuchen die Frage zu beantworten, warum dennoch viel zu wenige Investitionen in Bildung stattfinden und weshalb sie vielerorts nicht nur vernachlässigt, sondern regelrecht unterdrückt wird. Wir machen deutlich, welche Folgen der heutige Kampf der Bildungskulturen für die Welt von morgen hat und weshalb Bildung der entscheidende Faktor für die Zukunft der Menschheit ist. Letztlich geht es um die fundamentale Frage: Wer überlebt?

1

DER KAMPF DER BILDUNGSKULTUREN

Dürfen Mädchen lernen? Der Anschlag auf Malala

Am 9. Oktober 2012, kurz nach 12 Uhr mittags, quetscht sich ein weißer Toyota TownAce durch das lärmende Verkehrschaos im nordpakistanischen Mingora. Es ist die größte Stadt im lang gestreckten Swat-Tal, das wegen seiner Naturschönheiten und dem klaren Blick auf die schneebedeckten Berge des Hindukusch als die Schweiz Pakistans gilt. Hier leben durchweg Menschen vom Volk der Paschtunen. Der Pritschenwagen, dessen Holzbänke durch eine verdreckte Plastikplane geschützt sind, hat 20 Schülerinnen und drei Lehrkräfte aus der Khushal-Schule abgeholt, um sie nach Hause zu bringen. Dicht an dicht sitzen die Mädchen in der stickigen Hitze, vor sich ihre Examensordner, denn gerade laufen die Abschlussprüfungen.

Der Bus nimmt seinen Weg wie an jedem Schultag, biegt an einem Militärkontrollpunkt rechts ab, fährt vorbei an einem verlassenen Kricketplatz, als er plötzlich von einem vermummten jungen Mann gestoppt wird. Er fragt den Fahrer, ob dies der Bus der Khushal-Schule sei, obwohl genau das auf beiden Seiten des Fahrzeugs geschrieben steht. Derweil schwingt sich ein zweiter Mann mit Wollmütze und einem Tuch vor Mund und Nase hinten auf die Ladeklappe und fragt: »Wer ist Malala?«. Als mehrere Mädchen ihre Blicke auf eine der Ihren werfen, auf die einzige unverschleierte Schülerin, zieht der Mann einen schwarzen Colt und schießt der Fünfzehnjährigen aus nächster Nähe in den Kopf. Die Kugel trifft sie knapp neben dem linken Auge und bleibt in der Nähe des Schulterblatts stecken. Zwei weitere Mädchen werden von Pistolenkugeln getroffen, dabei aber nicht lebensgefährlich verletzt.

Mädchen haben einen schweren Stand in dieser Region der Welt. Wird ein Mädchen geboren, hält sich die Freude in der Familie und unter Freunden in Grenzen. Die meisten Paschtunen verstecken weibliche Babys nach der Geburt verschämt hinter einem Vorhang, während sie die Ankunft männlicher Nachkommen mit Gewehrschüssen feiern. Viele Mädchen werden noch minderjährig verheiratet, oft an viel ältere Männer. Einem verbotenen, aber immer noch praktizierten Brauch folgend geben manche Familien ihre Töchter an andere Stämme ab, um so einen Streit zu schlichten. Seit sich die radikalislamischen Taliban aus dem Nachbarland Afghanistan im Swat-Tal ausgebreitet haben, verlangen sie von Frauen das Tragen der Burka. Die Taliban dulden keine Frauen auf dem Basar und keinen Schritt aus dem Haus ohne Begleitung eines männlichen Familienmitglieds.

In diesem Umfeld wächst Malala Yousafzai auf, und sie entwickelt sich zu einem höchst ungewöhnlichen Kind. Ihre Mutter kann wie viele erwachsene Frauen weder lesen noch schreiben. Ihr Vater ist Englischlehrer und Friedensaktivist. Er gründet 2003 eine eigene private Oberschule, die er nach Khushal Khan Khattak benennt, einem Dichter und Krieger, der im 17. Jahrhundert versucht hatte, die paschtunischen Stämme gegen das Reich der Mogule zu vereinen, die damals fast den ganzen indischen Subkontinent beherrschten.

Diese Schule wird für die kleine Malala ein zweites Zuhause. Schon mit vier Jahren lauscht sie dem Unterricht, der für viel ältere Kinder gedacht ist. Sobald sie lesen gelernt hat, verschlingt sie jedes Buch, von denen es in dem bescheidenen Haushalt viel zu wenige gibt. Als »echte« Schülerin steigt sie später rasch zur Klassen- und Jahrgangsbesten auf. Sie genießt es, Neues aus allen Disziplinen aufzunehmen, ihre Interessen reichen von der Physik bis zu Politik. Der Eingang zur Khushal-Schule, schreibt sie einmal, sei für sie »das Zaubertor zu einer anderen Welt«.[1]

Als die Taliban an Einfluss gewinnen, fordert der selbsternannte örtliche Mufti Malalas Vater auf, die Schule zu schließen, mit dem Argument, sie widerspreche dem Islam. Mädchenschulen seien Gotteslästerung. Mädchen hätten verschleiert und im Verborgenen zu leben. Die Taliban verbieten Fernsehen und Musik, Tanz, Lieder und Kinderspiele. Auf den Straßen gehen haufenweise Fernsehgeräte, Computer, Musikkassetten und DVDs mit Bollywood-Filmen in Flammen auf. Die Taliban untersagen es den Gesundheitsdiensten, Polioimpfungen durchzuführen, denn Krankheiten zu heilen, bevor sie ausgebrochen seien, widerspreche der Scharia, dem islamischen Recht. Dann beginnen sie Schulen zu zerstören; bis Ende 2008 werden Hunderte in die Luft gesprengt. Die Taliban bombardieren das lokale Kraftwerk, sodass kein Strom mehr fließt. Sie sprengen Brücken und Gasleitungen, die Wasserversorgung bricht zusammen und die Menschen sterben an Cholera.

Malala ist mittlerweile elf Jahre alt und verzweifelt daran, dass sie nicht mehr zur Schule gehen darf. Trost findet sie in dem Buch »Eine kurze Geschichte der Zeit« des britischen Physikers Steven Hawking, der sich Gedanken darüber macht, ob die Naturkräfte es zulassen, dass die Zeit auch rückwärts laufen kann. Genau das wünscht sich Malala, damit die Taliban verschwinden und die Schule wieder öffnet.

Zu dieser Zeit hat BBC-Radiokorrespondent Hai Kakar die Idee, ein Mädchen ein anonymes Tagebuch über das Leben unter den Taliban führen zu lassen. Er sucht dafür als Mittler den Leiter einer Privatschule und stößt dabei auf Malalas Vater Ziauddin, der den Reporter an seine Tochter verweist. Am Telefon erzählt Malala ihm von den Militärhubschraubern der pakistanischen Armee, die auf der Suche nach den Taliban über das Swat-Tal donnern, von den Artilleriefeuern in den Bergen, die sie nachts am Schlafen hindern, von ihren Ängsten, dass ihre geliebte Schule Ziel eines Anschlags werden könnte; aber auch davon, dass die Kinder die Burka lieben, weil man sich mit dem Ganzkörperschleier so toll verkleiden kann.

Nur auf der Straße wisse man nie, ob sich hinter der Verhüllung womöglich ein Selbstmordattentäter verberge.

Die Berichte erscheinen unter dem Pseudonym Gul Makai als Blog auf der Website von BBC Urdu.[2] Manche Tageszeitungen drucken die Texte nach und das BBC-Radioprogramm lässt sie von einem anderen Mädchen nachsprechen. Niemand außer Malala, ihrem Vater und dem Reporter weiß, wer sich hinter Gul Makai verbirgt. Doch jenseits dieser Anonymität gibt Malala jetzt auch Interviews im Radio und im Fernsehen und wird bald im ganzen Land bekannt. Dem Taliban-Vorwurf, Bildung sei unislamisch und würde die Menschen verwestlichen, begegnet sie mit dem Argument: »Bildung ist weder islamisch noch westlich, Bildung ist menschlich.«

Malala schafft es sogar, Richard Holbrooke, den amerikanischen Gesandten für Afghanistan und Pakistan, zu treffen, und sagt ihm, die Amerikaner sollten sich bitte darum kümmern, dass die Mädchen im Swat-Tal wieder zur Schule gehen könnten. Tatsächlich gelingt es den pakistanischen Militärs, auch auf Druck und mit finanzieller Unterstützung der Vereinigten Staaten, die Taliban zurückzudrängen, und es zieht wieder so etwas wie Alltag in Mingora ein. Derweil wird Malala zu einem Politikum. Die Regierung braucht sie einerseits als Ikone gegen die Taliban und 2011 erhält das 14-jährige Mädchen den ersten Nationalen Friedenspreis Pakistans. Doch andererseits ist der Obrigkeit der Bildungs- und Freiheitsdrang von Vater und Tochter nicht ganz geheuer, weshalb sie Malalas Familie vom Geheimdienst bespitzeln lässt.

Mit einer Mischung aus jugendlicher Naivität und der Überzeugung, das Richtige zu tun, hat sich Malala längst zur Zielscheibe der Taliban gemacht. Wie ihr Vater erhält sie regelmäßig Todesdrohungen. »Beide verbreiten weltliches Wissen und müssen getötet werden«, heißt es in einer Internetbotschaft der Taliban. Dennoch sind sich Vater und Tochter darin einig, nicht klein beizugeben. Sie lehnen Personenschutz ab und wollen auf keinen Fall aus dem Swat-Tal fortziehen oder ihren Kampf für Bildung aufgeben.

All dies ändert sich mit dem Anschlag auf den Schulbus am 9. Oktober 2012. Malala ringt nach dem Attentat tagelang mit dem Leben, wird in verschiedenen Krankenhäusern in Pakistan notversorgt und schließlich ins englische Birmingham ausgeflogen. Im dortigen Queen Elizabeth Hospital, das sich auf die Behandlung verwundeter britischer Soldaten spezialisiert hat, kommt Malala nach einer Reihe komplizierter Operationen und einer plastischen Rekonstruktion ihres Schädels wieder auf die Beine.

Am 13. Juli 2013, ihrem 16. Geburtstag, hält sie ihre erste öffentliche Rede nach dem Attentat: Vor den Vereinten Nationen in New York fordert das an Körpergröße so kleine Mädchen mit klarer, heller Stimme und bemerkenswerter Rhetorik, den Kampf gegen den Terror über den freien Zugang zu Bildung für alle Kinder der Welt aufzunehmen: »Die Extremisten hatten und haben Angst vor Büchern und Stiften. Sie fürchten sich vor der Macht der Bildung. Sie fürchten sich vor Frauen. Die Kraft weiblicher Stimmen macht ihnen Angst.«[3] Auch bei einem Besuch im Weißen Haus bleibt sie auf ihrer Linie: Frisch und frei sagt sie Präsident Barack Obama ins Gesicht, es sei besser, den Terrorismus durch Bildung zu besiegen als durch Krieg. Im Dezember 2014 verleiht der norwegische König Malala als jüngster Preisträgerin der Geschichte den Friedensnobelpreis.

Die Reaktion in Pakistan ist höchst gespalten. Während Premierminister Nawas Sharif Malala als »Stolz Pakistans« feiert, schreiben manche Zeitungen, das Mädchen sei eine Agentin der CIA. Andere meinen, ihr Vater habe das Attentat nur eingefädelt, um aus der Tochter eine Heldin zu machen. Tariq Khattack, ein ehemaliger Reporter der Tageszeitung *Pakistan Observer*, verdammt den Nobelpreis als Teil einer westlichen Verschwörung. Malala sei ein nutzloses Mädchen, das nur verkaufe, was der Westen sich wünsche. Massive Kritik kommt ausgerechnet von Mirza Kashif Ali, dem Präsidenten der Vereinigung pakistanischer Privatschulen. Aus Protest ruft er den »Ich bin nicht Malala«-Tag aus und verbietet ihre Biografie in allen Bildungseinrichtungen des Verbandes, mit dem Argument, das Buch respektiere nicht den Islam. Unter anderem wegen derartiger Anfeindungen haben Malala, ihre beiden Brüder und ihre Eltern seit der Ankunft in Birmingham davon abgesehen, in ihre pakistanische Heimat zurückzukehren.

Boko Haram, Islamischer Staat und Co. – Frontalangriff auf die Bildung

Der Anschlag auf die spätere Nobelpreisträgerin ist nur ein Beispiel für einen grassierenden Bildungs- und Kulturvandalismus, der Teile der Welt erfasst hat. In vielen Regionen, insbesondere in den wenig entwickelten Staaten und häufig in jenen mit muslimischer Bevölkerungsmehrheit, sammeln sich die marginalisierten Verlierer der Gesellschaften unter der Fahne der Religion. Weil sie in Wirklichkeit Bildungsverlierer sind, die den Anschluss an die Moderne verloren haben, suchen sie ein Feindbild und finden es in einer »westlichen« Kultur, die sie als arrogant und dekadent klassifizieren. Aus der inneren Logik dieser Ideologie und einer mittelalterlichen Interpretation des Korans folgt geradezu zwangsläufig der Gegenentwurf zu den westlichen Gesellschaftsformen. Und dieser bedeutet: Schulen zerbomben, Mädchen den Zugang zur Bildung verwehren, Frauen im Haus einschließen und jahrhundertealte Kulturgüter zerstören – als vermeintliche »Götzenbilder« aus der Zeit vor dem Religionsgründer Mohammed.

Diese Ideologie hat in den vergangenen Jahren immer mehr Anhänger gefunden. Der »Islamische Staat« (IS), die von der Ausbreitung her größte Terrororganisation, die 2014 im Irak und in Syrien ein »Kalifat« ausgerufen hat, konnte sich seither in Libyen und Ägypten, in Tunesien, Jemen und Libanon festsetzen und Bündnisse mit Terrororganisationen aus anderen Staaten schließen. Das UN-Hochkommissariat für Menschenrechte stuft die vom IS angerichtete Gewalt, die organisierte Folter und sexuelle Versklavung längst als »Völkermord« ein.[4] Für Kinder und Jugendliche bedeutet der IS-Terror meist das Ende eines geregelten Schulbesuchs. Sie werden dann in Religionsschulen gesteckt, in denen sich die Lehrer nach den neuen IS-»Lehrplänen« zu richten haben. Und dies bedeutet nicht nur geschlechtergetrennten Unterricht, sondern oft auch ideologische Gehirnwäsche, das Mitansehen von öffentlichen Enthauptungen und Steinigungen sowie das Training an der Waffe.[5]

Der 250 Seiten umfassende Bericht *Education under Attack,* der von Organisationen wie Human Rights Watch, Save the Children, Unesco und Unicef und anderen erstellt wird, listet auf, wo auf der Erde es am gefährlichsten ist, eine Schule zu besuchen, und wo durch die Angriffe von Terroristen, Militärs oder Drogenbanden Millionen von Schülern am Lernen gehindert werden. Zu den 13 im Zeitraum 2009 bis 2013 am schlimmsten betroffenen Ländern zählen mit Afghanistan, Pakistan, Nigeria, Jemen, Irak und Somalia überwiegend Staaten, in denen islamistische Gruppen das Grundrecht auf Bildung bekämpfen.[6] Die Vereinten Nationen listen insgesamt 70 Länder auf, in denen Mädchen am Schulbesuch gehindert werden.[7]

Zum Beispiel in Nigeria: Dort terrorisiert seit über zehn Jahren die islamistische Gruppe Boko Haram die Bevölkerung. Übersetzt bedeutet »Boko Haram« so viel wie »westliche Bildung ist Sünde« oder auch »Bücher sind Sünde«. Die mittlerweile militärisch sehr gut ausgerüsteten Dschihadisten verbieten in ihrem Einflussgebiet jede gesellschaftliche oder politische Aktivität, die an westliche Lebensformen erinnert. Naturwissenschaften gelten als unislamisch und Schüler haben nur Koranverse zu lernen, und zwar auf Arabisch, das sie überhaupt nicht verstehen. Die Kinder gehen nach dem Besuch einer Koranschule meist als komplette Analphabeten ins Leben.

Boko Haram kontrolliert weite Teile im Norden Nigerias und hat mittlerweile auch in den Nachbarstaaten Niger, Tschad und Kamerun Fuß gefasst. Allein zwischen 2012 und 2013 brennt die Gruppe über 300 Schulen nieder.[8] 2011 muss nach Boko-Haram-Angriffen vorübergehend die Universität in der Millionenstadt Maiduguri im Nordosten des Landes geschlossen werden. Im Februar 2013 erschießen die Terroristen neun Mitglieder eines Impfteams. Im April 2014 verschleppen sie aus der Government Secondary School in Chibok über 200 Mädchen, um sie nach eigenen Angaben zwangszuverheiraten. Anderswo werden Mädchen mit Bombengürteln in Menschenmassen geschickt und ferngezündet. Jungen werden gefangen genommen, einer Gehirnwäsche unterzogen und zu Kindersoldaten gemacht. Fast täglich kommt es zu Anschlägen, wobei die Opferzahlen über die Jahre stark angestiegen sind. 2014 starben am Boko-Haram-Terror fast 8 000 Menschen. Anfang Januar 2015 kamen allein bei den Angriffen auf die Ortschaften Baga und Doron Baga rund 2 000 Personen ums Leben.[9]

Etwa 2 000 Kilometer nordwestlich von Nordnigeria entfernt fallen im Sommer 2012 Anhänger der Extremistengruppe Ansar Dine (»Verteidiger des Islam«), die mit Boko Haram und dem maghrebinischen Ableger von Al Kaida in Verbindung stehen, in das malische Timbuktu ein.[10] Die Wüstenstadt war im 15. Jahrhundert eine Oase des Lernens, der Wissenschaft und der Literatur und beherbergt als Unesco-Weltkulturerbe die wichtigsten Zeugnisse dieser Zeit. Ansar Dine zerstört Moscheen, Heiligtümer und Grabstätten berühmter islamischer Gelehrter und zündet Teile des neu errichteten Ahmed-Baba-Instituts an, in dem rund 300 000 islamische Handschriften lagern, die bis ins 13. Jahrhundert zurückdatieren. Die Islamisten greifen ihre muslimischen Brüder und Schwestern an, steinigen und enthaupten sie, weil diese der Glaubensrichtung des mystischen Sufismus anhängen und damit einem »falschen« Islam.[11]

Im Irak und in Syrien legen die Krieger des »Islamischen Staates« mit Bulldozern, Dynamit und Granaten zahllose islamische Heiligtümer in Schutt und Asche, darunter die Moschee von Nabi Younis im kurdischen Mossul, die monumentale Statue von Abu Tammam, einem der größten Poeten des arabischen Mittelalters, das Grabmal von Ammar Ibn Yasir, einst engster Vertrauter des Propheten Mohammed, und die Baal-Tempelanlage von Palmyra, die sogar den Mongolensturm überstanden hat. Begründung für die Zerstörung: Die Bauwerke dienten einer »unislamischen« Verehrung von Heiligen.

Wie fast immer trifft auch hier der von radikalen Islamisten ausgerufene Dschihad, der Heilige Krieg gegen die Ungläubigen, der sich im Kern gegen die »westliche« Vorherrschaft richtet, die eigene Bevölkerung: Die überwiegende Mehrheit der Opfer islamistischer Terrorgruppen sind Muslime. 60 Prozent aller Toten von Terroranschlägen in den vergangenen zehn Jahren sind in den drei Ländern Irak, Afghanistan und Pakistan zu beklagen.[12] Der eigentliche »Feind« im Westen bekommt vergleichsweise wenig von diesem Schrecken mit.

780 Millionen Analphabeten

Wie dramatisch die Lage insbesondere für junge Menschen ist, zeigen die nüchternen Daten der Organisation der Vereinten Nationen für Erziehung, Wissenschaft und Kultur (Unesco): Demnach gehen weltweit 58 Millionen Kinder im Alter von sechs bis elf Jahren nicht zur Grundschule, und das überwiegend in Afrika südlich der Sahara. Aber auch im restlichen Afrika und in der arabischen Welt liegen die Einschulungsraten deutlich unter dem globalen Schnitt. Und selbst in den armen Ländern, in denen die Kinder zur Schule gehen können, sind die Lehrmethoden meist veraltet: Im Frontalunterricht dozieren die Lehrer, während die Schüler schweigen, und kaum ein Mädchen oder ein Junge lernt es, kritische Fragen zu stellen.

Grundschulbildung allein ist keinesfalls ausreichend, um den Kindern und Jugendlichen später eine sichere Berufskarriere zu ermöglichen. Dazu wäre mindestens eine untere Sekundarbildung notwendig – in Deutschland entspricht das einem Realschulabschluss. Doch weltweit besuchen 63 Millionen Jugendliche im Realschulalter keine Schule.[13] Das sind rund 8 Prozent aller Jugendlichen in diesem Alter. In Afrika, Süd- und Westasien erreicht dieser Wert sogar etwa 14 Prozent. Noch schlechter sieht es unter den Erwachsenen aus, die von den Bildungsanstrengungen der letzten Jahre gar nicht profitieren konnten, weil sie dem Schulalter längst entwachsen sind: Weltweit gelten rund 780 Millionen Menschen als Analphabeten. Wesentlich höher ist die Zahl der sogenannten funktionalen Analphabeten, jener Menschen, die zwar einzelne Wörter lesen, aber den Sinn selbst eines einfachen Satzes nicht erfassen können. Von ihnen leben längst nicht alle im armen Teil der Welt, sondern etliche auch in den hochentwickelten Staaten.

Fast zwei Drittel der Analphabeten sind Frauen, wobei sich dieser Anteil seit 1990 nicht verändert hat. Damit können auf der ganzen Welt so viele Frauen nicht lesen und schreiben, wie Menschen in der gesamten Europäischen Union leben. Allein in Pakistan, dem Heimatland der Nobelpreisträgerin Malala Yousafzai, leben 70 Millionen Analphabeten, davon 50 Millionen Frauen. Sie sind durch dieses Defizit praktisch vom öffentlichen Leben ausgeschlossen: Sie können weder Zeitung lesen noch im Internet forschen; sie begreifen keinen Vertrag, keine Gebrauchsanweisung und keinen Busfahrplan; sie verstehen nicht, was auf Wahlplakaten, Medikamentenschachteln, Düngemittelsäcken, Verkehrs- oder Preisschildern steht.

Wegen des hohen Bevölkerungswachstums und der Tatsache, dass mindestens die Hälfte der Kinder die fünfjährige Grundschule nicht abschließen beziehungsweise diese überhaupt nicht besuchen, wächst in Pakistan sogar die absolute Zahl an Analphabeten.[14] Dass diese Ungebildeten so gut wie nichts zum Wohl ihrer Länder beitragen können, ist natürlich nicht ihre eigene Schuld. Diese katastrophale Situation geht praktisch immer auf das Konto der Regierungen, die sich nicht um das Grundrecht auf Bildung scheren, welches in der Allgemeinen Erklärung der Menschenrechte der Vereinten Nationen aus dem Jahr 1948 verankert ist.

Was der Westen – und der Osten – unter Bildung verstehen

Demgegenüber erscheint die sogenannte westliche Bildungskultur wie von einem anderen Stern: Zum einen können in Westeuropa und Nordamerika Mädchen und Jungen gleichberechtigt an den vielfältigen Bildungsangeboten teilhaben, wobei die Mädchen länderübergreifend bessere Ergebnisse abliefern. Zum anderen gehen dort praktisch alle Kinder tatsächlich auch zur Schule. Weil dies seit vielen Jahren üblich ist, haben die heutigen Erwachsenen in diesen Ländern im Durchschnitt rund 13 Jahre Ausbildung an Schulen und Hochschulen genossen. Bei den jüngeren Jahrgängen steigen die Bildungswerte kontinuierlich an. So haben in Deutschland die heute 70-jährigen Frauen im Schnitt 12,8 Jahre in der Schul- und Hochschulausbildung verbracht, die 50-jährigen 13,9 Jahre und die 30-jährigen sogar 14,8 Jahre. Ähnlich hoch ist der Bildungsstand heute in den USA, wobei sich dort die Zunahme unter den Hochqualifizierten in den letzten Jahren abgeflacht hat.[15] 37 Prozent der westeuropäischen und 39 Prozent der nordamerikanischen Männer und Frauen im Alter von 20 bis 39 Jahren verfügen über einen postsekundaren Bildungsabschluss, meist von einer Hochschule. Die Menschen in diesen Ländern bekamen also während der vergangenen Jahrzehnte eine immer bessere Bildung mit.

Ebenso wie in diesen Ländern der Schulbesuch selbstverständlich ist, haben sich die Gesellschaften immer mehr daran gewöhnt, dass Frauen im Berufsalltag das Gleiche leisten können wie Männer. Zwar gehen Frauen in der westlichen Welt nach wie vor seltener einer bezahlten Tätigkeit nach als ihre männlichen Altersgenossen, doch ihre Werte nähern sich immer mehr jenen der Männer an. In Deutschland und den USA sind heute 73 Prozent aller Frauen zwischen 15 und 64 Jahren erwerbstätig – 10 Prozentpunkte mehr als im Jahr 2000. Die skandinavischen Länder liegen noch darüber, und den Weltrekord hält Island, wo 84 Prozent der Frauen in Lohn und Brot stehen.

All die fleißigen und gut gebildeten Männer und Frauen tragen zum gesellschaftlichen Wohlbefinden bei. Sie erwirtschaften einen Massenwohlstand, der zu früheren Zeiten unvorstellbar war und der sich am besten an der anscheinend unaufhaltsam steigenden Lebenserwartung ablesen lässt: Weil es den Menschen immer besser geht und sie den Unbilden der Natur und damit den klassischen Lebensrisiken immer weniger ausgesetzt sind, weil sie sich gut ernähren können und medizinisch gut versorgt werden und weil sie immer seltener einer verschleißenden Tätigkeit nachgehen müssen, verlängert sich die Lebenszeit in der westlichen Welt mit jedem Jahr um zwei bis vier Monate: mit jeden Tag um etwa sechs Stunden – und zwar seit vielen Jahrzehnten.

In allen Bereichen, die den technischen Entwicklungsstand widerspiegeln und eine Gesellschaft befähigen, eine hohe Wertschöpfung zu betreiben und ihren Bürgern eine hohe Lebensqualität zu bieten, liegen die westlichen Länder wie auch die ostasiatischen Industriestaaten nach wie vor vorne. Dass sie dabei nur einen schrumpfenden Teil der Weltbevölkerung vertreten, scheint bisher keine Rolle zu spielen. Besonders deutlich wird die Innovationskraft angesichts der Zahl der anerkannten Patente, geordnet nach dem Ursprungsland der Einreicher. Für das Jahr 2013 weist die Statistik rund 244 000 Patente für die USA aus, 340 000 für Japan, 154 000 für China und 123 000 für Südkorea. Deutschland liegt mit 82 000 in Europa an der Spitze, gefolgt von Frankreich mit 43 000 und Großbritannien mit 22 000 Einreichungen.

Aus Afrika und der arabischen Welt kommen dagegen fast keine Patente. Nigeria, die größte Volkswirtschaft Afrikas mit mehr als doppelt so vielen Einwohnern wie Deutschland, kommt gerade einmal auf eine Zahl von 44, und Südafrika, das einzige Industrieland des Kontinents, auf 708 Patente. Ägypten, das mit Abstand bevölkerungsreichste arabische Land, steuert 129 Patente zum Ideenpool der Welt bei. Die vom Terror geplagten Staaten Irak, Syrien oder Libyen kommen in der Datenbank der World Intellectual Property Organization gar nicht mehr vor.[16] Sie sind abgehängt von der globalen Entwicklung zur Wissensgesellschaft.

Wie diese Statistiken zeigen, ist eine Verengung der Sicht auf eine »westliche Bildungskultur« der Westeuropäer und Nordamerikaner längst nicht mehr zulässig: Getrieben von einem unerschütterlichen Glauben an die Bedeutung von Bildung, haben die Länder Ostasiens, zuerst Japan, dann die asiatischen Tigerstaaten von Südkorea bis Singapur und schließlich das Milliardenvolk der Chinesen, einen enormen Aufholprozess gestartet. Einige dieser Länder standen noch vor einigen Jahrzehnten wirtschaftlich und sozial schlechter da als manche afrikanischen oder nahöstlichen Staaten. Sie haben diesen Rückstand analysiert und ihre Schlüsse daraus gezogen. Sie haben sich schlicht und einfach an dem westlichen Bildungsvorbild orientiert, dieses mit konfuzianischen Organisationselementen kombiniert und sich mit atemberaubendem Tempo entwickelt.

Auch die meisten Länder Lateinamerikas sind auf diesem Weg dem Kreislauf von Armut und Unterentwicklung entkommen. Der »Westen« mit seiner Bildungskultur ist damit zu einem »normativen Projekt« geworden, das nichts mehr mit geografischen oder kulturellen Kategorien zu tun hat.[17] Schon deshalb ist ein »Heiliger Krieg« gegen »den Westen« und seine Vormacht eine absurde Vorstellung.

Im Kampf der Bildungskulturen geht es den erfolgreichen Ländern darum, ihre Positionen zu halten beziehungsweise auszubauen. Dieser Wettstreit, der technologisch und wirtschaftlich bisweilen mit aller Härte ausgefochten wird, hat die Kriege der Vergangenheit weitgehend ersetzt, was sich gewiss als zivilisatorischer Fortschritt definieren lässt. Die erfolgreichen Länder wissen, dass sie durch Bildung reich und mächtig geworden sind. Sie setzen auf eine aufgeklärte, rationale, wissenschaftliche Bildungskultur, die auf überprüfbaren Ergebnissen aufbaut. Nur mit einer solchen kritikfähigen Wissenschaft lassen sich Erfindungen und Technologien hervorbringen, die das Leben verbessern können – Impfstoffe und Medikamente, Mikrochips und Solarkraftwerke, Hochgeschwindigkeitszüge oder Smartphones. Hinzu kommt, dass die Mehrheit der Menschen in diesen erfolgreichen Ländern um die Bedeutung der wissenschaftlichen Bildungskultur weiß und ihren Wert nicht infrage stellt. All dies ist der totale Gegenentwurf zur Ideologie von IS, Boko Haram und Co.

Der Nahe Osten und Afrika – den Anschluss verpasst?

Für den Moment sieht es so aus, als seien die nahöstliche und die afrikanische Welt auf dem Weg zur Teilnahme an der modernen Wissensgesellschaft weit abgeschlagen. Jene 25 Prozent der erwachsenen Weltbevölkerung, die gar keine oder nur eine unvollständige Grundschulbildung vorweisen können, leben überwiegend in diesen Regionen. In Europa, Nord- und Lateinamerika sowie in Ost- und Südostasien hingegen finden sich die 40 Prozent der erwachsenen Weltbevölkerung, die mindestens einen Bildungsabschluss haben, der dem Abitur beziehungsweise dem Highschool-Abschluss gleichkommt.

Die Gesellschaften, die es bislang nicht geschafft oder gar abgelehnt haben, dem Weg der wissenschaftlichen Bildungskultur zu folgen, fühlen sich in die Enge getrieben, und sie versuchen vielfach sogar, aus dem Rückstand eine Überlegenheit abzuleiten. Sie legen »dem Westen« alles, was eine Folge von Bildung und wirtschaftlichem Erfolg ist, als Schwäche aus: das Gedankengut der Aufklärung, die Trennung von Kirche und Staat, die Gewaltenteilung, die Säkularisierung, die Fähigkeit zur Selbstkritik, den Bedeutungsverlust von Religion, die Gleichstellung der Geschlechter, die Akzeptanz gleichgeschlechtlicher Partnerschaften – und letztlich die rückläufigen, nicht mehr bestandserhaltenden Kinderzahlen, die in praktisch allen Industrienationen die Norm sind.

In diesem letzten Punkt sind die Länder Afrikas und des Nahen Ostens dem Westen zumindest numerisch deutlich überlegen. Dort liegen die Kinderzahlen je Frau dreimal respektive fast zweimal so hoch wie in Europa. Hinter dem Aufstand der Verlierer steht somit immer auch die Vorstellung, der Kampf der Kulturen ließe sich, wenn schon nicht wirtschaftlich, so doch demografisch gewinnen. Politische Führer wie der ugandische Präsident Yoweri Museveni, in dessen Land die Bevölkerung so schnell wächst wie sonst fast nirgendwo auf der Welt, haben stets betont, sie sähen in dem demografischen Wachstum einen wirtschaftlichen und machtpolitischen Vorteil.

Zeugungskraft ersetzt keine Bildungskraft

Zu glauben, dass die Zeugungskraft letztlich mächtiger ist als die Bildungskraft, ist vermutlich ein großer Fehler und sicher eine große Gefahr. Und zwar vor allem für die demografisch stark wachsenden Länder und weniger für den Rest der Welt. Wenn ihre Bevölkerung weiter so stark wächst, riskieren diese Staaten, dass sie ihren Entwicklungsrückstand nie aufholen. Vielerorts werden so viele Kinder geboren, dass selbst bei guter Absicht innerhalb kurzer Zeit weder die notwendigen Schulen gebaut noch genügend Lehrer ausgebildet werden können. Frauen ohne Bildung sind zudem der Garant für anhaltend hohe Nachwuchszahlen, sodass schlecht gebildete Gesellschaften zwangsläufig schneller wachsen als besser gebildete.

Unter der Annahme, dass aufgrund von Desinteresse, Konflikten, Terror oder einem Sieg der Bildungsgegner keine neuen Schulen mehr gebaut werden können, würde die Zahl der Erwachsenen mit weniger als sechs Jahren Schulbildung weltweit von heute rund 2 Milliarden bis 2060 auf 3 Milliarden und bis Ende des Jahrhunderts gar auf über 4 Milliarden ansteigen.[18] Afrika würde dann zahlenmäßig zu einer Supermacht der schlecht Gebildeten. Dort würde sich die Zahl derjenigen mit weniger als sechs Jahren Schulbesuch von derzeit 450 Millionen auf 1,8 Milliarden bis 2100 vervierfachen. Die besser qualifizierten Erwachsenen würden zu einer kleinen Minderheit schrumpfen.

Es ist davon auszugehen, dass sich die Probleme der betroffenen Länder unter diesen Bedingungen weiter verschärfen würden. Ein anhaltender Bildungsrückstand hätte zudem dramatische humanitäre Folgen. So schlägt sich eine unzureichende Bildung der Mütter direkt in einer höheren Kindersterblichkeit nieder. Ein Beispiel: Würde in Äthiopien der Bildungsprozess stagnieren, läge die Sterblichkeitsrate der Kinder unter fünf Jahren im Jahr 2050 dreimal so hoch wie unter der Annahme, dass die Bildung bis dahin rasch expandierte.[19]

Angesichts des hohen Bevölkerungswachstums und der mangelnden wirtschaftlichen Entfaltungsmöglichkeiten ist damit zu rechnen, dass sich Konflikte und Hungersnöte in diesen Weltregionen ausweiten. Aber die damit einhergehende hohe Sterblichkeitsrate würde keinesfalls den Zuwachs an Menschen kompensieren. Im Gegenteil: Gerade die schlechten Entwicklungsbedingungen ziehen in armen Ländern oft ein hohes Bevölkerungswachstum nach sich. Wie in einem biologischen Reflex bekommen die Menschen ausgerechnet dann viele Kinder, in der Hoffnung, dass wenigstens einige überleben, ein Auskommen finden und ihre Eltern im Alter unterstützen. Außerdem sind unter solchen Bedingungen die Diskriminierung von Frauen und sehr schlechte Bildungsmöglichkeiten die Regel – beides Faktoren, die besonders hohe Kinderzahlen begünstigen.

Unter diesen Voraussetzungen könnte sich in diesen Weltregionen sogar die obere und pessimistischste Variante der UN-Bevölkerungsszenarien bewahrheiten. Demnach wüchse die Einwohnerschaft Afrikas bis zum Jahr 2100 von heute 1,1 Milliarden auf dann rund 6 Milliarden an, während die Bevölkerung in Südasien (mit Pakistan) von 1,8 auf 3,5 Milliarden und die von Westasien (mit dem Nahen Osten) von 255 auf 610 Millionen anstiege.[20] In diesen drei Regionen würden dann zusammengerechnet über 10 Milliarden

Menschen leben. Das wären über 70 Prozent der gesamten Weltbevölkerung und deutlich mehr als heute auf dem ganzen Planeten – schlechte Nachrichten für den Fall, dass sich die Anti-Bildungskulturen unter dem Terror von IS und Co. weiter ausbreiten. Allein Nigeria, heute die Hauptkampfzone von Boko Haram, würde in diesem Szenario von heute 170 Millionen bis Ende des Jahrhunderts auf rund 1,3 Milliarden Einwohner anwachsen. Pakistan, das Heimatland von Malala Yousafzai, müsste sich darauf vorbereiten, bis 2100 rund 550 Millionen Menschen zu versorgen, wo es heute schon Probleme hat, dies für nur 190 Millionen zu tun.

All das kann, es muss aber nicht so geschehen. Wie sich die Welt entwickelt, welchen Weg die Gesellschaften gehen und wo wie viele Menschen in Frieden und Wohlergehen leben können, hängt entscheidend davon ab, ob sich die Bildungsrevolution, die einem großen Teil der Menschheit ungemeine Fortschritte gebracht hat, weiter über die Kontinente ausbreiten kann. Diese Revolution hat vor einem halben Jahrtausend im Kern Europas begonnen und einst die Vorherrschaft des Westens begründet. Sie hat jedoch auch anderen Weltregionen zur Entwicklung verholfen und ist bis heute nicht abgeschlossen. Interessanterweise hatte diese Revolution ursprünglich einen rein religiösen Antrieb, der im Laufe der Zeit aber komplett an Bedeutung verloren hat.

2

DER UNBEABSICHTIGTE WEGBEREITER DER MODERNE

Wie Martin Luther die Bildung unter das Volk brachte

Angesichts des Kampfes der Bildungskulturen stellt sich die Frage, wie die großen Unterschiede in der Wertschätzung der modernen Bildung überhaupt zustande kommen konnten. Warum profitieren manche Kulturen mehr von der Bildung als andere? Und welches sind die Voraussetzungen für das Entstehen einer Bildungskultur?

Sicher ist, dass Wissen und Bildung, also die Fertigkeit, erworbene Kenntnisse und Fähigkeiten nutzbringend und zur Entfaltung der eigenen Persönlichkeit einzusetzen, immer schon die Grundlage für den Erfolg ganzer Kulturen war. Es gab im Laufe der Geschichte drei wichtige Ereignisse, die den Umgang mit Wissen und den daraus resultierenden Erfolg erheblich beschleunigt haben. Erstens die Evolution des abstrakten Denkens. Zweitens die Erfindung von Schrift und Zahl zur Konservierung von Wissen. Diese Erfindung hat dem abstrakten Denken völlig neue Dimensionen eröffnet. Und drittens die Ausweitung der Bildung von elitären Minderheiten auf breite Teile der Bevölkerung. Letzteres hat vor einem halben Jahrtausend den Grundstein für die moderne Wissensgesellschaft gelegt. Hauptverantwortlich dafür war der Augustinermönch Martin Luther (1483–1546) aus der Grafschaft Mansfeld im heutigen Thüringen.

Wenn sich im Jahr 2017 der Blick auf die zentrale Figur der Reformation richtet, dann wird uns die Figur des Martin Luther in all ihren Facetten begegnen: als Theologieprofessor, Bibelübersetzer und Liedermacher, als Publizist, selbsternannter Prophet der Deutschen und Kirchenspalter, als Antisemit, Türkenfeind oder Bücherverbrenner. Seine, langfristig betrachtet, vielleicht wichtigste Rolle hat er auf einem anderen Feld gespielt: als großer Bildungsreformator. Luther war der erste Mensch in der Geschichte, der konsequent und, auf lange Sicht gesehen, mit nachhaltigem Erfolg forderte, dem gemeinen Volk das Lesen und Schreiben beizubringen. Damit erschloss er den Menschen die Welt des Wissens, die zuvor einer kleinen Elite vorbehalten war.

Hatte Martin Luther noch bis zum Thesenanschlag in Wittenberg im Jahr 1517 fast alle seine Schriften auf Latein publiziert, so fand er danach die treffenden, oft derben Worte in deutscher Sprache, die Frau und Mann verstanden. Luther war im wahrsten Sinne des Wortes »vulgär«, weil er sich an das Volk (lateinisch: *vulgus*) wandte. Das verschreckte zwar die intellektuellen Eliten, trieb ihm aber die gewöhnlichen Menschen in Massen zu.

Luther nutzte dazu die neuen Medien seiner Zeit wie kein Zweiter. Seine gedruckten Traktate und Pamphlete waren eine Mischung aus Flugblättern, Plakaten und Boulevardzeitung, die sich mithilfe des Buchdrucks und in Postkutschen binnen weniger Tage von Wittenberg aus im ganzen Reich verbreiten ließen. Kein Wunder, dass der Reformator den Buchdruck als »das höchste und äußerste Gnadengeschenk« pries.[1]

Die Technik, mit auswechselbaren Lettern schriftliche Werke maschinell zu vervielfältigen, hatte Johannes Gutenberg (1400–1468) in Mainz schon ein halbes Jahrhundert vor Luther erfunden. Noch zu Lebzeiten Gutenbergs standen Druckerpressen in fünf Städten entlang dem Rhein, in Mainz, Eltville, Köln, Straßburg und Basel. Gedruckt wurde vor allem die Bibel, meist auf Latein.[2] Gerade einmal 180 Exemplare erschienen von der zweibändigen Gutenberg-Bibel, 30 davon auf hochwertigem Pergament, für dessen Herstellung mindestens 6 000 Kälber ihre Haut lassen mussten. Einen ganzen Tag arbeiteten die Setzer, um die Lettern aus einer Metalllegierung für eine einzige Bibelseite zusammenzufügen. Rund drei Jahre waren letztlich nötig, um die Gutenberg-Bibeln zu produzieren.

So blieben die Druckwerke Raritäten, zu denen nur Gelehrte und Kirchenleute Zugang hatten. Erst die Rekordauflagen von Luthers Pamphleten verhalfen dem Buchdruck aus seiner technologischen Nische und machten das gedruckte Wort zum Massenmedium. Als Luther später die Bibel ins allgemeinverständliche Ostmitteldeutsche übersetzte, erreichte die Heilige Schrift eine Auflagenhöhe, die es nie zuvor gegeben hatte. Die Herstellung der Lutherbibel nahm rund ein Drittel der gesamten Druckkapazität der damaligen Zeit in Anspruch. Luthers Bibelübersetzung war der erste Bestseller der Weltgeschichte. Bis zu seinem Tod im Jahr 1546 wurden zig Auflagen der Lutherbibel mit einigen Hunderttausend Exemplaren gedruckt. Der Weg zum Lesestoff für alle, für eine Demokratisierung von Wissen, war geöffnet.

Das Spätmittelalter in deutschen Landen – gefangen in der Finsternis

Für die allermeisten Menschen in Mitteleuropa waren die ersten Jahrzehnte des 16. Jahrhunderts, als sich das Spätmittelalter dem Ende zuneigte, die Neuzeit aber noch nicht begonnen hatte, finstere und angstbesessene Zeiten. Nichts war zu spüren von der Weltoffenheit Portugals und Kastiliens, wo sich zwei Entdecker aufgemacht hatten, mit ihren kaum seetüchtigen Karavellen die Neue Welt zu erkunden: der eine, Vasco da Gama, entlang der Küste Westafrikas und um die Südspitze des Kontinents herum durch einen Ozean, der später der »Indische« genannt werden sollte, und der andere, Christoph Kolumbus, von den Passatwinden getragen, über den Atlantik – beide mit dem Ziel, das Monopol der Araber auf Gewürze und die anderen Schätze des Orients zu brechen. Auch die Einflüsse der Renaissance und des Humanismus, die seit Mitte des 15.

Jahrhunderts in Florenz, Mailand und in den Niederlanden zu einer Blütephase von Wissenschaft und Künsten geführt hatten und die für ein neues, selbstbestimmtes Menschenbild standen, hatten die deutschen Fürsten- und Herzogtümer noch kaum erreicht.

In diesen Gebieten währte das Leben im Schnitt höchstens halb oder ein Drittel so lange wie heutzutage. Der Tod war allgegenwärtig. Mindestens ein Viertel der Kinder starb im ersten Lebensjahr und ein weiteres Viertel aller Kinder und Jugendlichen verschied, bevor es erwachsen werden konnte – an der Pest, an Diphterie, Röteln, Masern oder Pocken. Frauen lebten im Durchschnitt einige Jahre weniger als Männer, da die Wahrscheinlichkeit, bei einer Schwangerschaft oder Geburt zu sterben, bei mindestens 10 Prozent lag.[3] Vor allem die Landbevölkerung litt unter Hunger und Epidemien, aber auch unter den Abgaben und Frondiensten, die sie an die Fürsten zu leisten hatte. Das Leben in den meisten der armen Entwicklungsländer von heute ist besser als das, was die Menschen in Europa damals erwarten konnten.

Hoffnung konnten die Menschen seinerzeit nur aus der Vorstellung schöpfen, dass der Tod sie von dem elenden Leben befreite. Aber selbst diese Aussichten waren düster, denn auf irdische Sünder warteten die zeitlich begrenzten Sündenstrafen des Fegefeuers oder gar die ewigen Qualen der Hölle. Möglichst fromm zu sein war der einzige halbwegs sichere Weg, das Leben nach dem Tod erträglich zu gestalten. Die Suche nach dem Seelenheil, nach einem gnädigen Gott, der einen vor der Hölle bewahren konnte, stand im Zentrum allen spätmittelalterlichen Denkens – auch für Martin Luther. Immer wieder erlegte er sich neue Bußübungen auf, rastlos und verzweifelt beichtete er bis zur Erschöpfung. Als er nach Abschluss seines Studiums der Theologie im kursächsischen Wittenberg in Ordensangelegenheiten nach Rom reiste, erklomm er dreimal die Heilige Treppe am Lateran, die *Scala Sancta*, und betete auf jeder der 28 Marmorstufen ein Vaterunser, um für sich und seine toten Anverwandten den Sündenerlass zu erlangen.

Der kirchlichen Obrigkeit kamen die Ängste der Menschen gerade recht. Für die Kirche bedeuteten die Wahnvorstellungen der Gläubigen bares Geld: Um den ausschweifenden Lebensstil der Renaissancepäpste und ihre Prunkbauten in Rom zu finanzieren und um die Schulden der Bischöfe zu bezahlen, hatte sie den Ablasshandel organisiert. Die Sünder konnten für sich oder ihre schon verstorbenen Angehörigen gegen Geld »Ablassbriefe« erwerben: einseitig bedruckte Policen zum garantierten Schutz vor dem Fegefeuer, auf denen nur noch der Name des Sünders in das dafür vorgesehene Feld eingetragen werden musste.

Martin Luther, der in der Bibel keinen Hinweis auf die Wirkung erkaufter Ablässe fand, war so erzürnt über die unselige Praxis, dass er dagegen sein berühmtes Thesenpapier schrieb, das er der Legende nach am 31. Oktober 1517 an das Tor der Wittenberger Schlosskirche nagelte. Luther störte sich dabei keineswegs am Sündenerlass selbst, sondern an der Anmaßung der Kirche, sie könne in Gottes Namen dessen »Gnadenschatz« verwalten, beliebig verkaufen und verteilen, während die Menschen in Ruhe weiter sündigen konnten.

In dieser Zeit hatte Luther seine grundlegenden Überlegungen für eine Rechtfertigungslehre angestellt. Nach jahrelangem Ringen mit dem Pauluswort im Römerbrief zur Gerechtigkeit Gottes kam er irgendwann zwischen 1511 und 1517 zu der Erkenntnis, dass sich allein durch die persönliche Beziehung zu Gott im Glauben (*sola fide*) der Weg zum Heil eröffne – und nicht durch das Monopol der Kirche, die den Zugang zum Heil über den Buß- und Ablasshandel ermöglichte. Die Beziehung zu Gott ließ sich nach Luther einzig über die persönliche, selbstständige Lektüre der Heiligen Schrift (*sola scriptura*) eröffnen. Diese religiöse Selbstständigkeit des Menschen gegenüber jeder bevormundenden kirchlichen Auslegung wurde zur geistigen Grundlage der Reformation. Die Menschen waren nach Luther in ihrer Beziehung zu Gott nur der Heiligen Schrift und ihrem Gewissen gegenüber verantwortlich. Einige Historiker und Religionsforscher sehen in dieser Emanzipationserklärung eine Grundlage für die sehr viel spätere Formulierung der Menschenrechte und das Entstehen von Demokratien.

Diese Erkenntnis wollte Luther fortan allen Christenmenschen zugänglich machen: Gerade weil die Menschen sündhaft waren, konnten sie im Glauben an Jesus Christus und allein aus Gottes Gnade (*sola gratia*) auf das ewige Leben hoffen. Irdische Werke oder das schnöde Geld für den Ablass waren irrelevant. Dies war das Unerhörte, das Revolutionäre und für die damalige Papstkirche Unerträgliche an Luthers Nachricht: Das Seelenheil gibt es umsonst!

Wie die Bibel zum ersten Bestseller wurde

War die Urfassung der 95 Ablassthesen noch lateinisch geschrieben, so übersetzte sie der Nürnberger Patrizier und Lutherverehrer Kaspar Nützel wenige Wochen später ins Deutsche. In gedruckter Form und in Fässern auf die Reise geschickt, fanden die Plakate reißenden Absatz im gesamten Reich von Kaiser Karl V. Es war ein Riesengeschäft für die Druckereien, denn wer damals lesen und schreiben konnte, sog bei dem dürftigen Angebot an Schriftwerken alles auf – zumal wenn der Absender Martin Luther hieß, der damals längst landesweit als Rebell bekannt war.

Der Ausgang des Streits zwischen Luther und der kirchlichen Obrigkeit ist bekannt: Rom warf ihm in einer Bannbulle insgesamt 41 Irrlehren vor, erklärte ihn zum Ketzer und verlangte Widerruf innerhalb von 60 Tagen. Luther verbrannte sein Exemplar der Bulle öffentlich und erklärte den Papst zum Antichrist, der sein Spiel mit dem Teufel treibe. Und er forderte den radikalen Bruch mit dem Brimborium der sieben Sakramente, von denen er nur die drei im Neuen Testament verbürgten akzeptieren konnte, nämlich Abendmahl, Taufe und Buße. Einzelne seiner Flugschriften erreichten mittlerweile Auflagen von über hunderttausend – und das, obwohl sie immerhin den Stundenlohn eines Handwerkers kosteten.[4]

Als er sich am 17. April 1521 auf dem Reichstag zu Worms – dem erst 21-jährigen Kaiser Karl V. direkt gegenüberstehend – abermals weigerte, seine Lehre zu wiederrufen, wurde Luther mit dem Wormser Edikt aus der Kirche ausgeschlossen und damit faktisch zum Abschuss freigegeben. Sein einflussreicher Schutzherr, Kurfürst Friedrich III. von Sachsen, hielt es für angebracht, den Reformator für eine Weile aus dem Verkehr zu ziehen, und ließ ihn in das geheime Exil auf der Wartburg bei Eisenach schaffen.

Luther nutzte die Zeit auf der Wartburg, um unerkannt als »Junker Jörg« in nur elf Wochen das Neue Testament aus dem Griechischen zu übersetzen. Mit seiner direkten, unkomplizierten und verständlichen Sprache wurde es zum ersten »Lesebuch« für die Deutschen und schuf nebenbei die Grundlage für eine allgemeine deutsche Schriftsprache. Die Lutherbibel war viel leichter zu verstehen als die schon vorliegenden, Wort für Wort aus dem Lateinischen übersetzten Bibelausgaben auf Ober- oder Niederdeutsch. Die erste, im September 1522 in Wittenberg verlegte Auflage von 3 000 Exemplaren war innerhalb von drei Monaten vergriffen. Das Werk kostete damals anderthalb Gulden, etwa so viel wie ein Pferd oder der Monatslohn eines Handwerkers.

Die Bildungsrevolution

Die reformatorischen Gedanken waren mittlerweile zu einem Erfolgsmodell geworden, das sich immer weiter ausbreitete. Aber wie sollte sich Luthers eigentliches Ziel erfüllen – die Heilsfindung eines jeden Einzelnen durch die persönliche Lektüre der Heiligen Schrift? Auch mit der Lutherbibel ließ sich weiterhin nur eine kleine Minderheit erreichen, eben nur jene, die in der Lage waren zu lesen. Und das galt für nur rund 1 Prozent der Bevölkerung: Lediglich der Adelsstand, die Geistlichen und Teile des Bürgertums in den Städten waren alphabetisiert, und dabei handelte es sich fast ausnahmslos um Männer. Für die breite Masse und auch für viele Herrschende war Bildung reine Zeitverschwendung. Wer die Bibel wirklich unters Volk bringen wollte, musste zunächst einmal die Bildung unters Volk bringen.

Luther sah in der Unbildung des Volkes und der Bildungsfeindlichkeit der kirchlichen Autoritäten einmal mehr die Fratze des Teufels, der so die göttliche Wahrheit unter Kontrolle halten wollte. Gottes Gebot sei es, so predigte Luther, den Kindern über die Bildung den Zugang zur Heiligen Schrift zu eröffnen. Immer wieder ermahnte er Eltern, ihre Kinder zur Schule zu schicken, weil es unchristlich sei, sie dem Teufel zu überlassen. Dabei ging es ihm ausdrücklich um die Jungen *und* die Mädchen: »Und wollte Gott, jede Stadt hätte auch eine Mädchenschule, darin täglich die Mägdlein eine Stunde das Evangelium hörten.«

Im Frühjahr 1524 verfasste Luther seine Flugschrift »An die Ratsherren aller Städte deutschen Lands, dass sie christliche Schulen aufrichten und halten sollten«.[5] Darin forderte er, den Kindern mehr beizubringen als nur das reine Überleben. Kein weltlicher Herrscher hatte bis dato eine solche breit angelegte Bildungsinitiative auf dem Plan.[6] Aber auch diese war für den Reformator nur das Mittel zum Zweck. Es ging ihm weniger darum, mit einer Massenbildung den Weg zur säkularen Verwirklichung, zur Befreiung der Menschen freizuschlagen, sondern lediglich um den persönlichen Zugang zu Gott über die Heilige Schrift.

Praktisch vorangetrieben hatte die Bildungsreform Luthers langjähriger Weggefährte und wichtigster Mitarbeiter Philipp Melanchthon, der selbst das Produkt einer ungewöhnlichen Bildungskarriere war: Als hochbegabter Knabe nahm er schon mit zwölf Jahren an der Universität Heidelberg sein Studium der alten Sprachen auf. Mit 16 war er *Magister artium* und hielt eigene Vorlesungen. In Tübingen studierte er dann so ziemlich alles, was damals möglich war – Mathematik, Musik und Astronomie –, um sich nebenbei in Griechisch, Latein und Hebräisch fortzubilden. 21-jährig wurde er

Professor an der neu gegründeten Universität in Wittenberg und traf dort auf Martin Luther.

Luther und Melanchthon waren genau das Gegenteil voneinander, ergänzten sich jedoch gerade dadurch perfekt: der eine impulsiv, zielstrebig und polternd, der andere humanistisch gebildet, introvertiert und feinsinnig. Sie waren wie Schmied und Feinmechaniker der Reformation. Melanchthon begründete die »oberen Schulen«, jene allgemeinbildenden Institutionen, aus denen im evangelischen Deutschland später die Gymnasien wurden. Sie breiteten sich zunächst im Herzogtum Sachsen aus und waren vor allem dazu da, die Geistlichen in der christlichen Lehre auszubilden und die Kirchenreform durchzusetzen. Sinn und Zweck der Schulen sei es, so Melanchthon, Pfarrer für die Kirche und Beamte für den Staat auszubilden. Als Rektor der Universität Wittenberg erließ er eine neue Studienordnung, die neben der Ausbildung in Religionswissenschaft, Jura, Medizin und Philosophie auch die in Physik und Mathematik ins Programm aufnahm. Melanchthons Bildungsideal war religiös-humanistisch, seine Pädagogik erstaunlich modern: Statt des Diktierens und Auswendiglernens förderte er ein Frage-und-Antwort-Spiel mit den Schülern, um diese in den Unterricht einzubeziehen und ihre Kritikfähigkeit zu schärfen.

Unterstützt vom Grafen von Mansfeld richtete Melanchthon 1524 die »Trivialschule« ein, die drei Bildungsstufen umfasste: eine erste zur Alphabetisierung, eine zweite für die Grammatik und zum Verfassen von Reden und Briefen und eine dritte zur Vorbereitung auf die Hochschule. Die Allgemeinbildung war aus seiner Sicht die Grundlage für ein späteres Fachstudium.[7] Generell sah Melanchthon die Städte und nicht die Kirchen in der Pflicht, die Schulen aufzubauen und zu finanzieren. Melanchthon wies wie Luther die Eltern an, Gottes Gebot zu befolgen und ihre Kinder zur Schule zu schicken: »Wer sich keine Mühe gibt, dass seine Kinder korrekt unterrichtet werden, der ist nicht nur gottlos, sondern der hat trotz menschlichen Aussehens einen ganz und gar tierischen Verstand.«[8]

Luther und Melanchthon waren nach der Reformation der Überzeugung, dass Klöster sinnlos seien, denn aus der Bibel ließe sich für sie ebenso wenig eine Notwendigkeit ableiten wie für den Zölibat. Deshalb forderten sie, die Klöster in allgemeine Schulen umzuwandeln – die Mönchsklöster in Jungen- und die Nonnenklöster in Mädchenschulen. Darin sollten nicht nur Mädchen aus »vornehmen Geschlechtern«, sondern aus allen Ständen aufgenommen werden.[9] Die Reformatoren waren die ersten Verfechter einer Bildungsgerechtigkeit zwischen den Geschlechtern.

Bildungspolitik war allerdings schon zu Luthers Zeiten kein Selbstgänger. Zunächst richteten vor allem die evangelischen Städte und Fürstentümer allgemeine Schulen für Jungen und Mädchen ein. Dabei waren es weniger die Stadtverwaltungen als eine Koalition aus lutherischen Pastoren und Bürgerschaft, die eine Basisbildung für notwendig hielt.[10] Am fortschrittlichsten waren die Herrscher im Südwesten des Kaiserreiches, im Einflussbereich der evangelischen Reichsstadt Straßburg. Herzog Johann I. von Pfalz-Zweibrücken führte 1592 als weltweit erster Herrscher die allgemeine Schulpflicht für Mädchen und Jungen ein.[11] Nach und nach breitete sich die Vorstellung weiter aus, dass alle Kinder zur Schule gehen sollten. Aber das bedeutete keineswegs, dass sie tatsächlich eine Schule besuchen konnten. Für die Landbevölkerung, die ihre Kinder als Arbeitskräfte brauchte, war die Schule ein überflüssiges Ärgernis. Anderenorts fehlte es an Geld, an ausgebildeten Lehrern oder Schulgebäuden, sodass die Verwaltung ihre eigenen Ansprüche gar nicht überall durchsetzen konnte.

Aber war die zunächst ebenso schleppende wie unaufhaltsame Ausbreitung der Bildung mit allen ihren Folgeerscheinungen wirklich Martin Luthers Verdienst? War er der historische Erneuerer, der das Tor zur Moderne aufgestoßen, die Aufklärung vorbereitet, den Weg zu Menschenrechten und Demokratie geebnet hat? Der Weltverbesserer, als den ihn viele Religions- und Bildungswissenschaftler, Historiker und Philosophen bezeichnen?

All das war Luther bestenfalls unfreiwillig. Als Mann des Mittelalters konnte er gar nicht ahnen, wie sich die Entwicklung in Richtung Moderne einmal abspielen würde. Aus keiner seiner Schriften geht hervor, dass er die Folgen seiner Reformation, die jenseits der Religion lagen, abschätzen konnte. Sie hätten ihn vermutlich sogar erschüttert. Ihm ging es nur um die Emanzipation im geistlichen und religiösen Sinne – nie um die im weltlichen. Diese aber war mit der neuen Freiheit im Denken, die Luther gepredigt hatte, gar nicht mehr aufzuhalten. Was daraus folgte, zeigte sich schon zu Luthers Zeiten in den Bauernaufständen, die er als Gefährdung der bestehenden gesellschaftlichen Ordnung strikt ablehnte. Auch das Entstehen vieler durch die Volksbildung und Emanzipation eingeleiteter Prozesse – Pluralismus, Säkularisierung oder Individualisierung – wäre für Luther wohl eher das Werk des Teufels gewesen: Spätestens als sich die Menschen so weit emanzipierten, dass sie nicht mehr auf die Religion als Trostspender angewiesen waren, wäre Luther an seinem eigenen Werk verzweifelt.

Doch mit der Reformation war der Geist aus der Flasche. Das geistliche Monopol der römischen Kirche in Europa gehörte ein für alle Mal der Vergangenheit an. Der Zugang zur Bildung war, zumindest im Prinzip, demokratisiert. Zunehmend durchdrang rationales Denken die Wissenschaften. 1652 begründet sich in der unterfränkischen Reichsstadt Schweinfurt, die 110 Jahre zuvor protestantisch geworden war, die Akademie der Naturforscher, die *Academia Naturae Curiosorum*, später auch Leopoldina genannt, die weltweit älteste Akademie der Wissenschaften. Durch die Entwicklung der Naturwissenschaften entstand ein neues Weltbild, das immer mehr Erklärungen für das zuvor Gottgewollte lieferte. Es bildete den Nährboden für das Zeitalter der Aufklärung, auf dessen Basis sich später die industrielle Revolution entfalten konnte.

Viele andere haben zu dem gesellschaftlichen, wissenschaftlichen und politischen Wandel beigetragen, der sich über Jahrhunderte seit der Reformation abgespielt hat. Aber dieser Wandel hätte ohne Martin Luther gewiss einen anderen Weg genommen. Von

Europa gingen die wesentlichen Neuerungen der nächsten Jahrhunderte aus. Luthers Bildungsrevolution hatte die Welt verändert.

Vom Nachahmen zum bewussten Lernen – die Evolution des Abstrakten

Nun war es natürlich keineswegs so, dass es in der Zeit vor Martin Luther keine Bildung gab, keine wissenschaftlichen oder gesellschaftlichen Neuerungen. Über Jahrtausende hatten die Menschen große Werke geschaffen, Philosophen, Künstler, Geschichtsschreiber, Architekten oder Astronomen ausgebildet, Wissen aufgeschrieben und nachfolgenden Generationen vererbt. Das bewusste Lernen und Verstehen ist keineswegs eine Erfindung der Moderne, sondern eine grundsätzliche Fähigkeit des *Homo sapiens*, die ihn von allen anderen Arten unterscheidet.

Dieser anatomisch »moderne« Mensch, der sich vor rund 200 000 Jahren aus seinen Vorläufern in Ostafrika entwickelte, hatte ein Gehirn, das in seiner Struktur praktisch gleich aufgebaut war wie jenes, das heutige Menschen zum Denken benutzen. Er verfügte über eine Sprache, er konnte mit Feuer und mit Werkzeugen aus Steinen und Knochen umgehen. Vermutlich hat er auch in allen Phasen seiner Entwicklung seine Kinder in das Leben eingeweiht, das sie erwartete – er hat sie zum Überleben »ausgebildet«.

Beobachtungen der letzten Völker, die heute noch als Jäger und Sammler in manchen Savannen oder Regenwäldern leben, zeigen, dass dieser Wissenstransfer bewusst erfolgt: Die Älteren, Erfahrenen geben komplexe Fähigkeiten wie Tierspurenlesen oder Werkzeugefertigen gezielt an Sippenmitglieder und den Nachwuchs weiter. So lernen schon die Jungen, wie und wo sich die fürs Überleben notwendige Nahrung finden lässt oder wie man sich gegen die Widerwärtigkeiten der Umwelt schützen kann. Im Unterschied dazu lernen manche Tiere von anderen nur durch einfaches Nachahmen:

Jüngere Schimpansen etwa beobachten die Älteren so lange, bis sie deren Verhalten imitieren können, aber sie werden dabei nicht instruiert. Der Mensch ist das einzige Lebewesen, das lehrt.

Eine bewusste Unterrichtung der Kinder setzt ein gewisses Abstraktionsvermögen voraus. Anthropologen, also Forscher, die sich mit der Entstehung des Menschen und seiner Kultur beschäftigen, haben beispielsweise rekonstruiert, wie der *Homo habilis*, der Vorläufer des *Homo sapiens*, vor einer Million Jahren Faustkeile hergestellt hat, mit denen sich selbst eine Elefantenhaut aufschlitzen lässt. Bei dieser Produktion mussten die Frühmenschen einen rohen Stein mit einem anderen Stein in sechs bis sieben konkreten Arbeitsschritten in unterschiedlichen Techniken so behandeln, dass am Ende das gewünschte Ergebnis herauskam. Die Handwerker mussten etwa wissen, dass der vierte vor dem dritten Schritt den Stein zertrümmern und damit komplett unbrauchbar machen würde. Sie mussten immer das gewünschte Endprodukt vor Augen haben – ähnlich wie es ein guter Schachspieler tut, der mehrere Züge im Voraus denkt. Eine solche Technologie, so der Schluss der Anthropologen, lässt sich nicht durch einfaches Nachahmen weitergeben, sondern erfordert ein bewusstes Unterrichten eines Auszubildenden und die Überzeugung, dass dieser Unterricht sinnvoll ist.[12]

Die Fähigkeit zur Abstraktion – sich also beim Beschreiben von Dingen, Verfahren und Zusammenhängen auf das Wesentliche zu konzentrieren, auf Einzelheiten zu verzichten, die zum Verstehen des großen Ganzen nicht notwendig sind, über Konzepte und Modelle nachzudenken und sich Dinge vorzustellen, die es noch gar nicht gibt –, diese Fähigkeit war unseren frühen Vorfahren jedoch vergleichsweise wenig gegeben. Vermutlich hat sie sich erst mit dem Benutzen von schriftlichen Symbolen zum Konservieren von Wissen weiterentwickelt, mit den frühesten Formen von Zahlen und eines Alphabets. Offensichtlich benötigt das Gehirn eine durch das Lernen von Symbolen aufgebaute Struktur, um von der reinen Betrachtung von Vorgängen zu einer abstrakten Interpretation zu kommen.

Tatsächlich zeigt die moderne Hirnforschung, dass jede neue Erfahrung, jeder Lernprozess neue Synapsen, also neue Verbindungen zwischen Nervenzellen und somit neue, bleibende Strukturen in unserem Gehirn schafft. Sie führen dazu, dass wir neue Erfahrungen stets auf Basis des Gelernten wahrnehmen – also anders als zuvor. Mit jedem Lernprozess verändert sich somit nicht nur unser Bewusstsein, sondern auch die physische Zusammensetzung des Gehirns. Lernen macht andere Menschen aus uns. Was die neurologische Wissenschaft noch nicht gezeigt hat, ist, wann und unter welchen Bedingungen der Übergang von einem im Dinglichen verhafteten Denken zum abstrakten Denken erfolgt.

Psychologen haben dazu einige Tests entwickelt, die auf diese Frage zumindest eine Teilantwort geben können. Einer davon ist der sogenannte Hauptwort-Definitions-Test, der wesentlich simpler klingt, als er ist. Dabei werden Versuchspersonen nach der Definition einfacher Gebrauchsgegenstände gefragt, zum Beispiel, was ein Messer ist. Ein heutiger Mensch, der zur Schule gegangen ist, lesen und schreiben kann und eine gewisse Bildung erlangt hat, antwortet in der Regel mit einer abstrakten Definition, etwa: »Ein Messer ist ein Instrument zum Schneiden.« Richtet sich die gleiche Frage an Menschen, die noch nie eine Schule besucht haben, reagieren diese oft hilflos und mit Unverständnis. Sie wissen natürlich, was ein Messer ist, denn es kommt in ihrem täglichen Leben vor. Aber dies ist so selbstverständlich, dass sie sich darüber keine Gedanken machen und deshalb etwas antworten wie: »Ein Messer ist ein Messer.« Dies ist ein Hinweis darauf, dass die Abstraktionsfähigkeit mit der Alphabetisierung zusammenzuhängen scheint.[13]

Die Entwicklung vom rein dinglichen zum abstrakten Denken erlebt jeder Mensch bei seiner Entwicklung vom Neugeborenen zum Jugendlichen. Diese Theorie hat zum ersten Mal der Schweizer Entwicklungspsychologe Jean Piaget (1896–1980) aufgestellt und 1958 in seinem grundlegenden Werk »Das Wachsen des logischen Denkens von der Kindheit bis zur Pubertät« veröffentlicht. Nach Piagets Vorstellung verläuft die kindliche Entwicklung in vier verschiedenen Stufen. Jede dieser Stufen muss abgeschlossen sein, bevor die nächste beginnt. Keine Stufe kann übersprungen werden.[14]

In der ersten Stufe lernt das Kind die Welt im wahrsten Sinne des Wortes zu »begreifen«. Mit der Hand ertastet es einen hölzernen Bauklotz oder fasst ins Wasser und erfährt so, dass es unterschiedliche Dinge mit verschiedenen Eigenschaften gibt. Diese Stufe dauert etwa bis zum zweiten Lebensjahr und heißt »sensomotorisch«, weil die Entdeckungen über Fühlen und Bewegung erfolgen.

Die nächste oder voroperationale Stufe, in der die Kinder unter anderem sprechen lernen, dauert ungefähr bis zum siebten Lebensjahr, bei Frühentwicklern ist sie kürzer. In dieser Phase lernen sie beispielsweise, dass Gegenstände, die aus ihrem Blickfeld verschwinden, deshalb nicht aus der Welt sind. Kinder sind in dieser Phase noch egozentrisch, sie beziehen die ganze Welt auf sich und können sich nicht vorstellen, dass andere Personen die Welt anders sehen. Gegenstände haben für sie noch ein Eigenleben: etwa ein Fußball, der nach dem Schuss des Kindes nicht im Tor landet, weil er sich überlegt hat, darüber zu fliegen. Kausale Zusammenhänge – zum Beispiel, dass der Fehlschuss auf einer falschen Fußhaltung beim Schießen beruht – können Kinder in dieser Altersstufe meist nicht erkennen.

Dies gelingt ihnen erst in der dritten, der »konkret operationalen« Stufe. Bis etwa zum elften Lebensjahr lernen Kinder, Rückschlüsse zu ziehen (eine Pflanze wächst nur, wenn sie gegossen wird), sie lernen zu klassifizieren (Fichten, Eichen und Buchen sind Bäume, aber Löwen, Pferde und Pinguine sind Tiere) sowie erste Formen der Abstraktion. Zu Letzterem gehört der Umgang mit Symbolen, etwa mit dem Alphabet. Kinder lernen in dieser Entwicklungsstufe aus Buchstaben Wörter und Sätze zu bilden, also den Unterschied zwischen Sprechen und Lesen.

Die letzte, die »formal operationale« Stufe schließlich, ermöglicht den Kindern und Jugendlichen, nicht nur über konkrete Dinge, sondern auch über Gedanken und Modelle nachzudenken. Sie können sich Dinge vorstellen, die nicht sichtbar sind, etwa den Atomaufbau, oder lernen, Zusammenhänge in mathematischen und physikalischen Gleichungen zu erklären. Diese Stufe erreichen nicht alle Menschen. Zu dieser starken Abstraktionsfähigkeit benötigen sie ein Mindestmaß an Bildung.

Piagets Stufenmodell gilt heute teilweise als überholt, denn ganz so fest abgestuft verläuft die geistige Reifung nicht. Piaget hat auch die Fähigkeiten von Kindern unterschätzt und ebenso die Einflüsse des Lebensumfeldes auf die kognitive Entwicklung. Heute ist klar, dass manche Kinder die Stufen beschleunigt durchlaufen können und die Altersgrenzen für die einzelnen Entwicklungsphasen nicht so starr sind wie von Piaget postuliert. Aber als sicher gilt, dass Kinder zu bestimmten kognitiven Leistungen erst in einem bestimmten Alter in der Lage sind. Diese Leistungen entwickeln sich aufgrund angeborener Fähigkeiten und der Interaktion mit der Umwelt, also über Reize, die dem jungen Gehirn begegnen. Die Alphabetisierung spielt dabei eine entscheidende Rolle. Ohne Lesen, Schreiben und Rechnen gelernt zu haben, fehlt Kindern eine wesentliche Grundlage zum höheren abstrakten Denken.

Letzteres gilt auch für Jäger-und-Sammler-Kulturen, die noch über keine Schriftzeichen verfügten und deshalb vermutlich kaum die formal operationale Stufe des Denkens erreichen konnten. Sie waren in ihrer Lebensumgebung deshalb nicht weniger begabt, nicht »dümmer« als klassische Hochkulturen oder die Industriegesellschaften. Sie haben ihr Gehirn, das anatomisch grundsätzlich dem unseren entspricht, lediglich für andere Fähigkeiten genutzt, die uns modernen Menschen längst verloren gegangen sind. Aber sie hatten, mangels einer Schrift zur Konservierung und Anhäufung von Wissen, schlicht und einfach weniger Chancen, vom abstrakten Denken zu profitieren und damit größere Entwicklungssprünge zu machen. Sie hatten keine »Bildung« im heutigen Sinne, dafür aber ein großes Erfahrungswissen, das sie untereinander und an ihre Nachkommen weitergegeben haben. Und sie hatten noch einen anderen Vorteil: Sie waren egalitär. Sie kannten keine gesellschaftlichen Klassen, und auch die Aufgaben zwischen Männern und Frauen waren weitgehend gleich verteilt. Auch das änderte sich mit der Erfindung der Schrift. Denn mit der Bildung gab es mit einem Mal Gebildete und Ungebildete.

Am Anfang war die Schrift – wie Zahlen und Buchstaben die Welt veränderten

Die ersten Schriftkulturen sind vermutlich in Mesopotamien, dem vorderasiatischen Gebiet zwischen den Flüssen Euphrat und Tigris, und in Ägypten vor über 5 000 Jahren entstanden. Dabei ging es zunächst um einfachste Fragen der Buchhaltung: Wie viele Sack Getreide sind im Lager? Wie viele wurden wann von wem geliefert? Wie lange werden die Vorräte reichen? In Ägypten sind Knochen erhalten, in denen die ältesten Schriftzeichen zu Getreidelieferungen eingeritzt sind. Es ging also in erster Linie um die Notwendigkeit, Rechtssicherheit zu schaffen, indem Dinge festgeschrieben wurden, die bei rein mündlicher Überlieferung leicht hätten vergessen oder verfälscht werden können.

Als erste Zeichen dienten Piktogramme, einfache, standardisierte Darstellungen von Fischen, Speichergefäßen, Pfeilen oder Königen. Aus dieser figürlichen Bilderschrift entwickelte sich die abstraktere Keilschrift, die Symbole für Silben oder ganze Worte verwendet, etwa ein x für ein Schaf. Mit den auf feuchte Tontafeln eingeritzten Zeichen ließen sich Gesetze, medizinische Texte, Erbfolgen, Gebete, Kaufverträge oder Epen festhalten. Boten konnten geheime Anweisungen und Nachrichten über weite Strecken transportieren, später auch auf Pergament- und Papyrusrollen.

Ähnlich alt wie die erste Schrift ist das erste Zahlensystem. So benutzten die alten Ägypter bereits das Dezimalsystem, und das nicht nur zum Zählen, sondern für alle vier Grundrechenarten. Daneben war auch die Geometrie weit entwickelt: Ohne sie hätten die Ägypter weder die Pyramiden bauen noch die Felder der Nilbauern immer wieder neu vermessen können. Letzteres war Jahr für Jahr notwendig, wenn die Überschwemmungen des großen Flusses die alten Gemarkungen verwaschen hatten.

In frühen Hochkulturen wie der ägyptischen stiegen die in speziellen Schulen ausgebildeten »Schreiber« zu einer angesehenen und elitären Zunft auf. Sie waren in gewisser Weise einflussreicher als ihre oft nicht lese- und schreibkundigen Herrscher. Gleichzeitig wurde die Schriftkultur immer wichtiger. Ohne schriftliche Dokumentationen ließen sich keine Verwaltungen aufbauen, keine Steuern eintreiben, keine Heere verwalten und letztliche keine großen und komplexen Gesellschaften organisieren. Im Laufe der Jahrhunderte durchdrang die Schrift alle Bereiche von staatlicher Verwaltung und Religion.

Dennoch blieb das Geheimnis der Schriftzeichen im alten Ägypten lediglich einem sehr kleinen Kreis zugänglich. Selbst zu Zeiten seiner höchsten Blüte, im »Alten Reich« zwischen 2700 und 2200 v. Chr., als die drei großen Pyramiden von Gizeh entstanden, konnten vielleicht 1 bis 2 Prozent der Bevölkerung lesen und schreiben. Der überwiegende Teil der Bevölkerung bestand aus Bauern, die auch ungebildet ihr Getreide anbauen konnten, und aus Sklaven, die tonnenschwere Steinblöcke verschieben und dabei genauso wenig denken sollten wie die Soldaten, die überwiegend nubische und libysche Söldner waren. Die kleine Elite aus Schriftgelehrten, Baumeistern, Künstlern, Verwaltern und Priestern reichte aus, um gewaltige Aufgaben zu meistern. Sie konnten zum einen Verwaltung, Kontrolle und Planung des Staates und des Heeres organisieren und zum anderen materielle und immaterielle Kulturgüter schaffen, die bis heute Bestand haben: gewaltige Tempel wie in Luxor oder Karnak, Schmuck und Kunstwerke aus Stein, Glas, Metall und Keramik sowie wissenschaftliche Erkenntnisse in Astronomie, Medizin und Mathematik.

Konfuzianische Bildungsideale

Ägypten war jedoch längst nicht die einzige Weltregion, in der die Schrift die gesamte Kultur beflügelte. Die ältesten Zeichen in China sind Knochenritzungen aus der Shang-Dynastie (etwa 1600–1050 v. Chr.). Sie gelten als Vorläufer der chinesischen Schrift und bestanden ebenfalls aus Piktogrammen. Die chinesischen Zeichen sind teilweise figürlich geblieben, andere wurden im Laufe der Zeit durch abstrakte Zeichen ersetzt.

Von den rund 87 000 Schriftzeichen, die in den umfangreichsten chinesischen Wörterbüchern dokumentiert sind, haben viele ihre praktische Bedeutung längst verloren. Für den alltäglichen Gebrauch müssen die Chinesen dennoch 3 000 bis 5 000 Zeichen kennen. Das macht die chinesische Schrift relativ kompliziert und deren Erlernen besonders anspruchsvoll.

Spätestens seit dem Philosophen Konfuzius (551–479 v. Chr.) hatte Bildung in China einen hohen Stellenwert. Wichtigster Bildungsinhalt war dabei die Beherrschung der klassischen Literatur. Nur wer eine Reihe schwieriger und zentral organisierter Prüfungen bestand, hatte eine Chance, in die staatliche Verwaltung einzutreten und dort aufzusteigen. Das Bildungssystem war extrem leistungsorientiert und folgte der konfuzianischen Lehre, wonach es im Unterricht keinen Unterschied zwischen den sozialen Klassen geben dürfe. Jeder sollte zumindest im Prinzip die gleichen Chancen haben, wobei dies auch im alten China nicht für Frauen und nicht für Bauern galt, die den größten Teil der Bevölkerung ausmachten.[15] In der Praxis konnten sich ohnehin nur Vertreter der Oberschicht die für die Prüfungen notwendige jahrelange Vorbereitung leisten. Nach einer Vorprüfung erfolgten in drei Stufen staatliche Prüfungen, die ähnlich einem zentralen Abitur im ganzen Land alle drei Jahre gleichzeitig abgehalten wurden. Die erste Prüfung dauerte einen Tag, die zweite drei Tage und die höchste, die endgültig für den Staatsdienst qualifizierte, 13 Tage.[16]

Dieses traditionelle chinesische Prüfungssystem hat sich bis Anfang des 20. Jahrhunderts gehalten. Prüfungsstatistiken aus dem Jahr 1903 erlauben eine Vorstellung davon, welch hartes Auswahlverfahren hierbei zur Anwendung kam: Von 760 000 Schülern, die nach der Vorprüfung für die erste Prüfung zugelassen worden waren, bestanden nur 28 923, also weniger als 4 Prozent. Bei der zweiten Prüfung kamen von 190 300 Kandidaten (die Schüler durften mehrmals antreten) lediglich 1 586 ans Ziel, also deutlich unter 1 Prozent.[17] Für die dritte Prüfung gibt es keine derartigen Statistiken. Die wenigen, die den Prüfungsmarathon erfolgreich überstanden, kamen dann in höchste Regierungsämter. Geprüft wurden die wichtigsten literarischen Schriften und deren Interpretation durch berühmte Gelehrte; Naturwissenschaften waren in den staatlichen Prüfungen nicht von Bedeutung. Diese konnten die Chinesen nur auf Privatschulen erlernen, was den Kreis der entsprechend Ausgebildeten wiederum einschränkte.

Diese Bildungseliten bildeten das Fundament der chinesischen Verwaltung und der Wissenschaften, die in praktisch allen Feldern dem Westen bis ins 15. Jahrhundert weit voraus waren. Papier, Buchdruck, Schießpulver, Uhr, Porzellan, Papiergeld, Kompass und das mechanische Rechenbrett Abakus sind chinesische Erfindungen. Ohne die erfahrenen Wasserbauer und ihre ausgeklügelten Bewässerungssysteme aus Kanälen, Pumpen und Wasserleitungen für den Reisanbau wäre es nie gelungen, die Bevölkerung, die schon im Jahr 1100 die Hundert-Millionen-Grenze überschritten hatte, mit Nahrungsmitteln zu versorgen.[18]

Auch anderswo auf der Welt kamen nur Bruchteile der Bevölkerung in den Genuss von Bildung. In Indien blockierte schon das Kastenwesen die Teilhabe der unteren sozialen Gruppen. Aber selbst innerhalb der hohen Kasten konnte nur ein kleiner Prozentsatz lesen und schreiben. Dieser Zustand hielt sich bis ins 19. Jahrhundert, wie die ältesten statistischen Daten der britischen Kolonialverwaltung zeigen: Danach gingen im Jahr 1853 nur 0,014 Prozent der Jungen und Mädchen im Schulalter zur Schule.[19] Ebenso erreichte in Mittelamerika bei den Azteken das staatlich kontrollierte Bildungssystem nur eine Minderheit. Bis zum Alter von 14 Jahren überwachte die Verwaltung die Erziehung der adeligen Jungen durch ihre Väter. Danach kamen sie entweder in eine militärische Ausbildung oder lernten in Tempelschulen Schreiben, Astronomie und Verwaltungslehre. Söhne von Bauern, Handwerkern, Händlern oder Sklaven hatten keinen Zugang zu den Schulen.

Antikes Athen – Bildung und Demokratie

Im antiken Griechenland hatten sich in den Stadtstaaten Sparta und Athen zwei Bildungsmodelle entwickelt, die unterschiedlicher nicht sein konnten. Gemeinsam war beiden Modellen lediglich, dass sie im Unterschied zu den zuvor beschriebenen Kulturen einen hohen Anteil der jungen männlichen Bürger ins Bildungssystem einbezogen. Bürger waren allerdings nur eine Minderheit aller Bewohner. Frauen, Sklaven und Metöken (Fremde, meist ebenfalls griechischer Herkunft) waren von der gesellschaftlichen Teilhabe ausgeschlossen.

In Sparta ging es vor allem um die körperliche Ertüchtigung der Jungen. Sie kamen schon im Alter von sieben Jahren in militärische Ausbildungslager, die sie für die nächsten fünf Jahre praktisch nicht verlassen durften. Sie mussten vor allem lernen, extremen Hunger und Schmerzen zu ertragen, Lesen und Schreiben waren zweitrangig. Wer die ersten fünf Jahre überlebte, kam in eine höhere Schule, wo Anforderungen und Strafen noch brutaler waren. Als Abschlussprüfung musste jeder junge Spartiat im Alter von 18 Jahren seine Ausbildung dadurch unter Beweis stellen, dass er einen erwachsenen Sklaven erfolgreich verfolgen und töten konnte. Zwei Jahre und weitere Prüfungen später waren die Männer dann zum spartanischen Soldaten qualifiziert.

Auch die jungen Frauen aus der Bürgerschaft mussten bis zum Alter von 18 Jahren eine staatliche Ausbildung absolvieren. Hier standen ebenfalls Abhärtung und körperliche Fitness im Vordergrund, auf dass die Frauen gute Mütter für zukünftige Soldaten würden. In gewisser Weise war das spartanische System eines der umfassendsten und am straffsten organisierten Ausbildungssysteme der Geschichte. Weil es praktisch nur auf das Kriegführen vorbereitete, war es in diesem Sinne sehr erfolgreich und Sparta galt lange als unbesiegbar. Doch am Ende war der Stadtstaat unproduktiv und verarmt, hatte zu viele Männer in den Kämpfen verloren und erlebte soziale Unruhen. Nach der Niederlage gegen Theben in der Schlacht bei Leuktra 371 v. Chr. war der Untergang Spartas besiegelt.

Im Stadtstaat Athen, der mit Sparta ab 431 v. Chr. fast drei Jahrzehnte lang in die Peloponnesischen Kriege verwickelt war, ging es wesentlich ziviler zu. Die Eltern aus der Bürgerschicht unterrichteten ihre Jungen, unterstützt von Privatlehrern, den »Pädagogen«, im eigenen Haushalt. Auf dem Lehrplan standen Lesen und Schreiben und eine Einführung in die Moral. Parallel dazu unterrichtete der athenische Staat die Jungen im »Gymnasium« in sportlicher Ertüchtigung und Kampf. Mit 15 Jahren kamen die männlichen Jugendlichen dann, wenn es sich die Eltern leisten konnten, in eine Sekundarstufe, wo sie außer in Rhetorik auch in Geometrie und allen damals bekannten Naturwissenschaften unterrichtet wurden. Besonderen Wert legten die Lehrer dabei auf die Entwicklung von Urteilsfähigkeit und Argumentation in Dialogen und Streitgesprächen.[20]

Auch wenn Bildung im alten Athen breiter angelegt war als in jeder anderen Kultur zuvor, blieb sie ein Minderheitenprogramm. Sie erreichte nur die männlichen Einwohner mit Bürgerrechten, aber weder die Mädchen und Frauen noch die Sklaven, und damit vielleicht 15 Prozent der athenischen Bevölkerung.[21] Der vergleichsweise hohe Anteil der Gebildeten reichte dennoch für die vermutlich größte »Erfindung« Athens: die Demokratie. Diese Staatsform hatte zwar wenig mit einer heutigen Demokratie zu tun, denn auch sie erlaubte nur einer Minderheit eine Mitbestimmung, aber sie bezog deutlich mehr Menschen in die Entscheidungsfindung ein als eine Autokratie, in der einzelne Personen das Sagen haben, oder eine Aristokratie, in der Cliquen regieren.

Politische Entscheidungen wurden in Athen nicht nur im einflussreichen »Rat der 500« getroffen – einem Vorgänger unserer heutigen Parlamente –, sondern auch in Versammlungen aller männlichen Bürger (wieder ohne Frauen, Sklaven und Metöken). Beim sogenannten Scherbengericht konnten die Stimmberechtigten Männer, die unerwünscht waren, für zehn Jahre aus Athen verbannen. Meist waren das Politiker, bei denen die Gefahr bestand, dass sie zu viel Macht an sich rissen und so die Demokratie wieder aushebelten. Beim Scherbengericht konnten die Bürger den Namen der zu Verbannenden in Tonscherben einritzen. Alphabetisierung und Bildung haben die Athener Bürger somit nicht nur intellektuell befähigt zu argumentieren, zu diskutieren und eine Demokratie zu leben. Die Schreibfähigkeit war im wahrsten Sinne des Wortes auch notwendig, um die demokratischen Rechte auszuüben.

Altes Rom – Niedergang von Bildung und Reich

Damit war Athen in Sachen Bildung weiter, als das antike Rom je kommen sollte. Dort galt das staatliche Interesse in erster Linie der zentralen Organisation des Militärs. Zwar gab es in fast allen römischen Städten Schulen, doch handelte es sich dabei in der Regel um privat organisierte Ausbildungsstätten für die Söhne der lokalen Oberschicht. Sie orientierten sich an den Athener Bildungsidealen, und oft waren versklavte Griechen als Lehrer tätig. Schätzungen zufolge lag die Alphabetisierungsrate der Gesamtbevölkerung in den westlichen Provinzen des Reiches nie höher als bei etwa 5 Prozent.[22] Die großartigen baulichen Hinterlassenschaften Roms, die Brücken, Kuppelgebäude, Theater, Aquädukte und Straßen, gehen somit auf die Kenntnisse einer kleinen Elite zurück, durch deren Verschwinden in der Völkerwanderungszeit auch ihr technisches Wissen verloren ging. Im Frühmittelalter lebten in den Ruinen der einstigen Millionenstadt Rom nur mehr wenige Tausend Personen im Umfeld des Papstes. Unter den verfallenen Gewölben des einst so stolzen Forum Romanum suchten Schafhirten Schutz vor dem Wetter.

Nachdem das Weströmische Reich mit der Absetzung des letzten Kaisers Romulus Augustulus 476 n. Chr. und dem Einfall der Langobarden in Italien untergegangen war, sank der Bildungsstand der Bevölkerung in Italien weiter rapide ab. Lediglich in den Klosterschulen, deren Gründung im 6. Jahrhundert auf Benedikt von Nursia zurückgehen soll, wurde das Wissen an die nächste Generation weitergegeben. Zunächst gingen nur die zukünftigen Mönche auf diese Schulen, später auch ausgewählte Männer, die Laien bleiben wollten. Durch den Ausbau von Dom- und Kathedralschulen in den Bischofsstädten erlangten im frühen Mittelalter auch Männer aus der Oberschicht einen Zugang zu den Schulen. Selbst einzelne Frauen aus dem Adel konnten in Frauenklöstern von der Bildung profitieren.

Erst als die Araber Anfang des 8. Jahrhunderts den Großteil der iberischen Halbinsel eroberten, drang eine neue Bildungskultur in den westlichen Mittelmeerraum vor. Die arabische Wissenschaft erlebte eine Blütezeit, besonders die Astronomie, Mathematik und Medizin. Für das Kalifat von Córdoba im heutigen Spanien gibt es Hinweise darauf, dass ein relativ hoher Bildungsgrad der Bevölkerung eine Grundlage für die friedliche Koexistenz von Juden, Christen und Muslimen in dieser Zeit bildete.[23]

Toskana im Mittelalter – die Wiedergeburt des Geistes

Der Überblick über den Bildungsstand der Völker vor Martin Luthers Reformation macht erstens deutlich, dass zu den Voraussetzungen für die Entstehung höherer Kulturen immer die Schrift gehörte. Zweitens: dass Sinn und Notwendigkeit von Bildung bekannt waren, was sich an dem Drill und dem Leistungszwang in den Schulen zeigt. Und drittens: dass Bildung immer nur ein Privileg für einen kleinen Teil der Bevölkerung war. Die große Mehrheit konnte nicht zur Entwicklung der Gesellschaft beitragen. Sie konnte auch nicht von kulturellen Errungenschaften oder von besseren Lebensbedingungen profitieren und gesellschaftliche Mitbestimmungsrechte erlangen. Alle diese Kulturen verloren im Laufe der Zeit an Bedeutung gegenüber anderen, die ihnen zahlenmäßig, militärisch oder zivilisatorisch überlegen waren.

Erst im 14. Jahrhundert deutete sich langsam, aber sicher ein grundsätzlicher Wandel in der Bildungslandschaft an. In Italien, vor allem in den toskanischen Städten Florenz, Siena und Pisa, begann das Zeitalter der Renaissance, der Wiedergeburt des antiken Geistes, und des Humanismus, der an der Antike orientierten Gelehrsamkeit und Bildung. Diese Bewegung brachte die Künste, die Architektur und die Wissenschaften zu einer bis dato unbekannten Blüte. Die Renaissance brachte Künstler wie Michelangelo und Raffael, Staatsdenker wie Niccolò Machiavelli, Finanziers wie das Geschlecht der Medici und Multitalente wie Leonardo da Vinci hervor.

Zumindest in den Städten erreichte die Bildung große Teile der Bevölkerung in den mittleren und höheren Gesellschaftsschichten. Manche Historiker behaupten, dass zwei Drittel der männlichen Bevölkerung lesekundig waren, andere schätzen den Anteil auf 25 bis 35 Prozent.[24] Sicher ist, dass die wirtschaftlich prosperierenden Städte Anziehungspunkte für die Gebildeten aus ganz Italien und darüber hinaus waren. Unter der Landbevölkerung konnten vermutlich 3 bis 10 Prozent der Männer ihren Namen schreiben, während die Frauen durchweg Analphabetinnen waren.[25]

In dieser Boomphase der toskanischen Kultur war die Bildung der städtischen Mittelschichten eine notwendige Voraussetzung für die Entwicklung komplexer Handels- und frühkapitalistischer Finanzsysteme. Den wirtschaftlichen Vorteil dieser frühen Wissensgesellschaft vor Augen, hatten Eltern und Stadtverwaltungen ein massives Interesse daran, in die Bildung der nächsten Generation zu investieren.

Ähnlich wie in Athen wuchs auch in Florenz als eine Folge besserer Bildung der Wunsch nach politischer Mitbestimmung der Bürger. Es formierte sich zudem Widerstand gegen den ausschweifenden Lebenswandel des Adels, gegen die kirchliche Korruption und den Papst. Besonders weit vorgewagt hat sich dabei der Dominikanermönch Girolamo Savonarola, der eine Art italienischer Martin Luther hätte werden können, weil er ähnliche Missstände wie der deutsche Reformator anprangerte. Er fand starken Zulauf beim Volk, hatte aber anders als Luther keinen politischen Schutzherren wie den Großherzog von Sachsen, der die Hand über den Reformator hielt. Savonarola hatte bei aller Berechtigung seiner Kritik keine Chance: Papst Alexander IV. entzog ihm die Erlaubnis zu predigen, was der Mönch nur kurz befolgte. Daraufhin exkommunizierte ihn Rom. Savonarola wurde 1498 zum Tode verurteilt, mit zwei seiner Mitarbeiter öffentlich gehängt und anschließend verbrannt.

Trotzdem war der Humanismus der Renaissance nicht aufzuhalten und verbreitete sich im 15. und 16. Jahrhundert über viele Länder Europas. Dieser Entwicklung kam zugute, dass nach der Eroberung Konstantinopels durch die Osmanen 1453 zahlreiche griechische Gelehrte nach Europa flüchteten und den Intellektuellen dort eine direkte Auseinandersetzung mit der antiken Kultur und der griechischen Sprache ermöglichten.

Erasmus von Rotterdam (1466–1536), der einflussreichste Humanist der Frühen Neuzeit, hatte damals die griechische Ausgabe des Neuen Testaments kommentiert, die auch Martin Luther als Vorlage für seine Bibelübersetzung ins Deutsche diente. Erasmus war ein weit gereister Mann, der mit allen führenden Humanisten in den verschiedenen Teilen Europas in regem schriftlichem Austausch stand. Auch er kritisierte die kirchlichen Verhältnisse scharf. Allerdings setzte er sich Zeit seines Lebens für eine innere Reform der Kirche ein und scheute im Gegensatz zu Luther den Bruch mit der römischen Autorität.

Eine Bildungsreform war ein Hauptanliegen der Humanisten. Es ging ihnen dabei aber vor allem um die Reform der Universitäten und um sogenannte Gelehrtengesellschaften. In Zusammenarbeit mit den Fürsten und anderen Gönnern bauten die Humanisten große Bibliotheken auf. Theologen, Juristen und Mediziner sollten, bevor sie mit den eigentlichen Fächern begannen, ein propädeutisches Studium absolvieren, eine Art Einführung in die Sprache und Methodik der Wissenschaften und der Logik. Damit sollten alle Studierenden einen Grundstock an humanistischer Allgemeinbildung erhalten. Die humanistischen Pädagogen verfolgten mildere und nachsichtigere Erziehungsmethoden, als es im Mittelalter üblich war. Sie versuchten die Motivation ihrer Schüler eher durch Ehrgeiz und Wetteifer zu fördern als durch Zucht und Gehorsam. In gewisser Weise waren die Inhalte und Methoden der humanistischen Bildung deckungsgleich mit denen der protestantischen Bildung.

Humanismus fürs Volk

Der entscheidende Unterschied zwischen dem Humanismus und den reformatorischen Bemühungen Martin Luthers bestand darin, dass die humanistische Bildung wie ihre Vorgänger immer nur auf kleine Eliten abzielte, während das Ziel der Reformation die Bildung des ganzen Volkes war. Nach Martin Luther sollten alle Menschen lesen lernen, damit sie selbst die Heilige Schrift erleben konnten und nicht von der Vermittlung durch die kirchlichen Obrigkeiten abhängig waren. Diese Vulgarisierung der Bildung ging Erasmus von Rotterdam entschieden zu weit. Zeternd beklagte er sich darüber, dass Luther »alles öffentlich macht und auch den niedrigsten Handwerker an Problemen teilhaben läßt, die bislang Wissenschaften vorbehalten waren und von Eingeweihten wie Mysterien gehalten wurden«.[26] Luthers Sprache des einfachen Volkes war den auf Latein und Griechisch kommunizierenden elitären Humanisten hochgradig suspekt.

Was damals als ein unbedeutender Nebenaspekt der Reformationsbewegung und der Konfrontation mit dem Papsttum erschien, ist aus heutiger Sicht eine entscheidende welthistorische Weichenstellung. Die Bildungsbewegung der Reformation wollte gerade auch die »niedrigsten Handwerker« und die Masse der Bauern dazu befähigen, eigenständig zu lesen. Erstmals in der Menschheitsgeschichte war das Ziel gesetzt, die gesamte Bevölkerung, unabhängig von ihrem Geschlecht, ihrer Schicht- oder Klassenzugehörigkeit, zu alphabetisieren. Martin Luther und sein Mitstreiter Philipp Melanchthon übernahmen den Bildungsansatz der Humanisten, nicht aber deren elitäres Prinzip. Die Reformation brachte den Humanismus fürs ganze Volk.

Bis sich die Bildung für alle in der Praxis durchsetzte, dauerte es aber seine Zeit. Die Wirren des Dreißigjährigen Krieges (1618–1648) brachten schwere Rückschläge für die Ausbreitung der Bildung. Mit den Hungersnöten und Seuchen in seinem Gefolge hatte der Krieg in manchen Regionen des Heiligen Römischen Reiches Deutscher Nation die Hälfte der Bevölkerung dahingerafft und die lokalen Wirtschaften weitgehend zerstört.

Nachdem das kleine Herzogtum Pfalz-Zweibrücken im Südwesten Deutschlands unter seinem zum reformierten Bekenntnis konvertierten Herzog Johann I. schon im Jahre 1592 die allgemeine Schulpflicht eingeführt hatte, zogen Straßburg (1598), Sachsen-Gotha (1642), Braunschweig-Wolfenbüttel (1647) und Württemberg (1649) nach – ausnahmslos protestantische Herrschaftsgebiete. 1717 erklärte das überwiegend protestantische Preußen als erster größerer Flächenstaat der Welt die allgemeine Schulpflicht. Das protestantische Norwegen folgte 1739. Erst im Zuge der Aufklärung erkannten auch katholische Herrscher die Notwendigkeit der Schulen für alle, 1774 etwa Maria Theresia in Österreich. Allerdings dauerte es überall noch Jahrzehnte oder gar Jahrhunderte, bis sich die generelle Schulpflicht auch praktisch durchsetzen ließ.

Dem Protestantismus folgen Bildung und wirtschaftlicher Erfolg

Worin aber bestanden die Vorteile der breit angelegten, jedoch mit Sicherheit finanziell und administrativ aufwendigen Bildungsreformen? Klar ist, dass ein wirtschaftlicher Erfolg der Alphabetisierungskampagnen nicht unmittelbar zu spüren war, denn der Aufbau von Schulen nahm viele Jahre in Anspruch. Zudem vergehen weitere Jahre, bis aus einem Kind, das Lesen, Schreiben und Rechnen lernt, ein Erwachsener wird, der sich um die Volkswirtschaft verdient macht. Die reformfreudigen Fürsten konnten also kaum etwas von dem möglichen Ertrag ihrer Aufwendungen selbst erleben. Ihre Weitsicht wurde erst langfristig belohnt.

Heute, mit einem halben Jahrtausend Abstand zur Reformation, ist es einfacher, zu analysieren, welche Auswirkungen die von Martin Luther angeschobene Bildungsinitiative hatte. Die Untersuchung der sozialen und wirtschaftlichen Geschichte der letzten Jahrhunderte bestätigt klar, dass der tatsächliche Bildungsansatz der Reformatoren weit über den Zugang zur Heiligen Schrift hinausreichte: Er mehrte das Wissen, die Fähigkeiten und damit den Wohlstand von breiten Schichten der Bevölkerung. Das elitäre Modell der Humanisten hat zwar großartige denkerische und künstlerische Leistungen hervorgebracht, es konnte aber nicht die Lebensbedingungen der Mehrheit verbessern. Die wirtschaftliche Entwicklung in verschiedenen Teilen Europas bis ins 20. Jahrhundert hinein zeigt eindeutig, dass die vom Protestantismus geprägten Gesellschaften durch die Bank erfolgreicher waren: Norddeutschland, die Niederlande, England, Skandinavien und später in zunehmendem Maße auch die USA gewannen an Wohlstand und Einfluss. Die einst reichen katholischen Mächte wie Spanien und Portugal, aber auch die Gebiete des heutigen Italien fielen zurück.

Katholische Kolonialmächte – reich an Gold und Silber, arm an Bildung

Der Niedergang der großen und reichen katholischen Kolonialmächte Spanien und Portugal im Laufe der Zeit lässt sich auch durch das Festhalten an alten, elitären Bildungsstrukturen erklären. Im Zenit seiner Macht war das spanische Kolonialreich unter König Philipp II. eines der größten der Menschheitsgeschichte. Nach dem Prinzip »entdecken, erobern, missionieren und ausbeuten« hatten sich die von der spanischen Krone entsandten Seefahrer weite Teile Amerikas und Asiens zu eigen gemacht, mit dem Ziel, das mythische Goldland El Dorado zu finden. Philipp II. ließ in den Kolonien riesige Mengen von Gold und Silber schürfen und konfiszieren und konnte trotzdem eine dreimalige Staatspleite nicht verhindern, weil sein Reich jenseits der Raubzüge wenig produktiv war und Bau und Unterhalt seiner Flotten gewaltige Mittel verschlangen.

Während schier unermesslicher Reichtum aus den Kolonien nach Spanien floss, hatten weder die Kirche noch die Regierung ein Interesse daran, den Bildungsstand der Bevölkerung zu heben. Solange die Eliten versorgt waren, hielten Kirche und Staat gleichermaßen die Bildung der einfachen Menschen für unnötig oder gar gefährlich. Das änderte sich auch nicht, als die Niederlande und England dem spanischen Königreich den Rang als Kolonialmacht Nummer eins streitig machten: Als Spanien im 19. Jahrhundert seine Kolonien in Lateinamerika verlor, fiel es – mit Ausnahme Kataloniens und des Baskenlandes – zurück auf den Status eines armen

Agrarlandes. Noch um das Jahr 1860 waren drei von vier Spaniern Analphabeten.[27]

Noch tiefer war der Fall der Weltmacht Portugal, die nach dem Verlust ihrer Überseegebiete in Brasilien zum Armenhaus Europas wurde. Nichts von dem in den Kolonien erbeuteten Reichtum hatten die Portugiesen in die Bildung der eigenen Bevölkerung investiert. Um 1900 konnten in Portugal geschätzte 80 Prozent der Bevölkerung weder lesen noch schreiben. Einige Familien und Großgrundbesitzer dominierten die Wirtschaft. Ein großer Teil des Staatshaushaltes floss in die aussichtslosen Kolonialkriege in Angola und Mosambik. Wie schlecht die Daseinsbedingungen an Europas Westrand noch 1950 waren, zeigt die Lebenserwartung der Portugiesen: Sie lag damals unter 60 Jahren und war damit etwa so niedrig wie heute in Afrika.

Parallel zum Niedergang der katholischen Kolonialreiche Spanien und Portugal erlebten die protestantisch dominierten Niederlande und England einen enormen Aufstieg. Statistiken aus den Niederlanden zeigen, dass dort schon um 1600 in den Städten zwei von drei Männern lese- und schreibkundig waren. Um 1850 war die männliche Bevölkerung einschließlich der ländlichen Regionen zu rund 80 Prozent alphabetisiert. Damit war ein erhebliches »Humankapital« herangewachsen.

Eine ähnliche Entwicklung gab es in England, wo um 1800 bereits 60 Prozent aller Männer und 40 Prozent der Frauen lesen und schreiben konnten. Bis 1900 war der Anteil für beide Geschlechter auf annähernd 100 Prozent angestiegen, bei einer Gesamtbevölkerung von rund 40 Millionen im gesamten Vereinigten Königreich. Die Kombination aus der großen Zahl an Menschen und ihrem überproportional hohen Bildungsstand war die entscheidende Stütze für den Aufbau des Britischen Empire. Ohne diese Wissensmacht im Dienste einer zentral gelenkten Kolonialmacht wäre es nie gelungen, in den zahllosen, rund um den Globus verstreuten Kolonien funktionierende Verwaltungen aufzubauen und diese auch militärisch zu verteidigen.

Der wirtschaftliche und politische Einfluss spiegelt sich in der Landkarte Europas um das Jahr 1870 wider, welche die Cambridge Economic History Group erstellt hat. Die Karte zeigt den geschätzten Alphabetisierungsgrad der europäischen Bevölkerung.[28] Die protestantisch geprägten Reiche Schweden, Deutschland, die Niederlande und Großbritannien liegen mit einer Alphabetisierung von rund 80 Prozent unangefochten an der Spitze. Danach folgt das überwiegend katholische Frankreich, das nach der Französischen Revolution deutlich aufgeholt hatte und zwischen 1820 und 1870 die Alphabetisierung von 38 Prozent auf 69 Prozent steigern konnte. Erst dann kommen Österreich und Irland. Italien und Spanien liegen abgeschlagen bei unter 35 Prozent. Russland erreicht 15 Prozent Alphabetisierung und die Türkei 9 Prozent.

Diese Verteilung nach dem Bildungsstand im Europa des Jahres 1870 ist praktisch identisch mit dem Grad der wirtschaftlichen Entwicklung und dem Wohlstand der Bevölkerung. Die Basisbildung war eine entscheidende Voraussetzung für die erfolgreiche Ausbreitung der industriellen Revolution und die dafür nötigen Verwaltungs- und wirtschaftlichen Infrastrukturen, von Eisenbahnlinien bis zu einer sicheren Trinkwasserversorgung.

Half die protestantische Ethik weiter?

Der deutsche Soziologe und Nationalökonom Max Weber (1864–1920) hatte sich zu Beginn des 20. Jahrhunderts gefragt, warum die industrielle Revolution und der Kapitalismus in der westlichen Welt und nicht etwa in Asien entstanden sind und warum beide Strömungen sich nicht schon früher entwickelt hatten. Angesichts der nicht zu übersehenden Entwicklungsunterschiede zwischen protestantischen und katholischen Regionen in Europa ließ sich Weber auf die These ein, dass eine »protestantische Ethik« für den Erfolg der jeweiligen Kulturen verantwortlich gewesen sei.[29]

In Wirklichkeit hatte Weber allerdings eher die Ethik und den Fleiß der zur Askese neigenden Calvinisten vor Augen. In seiner berühmten Schrift »Die protestantische Ethik und der Geist des Kapitalismus« zeichnet er 1904 eine komplexe Argumentationslinie, in welcher der »Beruf« und die damit Gott gegenüber empfundene Verpflichtung als Anreiz zur Leistung eine wichtige Rolle für den Fortschritt spielt. Protestanten stünden dem »unternehmerischen Denken« und dem »Geist des modernen Kapitalismus« näher als Katholiken, schrieb Weber, und seien deshalb wirtschaftlich erfolgreicher. Diese Schrift gilt noch heute als einer der großen Klassiker der Soziologie, der den Zusammenhang zwischen Kultur und Wirtschaft erklären soll. Doch Webers Theorie trifft den Kern der Sache nicht.

Der damalige wirtschaftliche Vorsprung der protestantischen Regionen lässt sich viel einfacher und statistisch fundiert dadurch erklären, dass die dortigen Bevölkerungen besser gebildet waren. Diesen Beweis haben die beiden deutschen Ökonomen Sascha Becker und Ludger Wößmann geführt, indem sie historische Daten aus 29 europäischen Ländern von 1900 sowie von 452 preußischen Landkreisen aus den Jahren 1871 und 1880 genauer unter die Lupe genommen haben. Ihre wissenschaftliche Arbeit trägt den bezeichnenden Titel: »Was Weber wrong?«[30]

In Preußen gab es in dieser Zeit sowohl stark protestantisch als auch stark katholisch geprägte Landkreise und daneben solche, die gemischt waren. Die Volkszählung 1871 war die erste, die den Alphabetisierungsgrad der Bevölkerung systematisch erhob. Schon die beschreibende Analyse zeigt, dass dort, wo es mehr Protestanten gab, auch deutlich weniger Analphabeten lebten. In protestantischen Gebieten lag der Alphabetisierungsgrad im Schnitt um 10 Prozentpunkte über dem von katholischen Regionen. Nach komplexen statistischen Auswertungen kommen die Forscher zu dem eindeutigen Ergebnis, dass die protestantischen Gebiete nicht deshalb erfolgreicher waren, weil die Menschen fleißiger arbeiteten oder weil sie wirtschaftlichen Erfolg als ein Zeichen für Gottgefälligkeit ansahen – also all das lebten, was Max Weber unter »protestantischer Ethik« verstand. Vielmehr war es so, »dass die höhere Bildung den wirtschaftlichen Vorsprung der Protestanten vollständig erklären kann«, wie Ludger Wößmann schreibt: »Wir brauchen dafür keine spezifische Ethik.«[31]

Die ausgewerteten Daten belegen zudem, dass der Protestantismus, der sich geografisch von Wittenberg aus ausbreitete, auch die Bildung mit sich gezogen hat. Mit anderen Worten: Je näher ein preußisches Gebiet an Wittenberg lag, desto höher war der Bildungsstand.[32] In diesen Regionen konnten sogar die dort lebenden Katholiken von dem besseren Schulangebot profitieren. Zudem besuchten in jenen Gebieten die meisten Mädchen eine Grundschule, wo der Anteil der Protestanten am höchsten war.

Der Weg der USA zur Bildungssupermacht

Weber hatte seinen Aufsatz 1904/05 im Zusammenhang mit einer Studienreise in die USA geschrieben. Anfang des 20. Jahrhunderts waren die Vereinigten Staaten ein durch und durch protestantisch geprägtes Land mit einem der weltweit höchsten Bildungsstände. Historische Statistiken zeigen, dass die in den Jahren 1876 bis 1880 geborenen weißen Amerikaner im Durchschnitt schon acht Jahre Schul- und Hochschulbesuch nachweisen konnten.[33] Die Frauen lagen nur geringfügig hinter den Männern. Die durchschnittliche Dauer des Schul- und Universitätsbesuchs stieg dann bis zum Geburtsjahrgang 1950 fast linear auf 14 Jahre an. Damit hatten die USA nach dem Zweiten Weltkrieg die mit Abstand am besten gebildete Bevölkerung der Welt. Dies dürfte der Hauptgrund dafür gewesen sein, dass die USA im Laufe des 20. Jahrhunderts nicht nur zur Wirtschaftsmacht Nummer eins, sondern auch zur einzigen politischen Supermacht wurden.

In den USA begann die massive Bildungsexpansion schon im späten 19. Jahrhundert. Ausgehend von Neuengland führten ab 1850 nach und nach alle Bundesstaaten die allgemeine Schulpflicht ein und schafften zudem das Schulgeld ab. Während heute für die Mehrzahl der guten High Schools ein Schuldgeld fällig ist, beruhte damals die Ausbreitung der Schulbildung in den USA in erster Linie auf öffentlich organisierter und kostenfreier Bildung. Und anders als in Europa folgten dort nach einer ersten Welle der Grundschulbildung zwei weitere: Das »High School Movement« begann schon um 1910, als bereits rund 10 Prozent eines Geburtsjahrgangs eine weiterführende Schule abschlossen, also bis zum Alter von etwa 18 Jahren eine Schule besuchten. Das war bereits ein deutlich höherer Anteil, als ihn Deutschland zwei Jahrzehnte später, zu Beginn des Zweiten Weltkriegs, aufweisen konnte. 1920 erreichten in den USA schon 20 Prozent eines Jahrgangs einen High-School-Abschluss und 1940 waren es sogar 60 Prozent.

Erstaunlich daran ist, dass die Zahl der High-School-Absolventen von Anfang an bei den Frauen höher war als bei den Männern. Dieser beeindruckenden Bildungsinitiative folgte dann noch eine dritte Welle, das »College Movement«: Je mehr junge Menschen eine weiterführende Schule besucht hatten, desto mehr schrieben sich auch für ein Studium an einer Universität ein: 1930 waren es bereits mehr als 20 Prozent eines Geburtsjahrgangs; 1950 fast 50 Prozent. Hier hatten die Frauen ihren anfänglichen Rückstand bis Mitte des 20. Jahrhunderts aufgeholt.[34]

Amerikanische Bildungsdaten sind nicht direkt mit jenen aus Deutschland, Österreich oder der Schweiz zu vergleichen. Das Bildungssystem hierzulande legt traditionell mehr Wert auf eine berufsnahe Ausbildung, für die als Grundlage weder Abitur noch Hochschulstudium nötig sind. Dennoch zeigten sich Anfang des 20. Jahrhunderts in puncto Bildung enorme Unterschiede zwischen Deutschland und den USA: Zwar gingen in Deutschland flächendeckend so gut wie alle Kinder in eine Grundschule, aber die Zahl der Abiturienten war verschwindend klein. Um 1900 lag sie bei rund 1 Prozent je Geburtsjahrgang und selbst 1950 erst bei 4 Prozent.

Die amerikanischen Harvard-Ökonomen Claudia Goldin und Lawrence F. Katz kommen in ihrer umfassenden Geschichte der Bildung und Technologie zu dem Schluss, dass die USA insbesondere durch Bildung zur reichsten und einflussreichsten Nation der Welt wurden. Das 20. Jahrhundert ist aus ihrer Sicht nicht nur das viel zitierte »American Century«, sondern das »American Human Capital Century«.

Ob diese Vormachtstellung anhält, ist freilich eine andere Frage: Seit 1980 stagniert der Bildungsstand in den USA, während er in Ostasien stark expandiert. Die Geschichte zeigt, dass ein einmal erwirkter politischer und wirtschaftlicher Vorsprung nicht von Dauer sein muss und dass er zudem heute mehr denn je von den vielfältigen Fähigkeiten einer breiten Bevölkerungsschicht abhängt – von dem, was Ökonomen im besten Sinne als Humankapital bezeichnen.

3

AUS BITTERSTER ARMUT AN DIE SPITZE

Wie aus Humankapital Erfolgsgeschichten werden

Die Frage, warum bestimmte Kulturen erblühen und andere scheitern, warum die einen die anderen überflügeln, bewegt die Wissenschaft schon seit Langem. Weshalb hat beispielsweise die arabische Zivilisation, die sich zeitweise vom heutigen Portugal bis jenseits von Bagdad ausgebreitet hatte, im Vergleich zu anderen massiv an Bedeutung verloren, wo sie doch vor etwa 1 000 Jahren auf den meisten Gebieten von Kunst und Wissenschaft den christlichen Europäern des Mittelalters weit überlegen war? Weshalb gelingt es den Menschen in Europa, Nordamerika und einigen ostasiatischen Industrieländern derzeit am besten, ihr gesellschaftliches, soziales und wirtschaftliches Umfeld und damit ihr Wohlergehen nach ihren eigenen Vorstellungen zu gestalten?

In diesem Kapitel wollen wir erklären, welche Kulturen und Nationen nach den ersten Bildungserfolgen im Zuge der Reformation von dem gleichen Prinzip der Massenalphabetisierung profitieren konnten und wie sie sich auf dieser Basis zu modernen, wohlhabenden und gut organisierten Gesellschaften entwickelt haben. In den beiden folgenden Kapiteln blicken wir auf jene Kulturen, die, aus welchen Gründen auch immer, die Bildung für alle vernachlässigt haben. Diese beiden Lager bilden die Grundeinheiten im Kampf der Bildungskulturen.

Welche Bedingungen lassen Kulturen erblühen – oder scheitern?

Es gibt viele Theorien zum Erfolg und zum Scheitern von Gesellschaften. Viele machen äußere Faktoren wie das Klima oder die geografische Lage für den jeweiligen Status quo verantwortlich, andere den Zufall oder die kulturelle Prägung der jeweiligen Bevölkerung.

Mit Sicherheit waren die Entwicklungswege in früheren Zeiten stärker als heute von äußeren Einflüssen bestimmt: Gebiete mit ungünstigen natürlichen Voraussetzungen, mit unwirtlichem Klima und schlechten Böden können sich nicht so gut entwickeln wie solche, die in gemäßigten Zonen liegen. Regionen ohne auszubeutende Bodenschätze, in einer geografischen Randlage und ohne Zugang zum Meer waren ebenfalls in ihrer Entwicklung benachteiligt. Die Inuit im hohen Norden hatten nie die Möglichkeit, die Landwirtschaft zu erfinden und Hochkulturen aufzubauen, während die Menschen im Zweistromland zwischen Euphrat und Tigris oder in den ostasiatischen Reisanbaugebieten viel bessere Bedingungen vorfanden. Auch in Afrika südlich der Sahara konnte, anders als im Nahen Osten oder in Europa, keine Landwirtschaft entstehen, weil dort die Tsetsefliege ihr Unwesen treibt: Sie infiziert domestizierte Tiere mit der tödlichen Schlafkrankheit und erschwert so den Einsatz von Zugtieren vor den Pflug.[1] Kulturen sind dort erblüht, wo es geeignete Wildpflanzen und -tiere gab, die sich domestizieren ließen.[2]

Aber sind es wirklich nur solche äußeren Einflussgrößen, die über Erfolg und Misserfolg von Kulturen entscheiden? Nicht alle Wissenschaftler denken so. Der amerikanische Soziologe und Politologe Jack Goldstone etwa glaubt an einen ganz anderen Zusammenhang – an den Zufall.

So erklärt er beispielsweise die unterschiedlichen Entwicklungspfade von China und Europa seit dem 16. Jahrhundert. Beide Weltregionen lagen vor einem halben Jahrtausend etwa gleichauf, doch dann hatte Europa plötzlich die Nase vorn. Denn dort gab es – nur durch einen geschichtlichen Zufall, wie Goldstone meint – die katholische Kirche. Sie hatte im Gegensatz zu den Kulturen in Asien und dem Nahen Osten noch im späten Mittelalter ein Weltbild, das mit den neuen Erkenntnissen der Entdeckungen nicht vereinbar war. Aus diesem und anderen Gründen regte sich Widerstand, und das führte letztlich zur Reformation.

Der Protestantismus breitete sich in Europa aus, in England aber – so sieht es Goldstone – wiederum nur durch Zufall: Hätte nicht der reformierte Wilhelm III. von Oranien, Statthalter der Niederlande und in Personalunion König von England, Irland und Schottland, 1690 mit seinen Truppen den katholischen Jakob II. in die Flucht geschlagen, wäre England wieder katholisch geworden. Nur unter dem Schutz der kapitalistisch orientierten Protestanten war dort später die industrielle Revolution möglich, die bald auch andere Länder Europas erfasste. Unter katholischer Herrschaft, meint Goldstone, wäre das nie geschehen. Eine Verkettung von Zufällen brachte also aus seiner Sicht den entscheidenden Entwicklungsvorteil für Europa. Weil es Zufälle in dieser Art in China nicht gegeben habe, habe sich Europa wesentlich früher zur Industriemacht entwickeln können.[3]

Das Problem solcher Theorien ist, dass sie kaum zu beweisen sind. Die meisten Forscher verfolgen daher andere Entwicklungstheorien. Diese bauen im Wesentlichen auf zwei grundsätzlich verschiedenen Denkschulen auf:

Die einen gehen davon aus, dass bestimmte Völker und Kulturen aufgrund spezieller Eigenschaften grundsätzlich verschieden sind und sich daher auch ganz unterschiedlich entwickeln. Politisch unkorrekt ausgedrückt hieße das: Manche Kulturen sind clever genug und schaffen es – andere sind prinzipiell nicht in der Lage, dem Vorbild der erfolgreichen Gesellschaften zu folgen. Diese Überlegung war die Grundlage für das Buch des 2008 verstorbenen US-Politikwissenschaftlers Samuel Phillips Huntington vom »Kampf der Kulturen«. Er glaubte, dass sich aufgrund unverrückbarer kultureller und religiöser Unterschiede die Gesellschaften auseinanderentwickeln würden, woraus sich zwangsläufig die Konflikte der Zukunft ergäben, etwa zwischen der arabischen und der westlichen Welt.[4]

Andere Wissenschaftler unterstellen, dass sich alle Gesellschaften im Prinzip nach dem gleichen universellen Muster entwickeln und sich die einzelnen Länder heute lediglich in unterschiedlichen Phasen dieser zeitlich versetzten Entwicklungen befinden. Karl Marx zum Beispiel dachte an solch eine festgelegte Abfolge der Gesellschaftssysteme. Er war der Auffassung, die europäische Kultur sei auf dem Weg vom Altertum über Feudalismus und Kapitalismus dort angekommen, wo die proletarische Revolution zwangsläufig in die klassenlose Gesellschaft führen müsse, und dass dies künftig auch für alle außereuropäischen Kulturen gelte. Viele haben das geglaubt und versucht, die egalitäre Welt mit allen Mitteln zu erzwingen. Doch die Geschichte hat gezeigt, dass die Dinge sich ganz anders entwickelt haben: Die organisierte Revolution der Proletarier (in der Sowjetunion, der DDR, in China und Nordkorea) hat weder zu mehr Egalität noch zu wirtschaftlicher Prosperität geführt, während es andere Kulturen mit ganz anderen Mitteln geschafft haben, die sozialen Unterschiede zu minimieren und einen Massenwohlstand zu erzeugen (etwa die nordischen Länder Europas).

Klarer, plausibler und empirisch vielfach bestätigt ist dagegen die spezielle Entwicklungstheorie des demografischen Übergangs. Sie geht ebenfalls von einer zeitlich versetzten universellen Entwicklung aller Weltregionen aus. Die Theorie besagt, dass in allen traditionellen Gesellschaften viele Kinder geboren werden, dass aber auf der anderen Seite auch viele Menschen jedes Alters sterben und sich die Bevölkerungszahl deshalb kaum verändert. Erst wenn, aufgrund einer Verbesserung der Lebensbedingungen, die Sterberaten sinken, die Geburtenraten aber hoch bleiben, kommt es zu einem starken Wachstum der Bevölkerung. Dies begann in Europa und Nordamerika im späten 19. Jahrhundert und in den Entwicklungsländern gleich nach dem Zweiten Weltkrieg. Die Theorie besagt weiter, dass mit einer gewissen Verzögerung und als Folge von wachsendem Wohlstand und Frauenbildung auch die Geburtenraten sinken, das Bevölkerungswachstum geringer wird und schließlich ganz zu Ende geht. Diese Phase der Entwicklung gilt in sämtlichen Industriestaaten Europas, Nordamerikas und Ostasiens als weitgehend abgeschlossen, während sie in anderen Teilen der Welt noch voll im Gange ist und in manchen afrikanischen Ländern erst zögerlich beginnt. Die Theorie des demografischen Übergangs ist bisher die einzige, die den Entwicklungsweg der Nationen allgemeingültig erklären kann.

Diese Entwicklung erfolgt nach bisheriger Erkenntnis für alle menschlichen Gesellschaften unabhängig von geografischer Herkunft, Hautfarbe, Religion und Kultur. Die Phasen der Entwicklung verlaufen stets in der gleichen Reihenfolge und der Rückgang der Kinderzahlen ist irreversibel. Es ist kein Land bekannt, das sich einerseits sozial modernisiert hat, in dem die Menschen aber andererseits so viele Kinder bekommen wie früher. Die einzelnen Länder unterscheiden sich allein darin, wie weit sie auf diesem Entwicklungsweg bereits gegangen sind.

Offen bleibt bei diesem Phasenmodell der Modernisierung allerdings die Frage, welche Umstände dazu geführt haben, dass der Prozess in bestimmten Regionen früher eingesetzt hat als anderswo – in Europa zum Beispiel lange, bevor er in Afrika begann. Hier dürfte nach Auffassung vieler Wissenschaftler wiederum die langfristige kulturelle Entwicklung eine Rolle gespielt haben, etwa dass sich die westliche Kultur in einer klaren Linie von den griechischen Philosophen über das römische Reich und die Renaissance entwickelt hat. Auf diesem Pfad hatte sich bereits so viel Wissen angehäuft, dass der Westen zwar theoretisch immer noch hätte scheitern können, aber die Wahrscheinlichkeit weiterer Erfolge groß war. Tatsächlich sind auf diesem Fundament die lange Zeit technisch und organisatorisch überlegenen westlichen Gesellschaften entstanden.

Aber auch diese Theorie kann nicht plausibel erklären, warum die Dinge in verschiedenen Regionen der Welt zu einem bestimmten Zeitpunkt in dieser oder jener Form gelaufen sind. Keine der erwähnten Theorien eignet sich daher für eine Prognose, wie es mit der Entwicklung weitergehen wird. Aus diesem Grund haben wir in diesem Buch einen anderen Ansatz gewählt: Wir haben gefragt, welches historisch die wichtigsten Vorbedingungen waren, die alle Gesellschaften der Neuzeit erfüllt haben mussten, um auf die Spur des Erfolgs zu kommen.

Wo liegt die Wurzel der Entwicklung?

Unsere These ist, dass die äußeren Faktoren für Entwicklung wie Klima, geografische Lage oder Zugang zu Handelswegen vor etwa 500 Jahren in Europa an Bedeutung verloren haben. Stattdessen hat sich, zunächst nur sehr langsam, aber unaufhaltsam, ein innerer Faktor für Entwicklung durchgesetzt: die Verbreitung der Bildung nicht nur innerhalb von kleinen Eliten, sondern in breiten Bevölkerungsschichten. Diese Bildungsrevolution hat ähnlich wie der beschriebene demografische Übergang in verschiedenen Ländern zu unterschiedlichen Zeitpunkten begonnen. Sie hat dort, unabhängig von Geografie, Religion und Kultur, in der Regel zu einer Modernisierung von Gesellschaft und Wirtschaft geführt.

Keine der zitierten Entwicklungstheorien misst dem Faktor Bildung eine besondere Bedeutung bei. Deswegen wollen wir in diesem Kapitel am Beispiel verschiedener sehr unterschiedlicher Länder, die in relativ kurzer Zeit aus eigener Kraft den Weg aus der Armut gefunden haben, historisch darstellen, welchen Einfluss die Bildung breiter Bevölkerungsschichten bei diesem Entwicklungsprozess hatte. Diese »Bildungsreise« streift sowohl unterschiedliche Kontinente als auch diverse religiöse und kulturelle Hintergründe. Wir starten in Europa.

Finnland – aus der Sauna nach PISA

Finnland war Ende des 19. Jahrhunderts eines der ärmsten Gebiete Europas. Das ungünstige Klima, saure Moorböden und die kurze Vegetationsperiode machten den Bauern das Leben schwer. In dem dünn besiedelten Land entstanden nur wenige Städte, sodass sich auch mit Handel kaum Geld verdienen ließ. Sprachlich waren die Finnen isoliert und politisch über Jahrhunderte ein Spielball der nordischen Großmächte Schweden und Russland. 700 Jahre lang hatte Russland immer wieder versucht, das schwedisch kontrollierte Gebiet der finnischen Halbinsel zu besetzen. 1809 wurde Finnland als Großfürstentum sogar Teil des Zarenreichs und die Hauptstadt von Turku nach Helsinki verlegt. Erst Ende 1917 erlangten die Finnen im Zuge der Russischen Revolution ihre Unabhängigkeit.

Wirtschaftlich hatte Finnland lange Zeit praktisch nichts zu bieten. Das Einzige, was es im Überfluss gab, waren Bäume, und selbst die wuchsen im rauen Klima des Nordens viel langsamer als im Süden. Ursprünglich war Teer das einzige Exportprodukt. Die Europäer brauchten die schwarze, klebrige Masse zum »Kalfatern«, zum Abdichten der Fugen zwischen den Schiffsplanken. Fast alles, was nicht auf den kargen Feldern oder im Wald wuchs, mussten die Finnen importieren, wenn sie überhaupt das Geld dazu hatten. In den einfachen Hütten und Wohnhäusern der Bauern standen nicht einmal Kamine. Stattdessen qualmte in den meisten Behausungen in der Mitte des einzigen Raumes eine Feuerstelle. Wegen der Kälte gab es keine Lüftung, und zum Schlafen legten sich die Finnen auf Holzpritschen auf dem Boden, die einzige halbwegs rauchfreie Zone im Haus.

Traditionell kamen die Finnen in der Sauna zur Welt, und dorthin zogen sie sich auch zum Sterben zurück. Die Sauna war ihr Waschraum und bot zudem Schutz vor der Kälte. Wurde ein neues Stück Wald gerodet, um dort einen Hof anzulegen, zogen die Finnen als erstes eine Saunahütte hoch, traditionell eine Rauchsauna ohne Kamin. Darin entzündeten sie ein Feuer und legten Steine darauf. Sobald die Flammen erloschen waren und sich der Rauch aus der Sauna verzogen hatte, gossen sie Wasser auf die Steine. Ohne es zu wissen, hatten die Finnen mit den hohen Temperaturen einen ziemlich sterilen Raum geschaffen, in dem es bei Geburten selten zu Infektionen kam. Dies ist die Erklärung dafür, dass die Säuglings- und Müttersterblichkeit in Finnland schon ab einem recht frühen Zeitpunkt geringer war als in anderen Ländern.

Wie in allen traditionellen Kulturen wurden auch bei den Finnen viele Kinder geboren. Deshalb wuchs die Bevölkerung Finnlands stark, wurde aber immer wieder durch Hungersnöte und Kriege dezimiert. Besonders verheerend war der Große Nordische Krieg von 1700 bis 1721 zwischen Schweden und Russland, der das Land weitgehend verwüstete und entvölkerte. Bemerkenswert ist, dass unmittelbar nach dem Friedensvertrag, den beide Länder in der kleinen Hafenstadt Uusikaupunki (schwedisch: Nystad) in Westfinnland unterschrieben, Finnland als erstes Land der Welt eine moderne Bevölkerungsstatistik einführte. Dazu wurden die Geburts- und Sterberegister der Gemeinden sowie die »Seelenstandsregister« der Kirchen zentralisiert. Die Erhebung der Bevölkerungszusammensetzung sollte eine Grundlage für die Neuorganisation des Landes sein.

Für Finnland gibt es deshalb weltweit die längste durchgehende jährliche Zeitreihe für die Entwicklung der Einwohnerschaft. Die Statistik belegt, wie rasant die Bevölkerung in den Jahrzehnten nach dem Krieg wuchs: Zwischen 1750 und 1850 vervierfachte sich die Zahl der Finnen von 421 000 auf 1,64 Millionen. Die vielen Menschen waren kaum zu ernähren, und die Bauern mussten immer mehr Wald in Ackerflächen umwandeln.[5]

Wie es in dieser schwierigen Zeit zuging, beschreibt eindrücklich Aleksis Kivi in seinem Roman »Die sieben Brüder« aus dem Jahr 1870. Es war der erste Roman, der überhaupt auf Finnisch erschien, denn bis dahin war dies die Sprache der Bauern und einfachen Leute, während sich Aristokraten und Bürger auf Schwedisch unterhielten. Nur die Bibel gab es schon seit 1537 auf Finnisch. Übersetzt hatte sie schon zu Zeiten der Reformation der Lutherschüler Michael Agricola, später Bischof der alten Hauptstadt Turku und Begründer der finnischen Schriftsprache.

»Die sieben Brüder« gilt heute als »der« Klassiker der finnischen Literatur. Kivi beschreibt darin das Leben von sieben jungen Männern, die ihre Eltern verloren und deren Hof geerbt haben. Sie haben aber kein Interesse an einem geregelten Dasein und beschließen, sich als verschworene Bande in den Wald zurückzuziehen, um dort ein wildes, freies Leben zu führen. Sie streiten und saufen, erlegen Bären und Wölfe und fühlen sich wie Helden. Erst nach Jahren finden alle zur Vernunft, werden wieder sesshaft und gründen Familien.

Für das damals lesekundige Publikum war der Roman eine ungeheure Provokation. Das wilde, ungeordnete Leben und die grobschlächtigen Personen, die Kivi beschrieben hatte, waren der Oberschicht völlig fremd. Das Buch sei eine Schande, hieß es damals. Doch diese Empörung griff viel zu kurz. In Wirklichkeit hatte der Autor mit der Wandlung der sieben Brüder die Entwicklung Finnlands von einem barbarischen Land zu einer christlichen Zivilisation nachgezeichnet. Denn zu der Zeit, als der Roman erschien, stand Finnland vor einen grundlegenden Umbruch.

Die Jahre von 1866 bis 1869 hatten dem Land eine schreckliche Hungersnot gebracht, die oft als die letzte große »natürliche«, also nicht von der Politik verursachte Nahrungsmittelkrise in Europa bezeichnet wird. Nach einigen schlechten Ernten wollten sich im Jahr 1867 weder Frühling noch Sommer einstellen. Bis im Juni lag Schnee auf den Feldern und die Temperatur blieb 8 Grad unter dem langjährigen Durchschnitt. Die Kartoffeln verfaulten im Boden und das Getreide wurde nicht reif. Schon Anfang September kam der erste Frost. Für die meisten Bauern bedeutete das einen totalen Ernteausfall, und das zu einem Zeitpunkt, zu dem die Vorräte aus dem Vorjahr längst aufgebraucht waren. Von Schweden konnte die Bevölkerung keine Unterstützung erwarten, und auch von Russland, zu dem Finnland damals gehörte, kam keine Hilfe. Der Hungersnot folgten die Seuchen, die unter den geschwächten Menschen leichte Beute fanden.

In den demografischen Statistiken ist die Hungersnot dokumentiert: Sie forderte in drei Jahren rund 270 000 Todesopfer, das waren mehr als 15 Prozent der Bevölkerung. Besonders hart traf es die Kinder, von denen fast die Hälfte starb. Das Land schien in einem Teufelskreis aus hohem Bevölkerungswachstum, Armut, Hunger und Epidemien gefangen. In dieser hoffnungslosen Situation setzte die evangelische Kirche Finnlands, der fast alle Finnen angehörten, einen entscheidenden Impuls. Sie besann sich auf den lutherischen Bildungsauftrag für alle und beschloss zusammen mit der staatlichen Verwaltung, die total verarmte Landbevölkerung zu alphabetisieren. Es war ein verzweifelter Versuch, die Menschen zu kultivieren.

Die Bildungsreform war ein Kraftakt ohnegleichen: Überall ließ die Regierung Schulen bauen und Lehrer ausbilden. Die Zahl der Volksschullehrer wuchs in den 40 Jahren von 1870 bis 1910 um das Zwanzigfache auf über 10 000.[6] Zusätzlich nutzte die Kirche ihren Einfluss auf das Alltagsleben der Menschen. Wer heiraten wollte, musste eine Seite aus Luthers kleinem Katechismus vorlesen können – das galt für Braut wie Bräutigam und war unabhängig von der sozialen Stellung –, sonst gab es keine Erlaubnis zur Eheschließung. In einer Zeit, in der allein die Ehe als legitimer Ort für Sexualität galt, hatte die Kirche damit einen erheblichen Anreiz gesetzt, das Lesen zu erlernen.

Der Erfolg der sanften Zwangsmaßnahmen war beeindruckend: Anfang des 20. Jahrhunderts war praktisch die gesamte jüngere Bevölkerung Finnlands alphabetisiert, also jene, die von den neuen Schulen profitieren konnten, Frauen wie Männer. Der Bildungsschub zeigte Auswirkungen auf verschiedensten Ebenen:

Erstens ließ er die Geburtenrate sinken. Die Menschen erweiterten dank einer soliden Basisbildung ihren Horizont und begannen, die Größe ihrer Familien bewusst zu planen. Die durchschnittliche Kinderzahl der Finninnen, die Ende des 19. Jahrhunderts noch bei über fünf gelegen hatte, sank bis 1930 auf zwei, drei – und zwar ohne die Unterstützung durch moderne Verhütungsmittel. Die finnische Geschichte liefert ein starkes Argument dafür, dass der historische Rückgang der Kinderzahlen im Wesentlichen vom Zugang zur Bildung abhängt. Die anderen in der Wissenschaft diskutierten Gründe für den Rückgang – mehr Wohlstand, Verstädterung oder Individualisierung – konnten im damaligen Finnland noch gar keine Rolle gespielt haben. Weder wurden die Finnen damals wesentlich reicher, noch zogen sie alle in Städte oder begannen als Singles zu leben. Das Einzige, was sich in dieser Zeit signifikant verändert hatte, war die Bildung, insbesondere der Frauen.

Zweitens stiegen mit der Bildung der Frauen auch deren gesellschaftliche Ansprüche. Vor allem in protestantischen Ländern entstanden damals die ersten Frauenrechtsbewegungen. In der Folge führte Finnland 1906, damals noch russisches Großfürstentum, als erstes Territorium in Europa das allgemeine aktive und passive Wahlrecht für Männer und Frauen ab dem 24. Lebensjahr ein. Zuvor durften nur die finnischen Männer der höheren Stände wählen. Für die ersten Wahlen zum Ständelandtag 1907 traten bereits 62 weibliche Kandidaten an. 19 von ihnen zogen dann in das neue Parlament von 200 Abgeordneten ein.[7]

Drittens war mit der Alphabetisierungskampagne und der in der Reformation verwurzelten Lesetradition die Basis für eine weitergehende Bildung gelegt. Nach der Primarschule baute die finnische Regierung auch die Sekundarstufe kontinuierlich auf. Dies hatte nicht nur zur Folge, dass immer mehr junge Menschen eine weiterführende Bildung abschließen konnten, sondern auch, dass die jungen Frauen bereits 1970 die Männer bei der Zahl der Abiturienten überholten. Zur gleichen Zeit führte die Regierung eine große Bildungsreform durch, bei der sie das gegliederte Schulsystem in ein integriertes überführte: Seit 1972 nehmen alle Schüler eines Geburtsjahrgangs am gemeinsamen Unterricht in den Klassenstufen 1 bis 9 teil. Gleichzeitig erhielten die Schulen weitgehende Autonomie. Sie konnten ihre Lehrpläne innerhalb eines vorgegebenen

Rahmens eigenständig gestalten und vor allem die Lehrer selbst auswählen. Alle staatlichen Schulen werden seither regelmäßig evaluiert, was zu einem positiven Wettbewerb der Schulen untereinander geführt hat.

In der Tradition der frühen Alphabetisierung legen die finnischen Schulen außer auf Naturwissenschaften und Fremdsprachen ein besonderes Augenmerk auf die Stärkung der Lesekompetenz. In der dritten Klasse beginnt der Unterricht in der ersten Fremdsprache. Nach Abschluss der neunjährigen Gemeinschaftsschule haben alle Jugendlichen mindestens zwei Fremdsprachen gelernt. Schwächere Schüler erhalten gezielte Unterstützung.

Angesichts dieser mustergültigen Bildungspolitik ist es kein Wunder, dass Finnland die 2001 erstmals von der Organisation für Wirtschaftliche Zusammenarbeit und Entwicklung (OECD) organisierte PISA-Studie in praktisch allen Bereichen anführte. Bei der Bildungsstudie werden im dreijährigen Turnus die Kompetenzen von 15-Jährigen im Lesen, in Mathematik und den Naturwissenschaften geprüft. Finnlands Schüler zeigen seither in allen Testbereichen überdurchschnittliche Leistungen und belegen dort stets Plätze unter den ersten vier. In den Mathematiktests ist Finnland in der jüngsten Studie von 2009 allerdings leicht hinter die Länder China, Singapur, Taiwan und Südkorea zurückgefallen. China ist mittlerweile in allen Bereichen in Führung gegangen. Dieses Ergebnis gibt jedoch ein verzerrtes Bild wieder, weil in China nur Schüler aus der boomenden Metropole Shanghai an den Prüfungen teilnahmen.[8]

Viertens verbesserte sich mit der Bildung auch die Gesundheit der Finnen, was sich am einfachsten an der gestiegenen Lebenserwartung ablesen lässt. Diese stieg für Frauen nach und nach von 42 Jahren (um 1880) zunächst auf 50 Jahre (um 1910) und dann auf 68 Jahre (um 1950). Heute beträgt sie 84 Jahre, ist also doppelt so hoch wie 1880. Schon früh erkannten die Finnen, dass Bildung und Gesundheit als gemeinsames Feld der Entwicklung zu betrachten sind. Bereits in den 1920er Jahren begann der charismatische Kinderarzt Arvo Ylppö ein System von Kinder-Gesundheitszentren aufzubauen, die sich nicht nur den medizinischen Fragen wie Impfungen widmeten, sondern auch die geistige und soziale Reifung des Kindes fördern sollten. Heute gibt es praktisch in jedem Ort eine derartige Beratungsstelle, die *Neuvola*. Sie liegt meist neben dem Gemeindezentrum, ist also für jeden leicht zu erreichen. Hier arbeitet ein ganzes Team, bestehend aus Ärzten, Krankenschwestern, Logopäden, Ergotherapeuten, Psychologen und Sozialarbeitern. Während der ersten beiden Lebensjahre des Kindes besuchen Eltern mit ihrem Nachwuchs die *Neuvola* etwa einmal im Monat.

Bei der Beratung geht es nicht nur um das Kind, sondern auch um die Eltern. Man beschäftigt sich unter anderem mit Finanz- oder Partnerschaftsfragen, weil ein Kind nun einmal eine erhebliche Umstellung des Lebensstils mit sich bringt. Früher war die Auszahlung des Kindergeldes an die Inanspruchnahme dieser Beratungen gekoppelt. Heute sind die *Neuvolat* so selbstverständlich geworden, dass dieser Anreiz nicht mehr nötig ist.

Der nachhaltige Erfolg der massiven Alphabetisierungsanstrengungen in Finnland widerlegt eine weit verbreitete Vorstellung von Ökonomen, die besagt, dass Bildung nur dann sinnvoll ist, wenn sie für die betroffenen Personen wirtschaftliche Vorteile bringt.[9] Demnach ist Bildung ein marktfähiges Gut, das sich die Menschen aus eigenem Antrieb besorgen, wenn sie glauben, dass sie damit später einmal gutes Geld verdienen können. Doch für die heiratswillige, junge ländliche Bevölkerung im Finnland des ausgehenden 19. Jahrhunderts ergab sich überhaupt kein wirtschaftlicher Vorteil daraus, lesen und schreiben zu können. In der damaligen kleinbäuerlichen Gesellschaft (und angesichts der einfachen landwirtschaftlichen Gerätschaften) war die Bildung wenig nützlich. Die Leute haben nur Lesen und Schreiben gelernt, weil es der Pfarrer so wollte und sie sonst nicht heiraten durften. Der Nutzen hat sich erst im Laufe der Zeit erwiesen – dafür aber umso deutlicher.

Heute steht Finnland trotz seiner geografischen Randlage, seiner sprachlichen Isolation und seiner dünnen Besiedlung ökonomisch als eines der reichsten Länder der Welt da. Die Wirtschaft ist modern, erfolgreich und zukunftsorientiert. Das Land belegt weltweit Spitzenpositionen, unter anderem in der Informationstechnologie, in modernster Forstwirtschaft, im Maschinenbau für Papierherstellung und in der Holzverarbeitung. In der mobilen Telekommunikation dominierte das gemessen an seiner Bevölkerungszahl kleine Finnland mit der Firma Nokia lange den Weltmarkt für Mobiltelefone. Auch wenn Nokia an Glanz verloren hat, ist es noch immer das zweitgrößte Unternehmen des Landes und beschäftigt weltweit rund 50 000 Mitarbeiter.[10] Zusätzlich leidet Finnlands Wirtschaft derzeit überproportional unter den Handelssanktionen der EU gegen Russland. Dennoch zählt Südfinnland zu jenen Regionen Europas, die in Relation zum Bruttosozialprodukt am meisten Geld für Forschung und Entwicklung ausgeben. Die Finnen können dabei auf ein großes Potenzial an hoch qualifizierten Fachkräften zurückgreifen.

Auch hier zeigt sich, wie sinnvoll die frühen Investitionen in Bildung für Männer *und* Frauen waren. Heute sind 47 Prozent der Finninnen zwischen 25 und 34 Jahren Akademikerinnen. Außer in Schweden haben in keinem anderen EU-Staat mehr Frauen einen Hochschulabschluss. Das Land verfügt über 20 Universitäten, die allesamt keine Studiengebühren erheben.

Im Global Competitiveness Index des World Economic Forum 2014–15 findet sich Finnland auf Platz vier hinter der Schweiz, Singapur und den USA. Während die Schweiz und die Vereinigten Staaten auch schon vor 100 Jahren weit vorne lagen, gehören Finnland und Singapur zu den erfolgreichsten Nachzüglern. Auch der südostasiatische Stadtstaat ist einst von einem rückständigen Land zu einer Hightech-Metropole durchgestartet – allerdings in deutlich schnellerem Tempo als Finnland.

Singapur – in 50 Jahren von der Opiumhöhle zum Wissenschaftsmekka

Als Singapur 1963 aus dem britischen Kolonialreich entlassen und 1965 (nach kurzer Zeit in einer Föderation mit Malaysia) unabhängig wurde, hatte der junge Staat einerseits einen wichtigen Hafen und Handelsknoten zwischen Ost und West zu bieten, mit einer bunten Bevölkerungsmischung aus Chinesen, Malaien, Arabern, Europäern und Indern. Andererseits war der Ort ein tropisch schwüler, malariaverseuchter Moloch voller Bordelle und Opiumhöhlen, in dem Massenarbeitslosigkeit herrschte und über die Hälfte der Bewohner weder lesen noch schreiben konnte. Die Wohnviertel waren streng nach Ethnien segregiert. Die Frauen bekamen im Schnitt fast sieben Kinder und das Pro-Kopf-Einkommen lag bei umgerechnet 427 US-Dollar pro Jahr. Durch die Loslösung von Malaysia war Singapur anfänglich auch noch von seinem Hinterland abgeschnitten.

Bereits einige Jahre zuvor, 1959, erhielt Singapur den Status der selbst regierten Kronkolonie. Aus den ersten Wahlen ging der in Singapur geborene, aus einer wohlhabenden chinesischen Familie stammende und im englischen Cambridge ausgebildete Jurist Lee Kuan Yew als Sieger hervor und übernahm als Regierungschef das Ruder. Er trat erst 1990 ab, als damals am längsten dienender Premierminister der Welt. Lee hatte die Vision, Singapur mit einer Kombination aus konfuzianischen Werten, westlicher Bildung und einem lupenreinen Kapitalismus aus der Armut zu führen. Sein Führungsstil war ebenso autoritär wie effizient.

In den ersten Jahren lag ein Schwerpunkt seiner Politik auf einem schnellen Ausbau des Bildungssystems; außerdem mussten mehr Arbeitsplätze geschaffen werden. Eine besondere Herausforderung bestand darin, rasch eine große Zahl an Lehrern auszubilden, von denen es viel zu wenige gab. Der Erfolg stellte sich schneller ein als erwartet: Bereits 1970 erhielten praktisch alle Kinder eine Grundschulausbildung. Premierminister Lee führte Englisch als Basissprache ein, in der alle miteinander kommunizieren konnten, ließ aber alle Kinder auch in ihrer Muttersprache unterrichten, damit sie ihre kulturellen Wurzeln nicht verloren. Um dem Bedürfnis der rasch wachsenden Industrie nach technischen Fachkräften gerecht zu werden, investierte Singapur massiv in die sekundare Bildungsebene, direkt gefolgt von einem enormen Ausbau der Universitäten.

Nur in den Anfangsjahren verdienten die Singapurer ihr Geld mit einfachen Industrieprodukten. Schon in den 1980er Jahren war der Stadtstaat zu einer Wissensgesellschaft geworden. Heute erlangen in Singapur fast 80 Prozent eines Geburtsjahrgangs einen Hochschulabschluss. Das sind ähnlich viele wie in Südkorea und bedeutet Weltrekord. Zusätzlich locken die exzellenten Hochschulen mittlerweile rund 100 000 ausländische Studenten nach Singapur.[11] Innerhalb von 50 Jahren hat Singapur seine Vergangenheit hinter sich gelassen und ist zu dem führenden Tigerstaat Asiens aufgestiegen. Mittlerweile ist das 5,5-Millionen-Einwohner-Land »der« Wissenschafts- und Forschungsstandort Südostasiens mit vier Universitäten und zwei weiteren in Planung.[12] Die Institute sind weltweit führend in der Informations- und Biotechnologie und in der Medizin. Etwa eine Million ausländische Patienten lassen sich jährlich in den Kliniken Singapurs behandeln. Rund die Hälfte aller Exporte aus Singapur sind Hightech-Produkte, dreimal so viel wie in Deutschland.[13]

Auf allen Ebenen bereitet sich die Wissensgesellschaft Singapurs auf die Herausforderungen des 21. Jahrhunderts vor. Keine Stadt im Umkreis von ein paar Tausend Kilometern ist sauberer, keine Industrie arbeitet rohstoffeffizienter, nirgendwo gibt es ehrgeizigere Ziele, den Energieverbrauch zu senken oder den Müll zu reduzieren. Die Abwässer werden zu 100 Prozent recycelt, es gibt keine Slums, Korruption ist weitgehend unbekannt. Sogar der Verkehr in der Megastadt verläuft reibungslos, dank eines perfekten Bus- und Bahnsystems und einer ausgeklügelten Begrenzung des Privatverkehrs. An keinem Ort der Region leben die ethnischen Gruppen und Religionen so friedlich zusammen wie in Singapur.

Wegen der stürmischen Expansion des Bildungssystems in den letzten Jahrzehnten konnten bis heute allerdings nur die jüngeren Generationen in den Genuss einer besseren Qualifikation kommen. Nur sie haben von dem Bildungsschub seit den 1970er Jahren profitiert, während die älteren Jahrgänge gar nicht in den Genuss der Bildungsreformen kommen konnten. Noch Mitte der 1980er Jahre trafen Besucher in Singapur auf eine Zweiklassengesellschaft: Es handelte sich dabei nicht um die üblichen sozialen Klassen, die zwischen unteren und oberen Schichten unterscheiden, sie waren vielmehr nach dem Alter getrennt. Wer 1985 zwischen 20 und 35 Jahre alt war, sprach bereits perfekt Englisch und sein technisches Wissen befand sich auf einem höheren Stand als das vieler Europäer. Die meisten Menschen über 45 Jahren lebten hingegen abseits der glänzenden Fassaden der Megastadt, in den dunklen und ärmlichen Gebieten von Chinatown oder Little India. Sie waren nie zur Schule gegangen und sprachen kaum ein Wort Englisch.

Mittlerweile gibt es nur noch wenige Vertreter dieses alten Singapur und die nachfolgende Generation verfügt über völlig andere Fähigkeiten. Schritt für Schritt rücken die besser qualifizierten, jüngeren Jahrgänge in der Alterspyramide nach oben. Das Phänomen des sukzessiven Generationenwechsels wird auch als »demografischer Metabolismus« bezeichnet, weil sich die Gesellschaft im Zeitverlauf qualitativ verändert. Auf dieser Grundlage lässt sich auch vorhersagen, wie sich Singapurs Gesellschaft in den kommenden Jahrzehnten weiter entwickeln wird.[14] Schon heute ist sicher, dass der Stadtstaat seine Position als Wissens- und Innovationsstandort weiter ausbauen wird.

Die Bildungsrevolution spiegelt sich natürlich auch in den Wachstumsraten der Wirtschaft und im Wohlstand der Singapurer. Das Pro-Kopf-Einkommen stieg von den genannten 427 Dollar im Jahr 1960 über 5 000 Dollar im Jahr 1980 auf 25 000 Dollar 1995 und war damit zu der Zeit schon höher als in der ehemaligen Kolonialmacht Großbritannien. Heute liegt es bei 55 000 Dollar, womit Singapur bereits die USA überholt hat.[15] Im Rahmen dieser Entwicklung fiel die Kinderzahl je Frau von fast sieben im Jahr 1960 auf heute 1,3. Die Kindersterblichkeit in Singapur, die 1965 noch auf dem Niveau des heutigen Nordkorea lag und wo damals rund 3 Prozent aller Kinder vor Erreichen des fünften Lebensjahres starben, ist mittlerweile auf 0,2 Prozent und damit einen der niedrigsten Werte weltweit gesunken. Die durchschnittliche Lebenserwartung ist mit über 82 Jahren eine der höchsten der Welt; 1957 lag sie noch bei 57 Jahren.

Mauritius – einst Hölle auf Erden, heute Paradies im Indischen Ozean

Dass sich ein Handelsplatz wie Singapur in strategisch günstiger Lage und mithilfe ausländischer Direktinvestitionen unter geeigneten Bedingungen gut entwickeln kann, ist vielleicht noch nachzuvollziehen. Aber ist das auch für eine kleine Insel vorstellbar, die fast ausschließlich vom Zuckerrohranbau lebt und mitten im Indischen Ozean liegt, inmitten der tropischen Wirbelsturmzone und 2 000 Kilometer vom nächsten Kontinent entfernt?

Mauritius tauchte auf europäischen Seekarten erst irgendwann Anfang des 16. Jahrhunderts auf. Damals stießen portugiesische Seefahrer (arabische waren schon vorher da) auf der Suche nach dem Seeweg nach Indien unterwegs auf das Eiland und waren froh, dass sie dort Trinkwasser und Riesenlandschildkröten als Proviant bunkern konnten. Wirklich besiedelt wurde die Insel erst, als die holländische Ostindien-Kompanie sie 1638 zu einem Stützpunkt auf der langen Reise nach Indonesien machte.

Damals lebten auf Mauritius rund 200 Siedler und 1 000 Sklaven. Sie hatten bereits alle für den Schiffbau nutzbaren Bäume abgeholzt. 1715 eroberten die Franzosen die Insel und schafften weitere Siedler und Sklaven für den Zuckerrohranbau herbei. 1810 übernahmen die Briten die Herrschaft. Mit ihnen begann eine regelrechte Bevölkerungsexplosion, vor allem, weil sie Menschen aus anderen Teilen des britischen Empire ansiedelten. Bald zählte die Insel 100 000 Einwohner, davon waren 80 Prozent afrikanische Sklaven.

Nachdem das Empire 1835 die Sklaverei verboten hatte und die meisten der freigelassenen Plantagenarbeiter sich nicht mehr auf den Feldern ihrer ehemaligen Besitzer verdingen wollten, warben die Engländer zwischen 1834 und 1839 in großem Maßstab Inder an. Diese hatten zwar Arbeitsverträge, wurden aber ähnlich schlecht behandelt wie früher die Sklaven. Man enthielt ihnen beispielsweise das Rückfahrticket nach Indien vor. Allein in den zehn Jahren zwischen 1851 und 1861 kamen über 100 000 Inder auf Mauritius an. Weil die Insel nur über eine Fläche von gerade einmal 2 000 Quadratkilometern verfügt (kleiner als das Saarland) und ein Teil davon wildes Bergland ist, waren der Landwirtschaft von Anfang an Grenzen gesetzt. Die Zuckerrohr-Monokultur war zudem extrem anfällig für die unberechenbaren Preisschwankungen auf dem Weltmarkt.

Die Volkszählung aus dem Jahr 1962 dokumentiert für Mauritius 681 619 Einwohner. Die meisten davon waren bettelarm und die Frauen hatten im Durchschnitt mehr als sechs Kinder. Die Wachstumsrate der Bevölkerung lag bei 3 Prozent pro Jahr, was einer Verdopplung der Einwohnerschaft in nur 23 Jahren gleichkam. Das waren schlimme Aussichten für ein Land, das schon damals am Rande des Abgrunds stand. Mauritius schien in einer ähnlichen Situation gefangen wie Finnland im 18. Jahrhundert.

Auch die britische Kolonialverwaltung war über diese Entwicklung besorgt. Sie beschloss, vor dem Übergang in die Unabhängigkeit, der schließlich 1968 erfolgte, Experten zur Beratung der lokalen Regierung zu entsenden. 1960 kam der prominente englische Sozialforscher Richard Titmuss nach Mauritius, um mit einem Team Vorschläge für die Verbesserung der Lage zu erarbeiten. Vor seiner Ankunft hatte gerade wieder einer der häufigen Wirbelstürme eine Spur der Verwüstung auf der Insel hinterlassen. Titmuss soll bei seiner Ankunft von der »Hölle auf Erden« gesprochen haben.

Fast zur gleichen Zeit kam eine Wirtschaftsdelegation unter Leitung des Cambridge-Ökonomen und späteren Nobelpreisträgers James Edward Meade nach Mauritius, um wirtschaftspolitische Ratschläge zu geben. Beide Teams erarbeiteten umfangreiche wirtschafts- und sozialpolitische Konzepte, aus denen zwei zentrale und zugleich umstrittene Empfehlungen hervorstachen: Baut mehr Schulen und führt eine Familienplanung ein! Die Regierung selbst hatte zu diesem Zeitpunkt versucht, das Problem der extrem schnell wachsenden Bevölkerung durch gezielte Auswanderungsprogramme zu lösen. Das brachte aber wenig, weil die hohen Kinderzahlen die Lücken schnell wieder füllten. Das Thema Familienplanung war aus religiösen Gründen tabu, besonders bei der katholischen Kirche, der die einflussreiche französische Oberschicht der Grundbesitzer angehörte. Aber auch die muslimischen Gruppen hatten ihre Bedenken. Allein die indischstämmige hinduistische Bevölkerungsmehrheit stand dieser Frage eher offen gegenüber. Die hinduistischen Frauen waren fast alle Analphabetinnen und hatten mit über sieben Kindern im Durchschnitt die höchste Fertilitätsrate aller ethnischen Gruppen auf Mauritius.

Trotz aller Vorbehalte konnten die wissenschaftlichen Studien von Titmuss und Meade das Parlament von Mauritius letztlich überzeugen. Angesichts der Insellage und des begrenzten Lebens- und Landwirtschaftsraumes ohne ein »Hinterland«, in das sich die Bevölkerung hätte ausdehnen können, mussten die Verantwortlichen handeln. Die Parlamentsprotokolle zeigen, dass selbst die katholischen und muslimischen Abgeordneten schließlich ein Einsehen hatten und beschlossen, das 1962 begonnene staatliche Familienplanungsprogramm nicht zu torpedieren.[16] Die katholische Kirche begründete sogar eine eigene Familienplanungsorganisation, die *Action Familiale*, die allerdings nur sogenannte natürliche Methoden der Empfängnisverhütung propagierte.

Die vergleichsweise liberale Haltung der katholischen Kirche mag heute überraschen, doch sie entsprach dem damaligen innerkirchlichen Diskussionsstand. Papst Johannes XXIII. hatte eine päpstliche Studienkommission eingesetzt, die sich speziell mit der Frage von Bevölkerungswachstum und Geburtenregelung beschäftigte. In dieser Kommission herrschte die Meinung vor, dass Kontrazeptiva wie die damals neue Pille im Prinzip nicht verwerflich, natürliche Methoden jedoch vorzuziehen seien. Auch eine von Johannes' Nachfolger Paul VI. eigens eingesetzte Bischofskommission sprach sich mehrheitlich dafür aus, die Wahl der Methode den Eheleuten selbst zu überlassen. In dieser gesamtkirchlichen Situation sah sich die katholische Kirche in Mauritius, insbesondere ihr Generalvikar und spätere Kardinal Jean Margéot, durchaus auf dem Boden der katholischen Lehre: Sie stimmte der Einführung eines wirkungsvollen staatlichen Familienplanungsprogramms mit dem ganzen Methodenspektrum zu – mit Ausnahme der Abtreibung.

Erst 1968 präsentierte Papst Paul VI. seine Enzyklika *Humanae Vitae* – im Volksmund auch »Pillen-Enzyklika« genannt. Sie verurteilte jede Handlung, »die entweder in Voraussicht oder während des Vollzugs des ehelichen Aktes oder im Anschluss an ihn beim Ablauf seiner natürlichen Auswirkungen darauf abstellt, die Fortpflanzung zu verhindern«.[17] Übersetzt bedeutete das, dass aus Sicht der Kirche jegliche nicht natürliche Empfängnisverhütung als Sünde einzustufen sei. Entgegen den Empfehlungen der päpstlichen Kommissionen hatte Paul VI. versucht, das Rad der Geschichte zurückzudrehen. Doch zumindest in Mauritius war dafür der Zug längst abgefahren.

Zwischen 1963 und 1972 erlebte Mauritius den bis dahin schnellsten Fertilitätsrückgang eines Landes in der Geschichte – allein durch die Angebote innerhalb der staatlichen Programme, ohne jeden Druck und Zwang. Die durchschnittliche Kinderzahl je Frau fiel innerhalb dieser knapp zehn Jahre von 6,2 auf 3,3. Unter den Hindus sank sie um mehr als die Hälfte von 7,1 auf 3,5. Noch stärker war der Rückgang in der chinesischen Bevölkerungsgruppe von 5,5 auf 2,1. Die anderen Volksgruppen folgten bald, und heute hat Mauritius mit 1,4 Kindern je Frau die mit großem Abstand niedrigste Fertilitätsrate aller afrikanischen Staaten. Sie liegt sogar unter dem europäischen Durchschnitt. Die Probleme, die das Bevölkerungswachstum mit sich brachte, hatte das Land praktisch binnen einer Generation gelöst.

Eine wesentliche Rolle für diese Entwicklung spielte wiederum der Faktor Bildung – unter anderem deshalb, weil sich die Frauen nun dank einer Basisbildung argumentativ besser gegen ihre Männer durchsetzen konnten, die sich gerade in armen Ländern traditionell besonders viele Kinder wünschen. Tatsächlich war dem Geburtenrückgang ein Bildungsprogramm der Regierung vorausgegangen, das vor allem auf das Leben von Frauen einen Einfluss hatte: 1962 hatten auf Mauritius bereits 80 Prozent der 15- bis 24-jährigen Frauen zumindest für einige Zeit eine Schule besucht. Von den um eine Generation älteren 35- bis 44-jährigen Frauen waren nur halb so viele zur Schule gegangen.[18] Das heißt, der Anteil der Frauen mit einer Basisbildung hatte sich innerhalb von 20 Jahren verdoppelt. Und auch auf Mauritius blieben die Frauen nicht bei der Grundschulbildung stehen: Besuchten 1970 gerade einmal 24 Prozent der Mädchen eine weiterführende Schule, so waren es zehn Jahre später bereits 52 Prozent.[19] So nahm Mauritius schon in den 1980er Jahren nach Südafrika den zweiten Platz auf der Liste der am besten gebildeten Nationen in ganz Afrika ein.

Damit war der Grundstein für den wirtschaftlichen Aufstieg gelegt: 1976 lag das durchschnittliche Pro-Kopf-Einkommen (einschließlich dem der reichen Zuckerbarone) gerade einmal bei 779 US-Dollar pro Jahr, also bei etwas über 2 Dollar pro Tag. Es stieg zunächst nur langsam, auf 1 063 Dollar im Jahr 1985. Erst als die besser gebildeten Geburtsjahrgänge ins Erwerbsleben einstiegen, gewann die wirtschaftliche Entwicklung an Schwung: Bereits 1988 hatte sich das Pro-Kopf-Einkommen auf über 2 000 Dollar pro Jahr verdoppelt. 1994 lag es schon über 3 000 und 2013 bei 9 200 Dollar. Das durchschnittliche Einkommen eines Menschen auf Mauritius hatte sich somit von 1985 bis 2013, in weniger als 30 Jahren, verneunfacht. Mauritius ist heute eines der reichsten Länder Afrikas. Reicher sind nur die winzigen Touristeninseln der Seychellen sowie das an Einwohnern kleine, aber sehr erdölreiche Land Äquatorialguinea. Dort treibt der Verkauf des schwarzen Goldes zwar das Durchschnittseinkommen nach oben, aber dennoch leben die meisten Menschen in Armut.

Dieser rasante wirtschaftliche Aufstieg eines Landes, das noch kurz zuvor als Lehrbuchbeispiel für die Theorie der Armutsfalle herhalten musste, verlief ökonomisch über eine konsequente Steigerung der Exporte in immer höherer Qualität. Noch in den 1970er Jahren exportierte Mauritius fast ausschließlich Rohrzucker. Danach stieg das Land in den 1980er Jahren in die Textilindustrie ein und entwickelte sich schnell vom Massenproduzenten zum Hersteller hochwertiger Kleidung. Da die Frauen mittlerweile weniger Kinder bekamen, konnten sie von den neuen Jobs im Textilsektor profitieren und so das Familieneinkommen verbessern. Heute sind hochpreisige Textilien immer noch ein wichtiges Exportgut der Insel: Boutiquen in Paris und London bestellen auf Mauritius maßgefertigte Kleidungsstücke, die am nächsten Tag per Luftfracht in Europa ankommen.

Ende der 1980er Jahre besann sich Mauritius dann auf seine natürlichen Schätze, die tropischen Strände, die Korallenriffe und Lagunen, und baute seine Tourismusindustrie aus. Der aufblühende Fremdenverkehr konnte gerade noch rechtzeitig verhindern, dass die Abwässer aus den Textilfabriken mit ihren Schwermetallen die Unterwasserwelt vor der Küste ein für alle Mal zerstörten. Mauritius setzte bewusst auf einen gehobenen Tourismus und erlaubte es zunächst Chartermaschinen nicht, auf der Insel zu landen. Heute liegt ein großer Teil aller Strandhotels im Vier- und Fünf-Sterne-Bereich. Gut ausgebildete und mehrsprachige Angestellte sorgen für eine hohe Servicequalität.

Mittlerweile spielen auch die Informations- und Kommunikationstechnologie sowie der Finanzsektor eine wichtige Rolle in Mauritius' Ökonomie. Die Mauritier hatten bereits 2012 fast 1,5 Millionen Mobilfunkgeräte in Betrieb, und das bei 1,3 Millionen Einwohnern.[20] Internationale Callcenter bedienen nicht nur die englisch- und französischsprachige Welt, sondern auch China und Indien, weil viele Mauritier Mandarin oder Hindi sprechen. Indische und chinesische IT-Firmen lagern ihre Software-Entwicklung auf das selbst deklarierte »Cyber Island« aus.[21] Über 18 000 Menschen arbeiten im IT-Sektor – mehr als im Finanzbereich, der 13 000 Menschen beschäftigt.[22] 21 Banken haben ihren Hauptsitz oder zumindest eine Niederlassung in der Hauptstadt Port Louis. Mauritius mit seiner stabilen und investitionsfreundlichen Regierung ist dabei, sich zum wichtigsten Finanzplatz in Afrika zu entwickeln.[23] Mittlerweile macht Zucker nur noch 15 Prozent der mauritischen Exporte aus, obwohl nach wie vor auf 90 Prozent der landwirtschaftlichen Nutzfläche Zuckerrohr wächst.

Nicht nur in der Industrie und im Dienstleistungssektor, sondern auch im Verwaltungsbereich erreichen die Mauritier Spitzenwerte: Für den jüngsten »Ease of Doing Business Report« von 2015 untersuchte die Weltbank in 189 Ländern, wie einfach es dort ist, ein Unternehmen zu gründen, Verträge zu schließen, eine Baugenehmigung zu erhalten, einen sicheren Stromanschluss zu bekommen oder Handel zu betreiben. In dieser Liste rangiert Mauritius auf Platz 28 – vor Japan, Spanien und Frankreich und weit vor allen anderen Staaten Afrikas.[24] Das Land ist zudem nach dem Index der Organisation Freedom House in Washington das demokratischste in Afrika und findet sich auch weltweit in der Spitzengruppe.[25]

Der Aufstieg von Mauritius zeigt sich längst auch an allen anderen Indikatoren für menschliche Entwicklung: So liegt die durchschnittliche Lebenserwartung auf Mauritius bei 74 Jahren, während ganz Afrika auf einen Mittelwert von 59 Jahren kommt. Je 1 000 Kinder sterben in Mauritius zwölf, bevor sie ihr fünftes Lebensjahr erreichen – afrikaweit sind es 62 Kinder.

Wie konnte Mauritius es schaffen, sich in nur vier Jahrzehnten von der »Hölle auf Erden« zur afrikanischen Erfolgsstory und zu dem von Reisebüros beworbenen »Paradies auf Erden« zu entwickeln? Die investitions- und exportfreundliche Wirtschaftspolitik alleine kann es nicht gewesen sein. In einem Bericht des Internationalen Währungsfonds (IMF) mit dem Titel *Who can explain the Mauritian Miracle?* rätselten die Autoren noch im Jahr 2001 über die eigentlichen Gründe für diese Entwicklung: Weder ausländische Direktinvestitionen noch die offene Handelspolitik konnten das »Wunder« schlüssig erklären, und so kommt die Studie zu dem Schluss, dass es wohl andere »institutionelle« Faktoren geben müsse.[26] Das Wort »Bildung« kommt in dem Bericht der IMF-Ökonomen übrigens nicht vor.

Religion jedenfalls scheint dabei keine entscheidende Rolle zu gespielt zu haben. Den Weg aus der Armut haben die Mauritier ohne protestantische Ethik oder reformatorischen Hintergrund gefunden. Es ist eher Martin Luthers Breitenbildungsansatz, der den Weg zum Erfolg vorgegeben hat. Mauritius hat dieses Konzept von den Briten übernommen und lediglich an die lokalen Verhältnisse angepasst. Damit hat der Inselstaat ähnliche Ergebnisse erzielt wie lange zuvor jene Länder, die direkt von der Reformation geprägt waren.

Mauritius ist nur ein Beispiel für eine pragmatische Entwicklungsstrategie, bei der die Bildung eine zentrale Rolle spielt. Überall auf der Welt, wo sich die Lebensbedingungen binnen weniger Jahrzehnte massiv verbessert haben, hat sich in Bezug auf Bildung einiges bewegt.

Asien – später Start in die Wissensgesellschaft

Dass sich das reformatorische Konzept der Breitenbildung ohne religiösen Hintergrund kopieren lässt, haben vor allem einige Staaten in Asien gezeigt – und das, obwohl die Herausforderungen auf diesem Erdteil weit größer waren als in kleinen Ländern wie Finnland, Singapur oder Mauritius. In Asien lebten nach dem Zweiten Weltkrieg bereits 1,4 Milliarden Menschen, also mehr als die Hälfte der damals 2,5 Milliarden Erdenbürger. Die Bevölkerungsdichte war deutlich höher als auf den anderen Kontinenten, und wegen des anhaltend hohen Bevölkerungswachstums stand Asien deutlich schlechter da als Lateinamerika und zum Teil auch schlechter als das damals noch sehr dünn besiedelte Afrika. Dort war der Lebensstandard besonders in den gut verwalteten britischen Kolonien vergleichsweise hoch.

In Asien hingegen mussten sich die Menschen damals mit äußerst armseligen Lebensbedingungen abfinden. Ein Indiz für den schlechten Entwicklungsstand war die niedrige Lebenserwartung: Sie lag Anfang der 1950er Jahre in Indien bei gerade einmal 36 Jahren, in China bei 45 und in Korea bei 48 Jahren. Im Vergleich dazu konnten die Menschen in Brasilien bereits mit 51 Jahren Lebenszeit planen, in Costa Rica mit 57 und in Argentinien mit 63 Jahren.[27] Die Lebenserwartung ist ein guter ganzheitlicher Indikator für die soziale und wirtschaftliche Entwicklung eines Landes, weil sich darin viele Facetten des Daseins spiegeln: wie gesund die Menschen sind, welche Ernährung sie sich leisten können, wie hart und verschleißend ihr Berufsalltag ist und wie gut der soziale Zusammenhalt in der Gesellschaft funktioniert.

Die Menschen in weiten Teilen Asiens wurden in den 1950er Jahren gerade einmal so alt wie die Europäer zu Zeiten Martin Luthers. In den folgenden Jahrzehnten nahmen besonders die konfuzianisch geprägten Länder Ostasiens eine rasante Entwicklung, die 500 Jahre europäischer Entwicklungsgeschichte auf 50 bis 100 Jahre komprimierte.

Japan – Luther trifft Konfuzius

Bildung galt in der konfuzianischen Tradition als hohes Gut, blieb allerdings über zweieinhalb Jahrtausende auf kleine Eliten beschränkt. Erst mit dem Auftreten der britischen Kolonialmacht im Fernen Osten und dem Ende der feudalen Strukturen in der ers-

WB

ten Hälfte des 20. Jahrhunderts kamen die konfuzianischen Eliten in China, Japan, Korea, Taiwan und Vietnam mit dem reformatorischen Bildungsansatz in Kontakt. Insbesondere in China wirkte sich zudem die aus Europa importierte kommunistische Ideologie aus, die sich immer für eine Befähigung der Massen stark gemacht hatte. Die Eliten der ostasiatischen Länder waren von den wirtschaftlichen und technologischen Erfolgen in Europa und den USA tief beeindruckt. Es schien, als könnten sich Konfuzius und Luther perfekt ergänzen.

Vorreiter dieser Entwicklung in Ostasien war Japan. Sowohl Buddhismus als auch Konfuzianismus und die chinesischen Schriftzeichen hatten in der Zeit vom 6. bis zum 9. Jahrhundert ihren Weg von China nach Japan gefunden und sich dort unter Anpassung an regionale Gepflogenheiten weiterentwickelt. Doch da sich Japan über lange Phasen bewusst vom Rest der Welt abgekapselt hatte, blieb der Feudalstaat in einer Art soziokulturellem Winterschlaf und verlor immer mehr den Anschluss an den Rest der Welt. Mitte des 19. Jahrhunderts sah sich Japan von den feindlichen Mächten Russland, USA und England umstellt, die alle einen Zugang zu den japanischen Märkten begehrten.

In dieser Phase größter Bedrängnis öffnete sich das Land dann doch und beendete seine Isolation. Unter Kaiser Mutsuhito (1852–1912) durchlief Japan mit der Meiji-Restauration eine Reihe umfassender politischer und sozialer Reformen, importierte die Industrialisierung und eine modernen Staatsphilosophie. Von 1871 bis 1873 entsandte Japan Missionen nach Europa und Nordamerika, um von den offensichtlichen Erfolgen der westlichen Welt, von der technischen Entwicklung und von den Bildungssystemen zu lernen. Deutschland diente dabei häufig als Vorbild. Japan übernahm nicht nur in weiten Teilen das Bürgerliche Gesetzbuch, sondern auch Elemente des deutschen Bildungssystems.

Dem europäischen Beispiel folgend, führte Japan die allgemeine Schulpflicht ein und baute ein staatlich organisiertes Schulsystem in allen Teilen des Landes auf. Die zunächst aus dem Westen importierten Lehrbücher wurden schon bald durch eigene ersetzt, die auf der konfuzianischen Ethik aufbauten. Bereits um 1900 besuchten rund 90 Prozent aller Kinder in Japan die Grundschule. Daneben entstanden zahlreiche europäische Missionsschulen, die sich auf die Sekundarstufe spezialisierten und als einzige Mädchen wie Jungen die gleichen Chancen boten. Über 3 000 westliche Lehrer wurden ins Land geholt, um moderne Naturwissenschaften, Mathematik und Technik zu unterrichten.

Der Bildungsexpansion folgte die industrielle Revolution. Bald boomte die Textilindustrie; das Land produzierte nicht nur für den Eigenbedarf, sondern auch für den Export. Rasch konnten billige japanische Produkte in China und Indien mit britischen Erzeugnissen konkurrieren. Anfang des 20. Jahrhunderts entwickelte sich auch die Schwerindustrie; dabei spielte die Aufrüstung des Militärs eine immer wichtigere Rolle. Dank seiner militärischen Überlegenheit gelang es Japan, Taiwan, Korea und weite Teile Nordchinas zu erobern. Damit konnte sich das Land die dortigen Rohstoffe sichern. Zu Beginn des Zweiten Weltkriegs war Japan die einzige global bedeutende Macht in Asien. Doch wie Deutschland erlag Japan dem imperialen Größenwahn und erlebte das Ende des Krieges in Schutt und Asche.

Nach dem Krieg setzte Japan alle Hebel in Bewegung, um als Industrienation wieder schnell an die Spitze zu kommen. Die Regierung hielt sich mit Handelsbarrieren die ausländische Konkurrenz vom Leib und machte sich Schlüsseltechnologien aus dem Ausland zu eigen, sie importierte also erprobtes Wissen. Während die ersten Produkte – Kameras, Transistorradios, Motorräder, Autos – noch billige Kopien nach Westvorbild waren, kamen aus Japan schon bald Erzeugnisse, die ihre Vorbilder qualitätsmäßig überflügelten und dennoch günstiger waren. In den 1960er Jahren wuchs die japanische Wirtschaft um durchschnittlich 10 Prozent pro Jahr.

Japan stieg bereits 1968, mit knapp 3 Prozent der Weltbevölkerung, hinter den USA und vor Deutschland zur zweitstärksten Wirtschaftsmacht der Welt auf. Diesen Rang verlor das Land erst 2010 an das Milliardenvolk der Chinesen.[28] Das Pro-Kopf-Einkommen wuchs von 5 200 Dollar im Jahr 1970 auf 9 300 Dollar im Jahr 1980 und stieg bis 1990 auf 25 100 Dollar. Die Regierung unterstützte den Aufstieg seit den 1980er Jahren mit einem »Technopoliskonzept« und investierte massiv in Forschung und Entwicklung. Gesteuert wurde der Aufbau der »Japan AG« vom Ministerium für Internationalen Handel und Industrie (Miti), das bis ins Detail die Zusammenarbeit von Technologieparks, Universitäten und Privatwirtschaft steuerte. Das »Miti« erlangte damals im Westen den Ruf einer Wunderbehörde, weil Japan in allen technologischen Bereichen nach der Führung griff und die sichersten Autos, die geschicktesten Roboter, die längsten Hängebrücken und die schnellsten Hochgeschwindigkeitszüge baute. In dieser Zeit entwickelten sich japanische Unternehmen wie Sony, Toyota, Panasonic, Mitsubishi, JVC, Nintendo, Toshiba und Nikon zu globalen Technologieführern.

Getragen wurde der Boom von einer eine gut ausgebildeten Erwerbsbevölkerung, die fast ein halbes Jahrhundert lang beständig gewachsen war – um insgesamt 37 Millionen Menschen. Doch 1990 nahm das japanische Wirtschaftswunder nach dem Platzen einer gewaltigen Blase am Aktien- und Immobilienmarkt ein jähes Ende: Die Wachstumsraten sanken gegen null, die Unternehmen verloren an Wettbewerbsfähigkeit und die Staatsschulden erreichten internationale Rekordwerte. Gleichzeitig erlebt die japanische Bevölkerung eine Alterung wie sonst nirgendwo auf der Welt. Ein Viertel der Japanerinnen und Japaner ist bereits über 65 Jahre alt. 2025 dürfte die Gruppe der über 74-Jährigen 18 Prozent der Bevölkerung ausmachen.

Doch zumindest bislang sichert sich das Land noch immer die Position der weltweit drittstärksten Wirtschaftsmacht. Dabei kommt Japan einmal mehr das wertvolle Humankapital in Form einer hoch qualifizierten Bevölkerung zugute. Die ausgezeichnete Ausbildung ist ein Grund dafür, dass rund 30 Prozent der japanischen Männer im Alter von über 64 Jahren noch im Berufsleben stehen.[29] Wie überall auf der Welt sind es vor allem die besser Qualifizierten, die länger berufstätig und produktiv bleiben können und wollen. In einer Umfrage gaben 31 Prozent der japanischen Männer an, das ideale Renteneintrittsalter liege bei 70 Jahren. 11 Prozent glaubten sogar, man sollte bis 75 arbeiten.[30] Japan wird somit zum Testfeld dafür, wie gut eine breite Bildungsbasis die Alterung der Bevölkerung abfedern kann, die künftig nicht nur alle Industrienationen, sondern sehr bald auch die ersten Schwellenländer erfassen wird.

Spätentwickler China

China, das Mutterland des Konfuzianismus, das bis ins 15. Jahrhundert mit seinen Erfindungen vom Papier bis zur Druckkunst die Welt des Lesens und Schreibens geprägt hatte, sieht sich seit Jahrtausenden als Zentrum der Welt. Tatsächlich bedeutet *Zhongguo*, wie China in der Landessprache heißt, nichts anderes als »Reich der Mitte«. Doch aus heutiger Sicht ist das Land mit seinen 1,4 Milliarden Menschen – seit Jahrtausenden das bevölkerungsreichste der Welt – ein Spätentwickler. China zählte nach Weltkrieg, Bürgerkrieg und der Gründung der Volksrepublik am 1. Oktober 1949 zu den ärmsten Staaten überhaupt. Geschätzte 80 Prozent der Bevölkerung waren Analphabeten.

Mao Zedong (1893–1976), der erste Vorsitzende der zentralen Volksregierung Chinas, hatte nach dem Sieg der Kommunisten ein großes Ziel: Er wollte sein Land nach dem Vorbild und mit Unterstützung der Sowjetunion modernisieren und industrialisieren. Wie bei allen kommunistischen Unternehmen in der Geschichte war auch in China die Alphabetisierung des Volkes eine der wichtigsten Forderungen, die der Revolution die Legitimation geben sollte. Diese Vorstellung geht auf Karl Marx zurück, dessen Vater Heinrich vom jüdischen zum lutherischen Glauben konvertiert und in Preußen in einem stark protestantisch geprägten Umfeld aufgewachsen war. Freie Bildung für alle war ein integraler Teil des Klassenkampfes und ein entscheidendes Instrument zur Befreiung der Arbeiter und Bauern.

Unter Mao spielte Bildung jedoch, anders als die revolutionäre Planwirtschaft, eine eher untergeordnete Rolle und hatte gerade während der »Großen Proletarischen Kulturrevolution« einen schweren Stand. Zwar führte die Alphabetisierungskampagne dazu, dass 1970 rund 90 Prozent der unter 25-jährigen Männer und 80 Prozent der Frauen aus der gleichen Altersgruppe eine Grundschule besucht hatten.[31] Aber weil gleichzeitig Maos »Rote Garden« mit brutaler Gewalt gegen alles vorgingen, was auch nur im Ansatz nach Kultur und Intellekt aussah, und sie praktisch alle Universitäten als Auswüchse der Bourgeoisie schlossen, wurden die bürgerlichen Bildungseliten, also der obere Teil der »Bildungspyramide«, praktisch eliminiert.

Da sich die neu alphabetisierten Kinder der Arbeiter und Bauern zunächst noch gar nicht ökonomisch nützlich machen konnten, blieb Maos Entwicklungsbilanz verheerend: Nach den Experimenten der Planwirtschaft, die zur größten Hungerkatastrophe der Menschheit mit geschätzten 36 Millionen Toten geführt und infolge von Fehlplanung und Terror insgesamt 77 Millionen Menschen das Leben gekostet hatten, hinterließ der große Vorsitzende nach 27 Jahre an der Macht ein bettelarmes, unterentwickeltes Land, in dem die fähigsten Leute tot oder kaltgestellt waren.[32] China hatte sich unter Mao praktisch nicht spürbar weiterentwickelt. 1970 kamen die 814 Millionen Chinesen im Schnitt auf ein Pro-Kopf-Einkommen von 0,31 US-Dollar pro Tag, was nach allen Kriterien weit unter der absoluten Armutsgrenze lag. Die Fertilitätsrate lag bei fast sechs Kindern pro Frau. Rund die Hälfte der Bevölkerung hatte nie eine Schule besucht, obwohl die jungen Generationen schon deutlich stärker alphabetisiert waren als die Älteren. Die Versäumnisse der Vergangenheit bleiben bis in die Gegenwart spürbar: Noch heute sind 80 Prozent der Frauen und 40 Prozent der Männer im Alter von über 75 Jahren Analphabeten.[33]

Erst nach der Ära Mao konnte sich China wirklich reformieren. Verantwortlich dafür war eine jener Personen, die lange Zeit von der kommunistischen Partei kaltgestellt gewesen waren, ein Mann namens Deng Xiaoping (1904–1997). Einst ein strammer Ideologe und Kampfgenosse Maos, war er im Laufe seiner Karriere immer wieder entmachtet und mundtot gemacht worden, aber nie komplett von der Bildfläche verschwunden. Deng, der selbst nie ein hohes politisches Amt bekleidet hatte, stieg bald nach Maos Tod zum Chefstrategen in China auf. Er suchte nach einem Modell für eine Wirtschaftsreform, die den allgemeinen Lebensstandard der Bevölkerung heben sollte. Er fand dieses Modell, als er 1978 im Alter von 74 Jahren erstmals den Stadtstaat Singapur mit seiner chinesischen Bevölkerungsmehrheit besuchte, und kehrte tief beeindruckt von den Erfolgen des 19 Jahre jüngeren Premierministers Lee Kuan Yew zurück.

Dengs Ziel bestand nun darin, Singapurs Erfahrungen zu übernehmen und zu verbessern. Er befreite die Bauern von den Fesseln der staatlichen Planwirtschaft, erlaubte zunächst kleine privatwirtschaftliche Unternehmen und installierte an der Küste die ersten Sonderwirtschaftszonen. Dort durften seine Landsleute mitten im Sozialismus den Kapitalismus testen. Deng schickte Zehntausende Chinesen zur Ausbildung nach Singapur und konzentrierte seine Erneuerungspolitik auf die Felder Bildung, Wissenschaft und Technologie. Die Akademien und Universitäten, die seit der Kulturrevolution geschlossen waren, konnten wieder lehren und forschen – mit jenen Wissenschaftlern, die zuvor verjagt worden waren und den Terror der Roten Garden überlebt hatten.

Für Deng war Bildung ein Schlüssel zur Entwicklung. Hier trafen sich seine konfuzianischen Werte mit der offiziellen kommunistischen Ideologie und dem Ziel, es dem wirtschaftlichen Erfolg von Singapur gleichzutun. Im Mai 1985 beschloss das Zentralkomitee der Kommunistischen Partei Chinas eine Bildungsreform, die den Grundstein für das heutige System legte. Ab dem sechsten Lebensjahr besteht eine neunjährige Schulpflicht für alle. Auf sechs Jahre

Grundschule folgen drei weitere in der unteren Sekundarstufe. Danach können die Jugendlichen – freiwillig – noch einmal drei Jahre die höhere Sekundarstufe und anschließend die Hochschulen besuchen. Hier hat China in der jüngeren Vergangenheit vor allem den Ausbau der technischen und naturwissenschaftlichen Disziplinen forciert.

Parallel zu den politischen und wirtschaftlichen Reformen hatte China 1980 die sogenannte Ein-Kind-Politik eingeführt. Trotz der Verheerungen der Kulturrevolution war die chinesische Bevölkerung zwischen 1957 und 1971 von 650 auf 840 Millionen angewachsen. Alle zweieinhalb Wochen kamen damals eine Million Chinesen hinzu. Angesichts der Versorgungslage war klar, dass bei weiter ungezügeltem Wachstum Hungersnöte drohten. Mit fast 25 Prozent der Weltbevölkerung verfügte China nur über 7 Prozent der globalen Agrarfläche. Unter dem Slogan »wan, xi, shao«, was so viel bedeutet wie »später, länger, weniger«, forderte die Regierung das Volk (zunächst noch ohne eine konkrete Forderung nach maximal einem Kind) zur Geburtenkontrolle auf. Die Menschen sollten später heiraten, längere Abstände zwischen den Geburten einlegen und insgesamt weniger Kinder bekommen.

Ohne Druck waren diese Maßnahmen, für die es klare Planziele gab, nicht durchzusetzen. Wer die Normen verletzte, musste mit empfindlichen Strafen rechnen. Tatsächlich halbierte sich die Fertilitätsrate innerhalb eines Jahrzehntes von fast sechs auf drei Kinder je Frau. Weil die Chinesen aber als Folge der zuvor viel höheren Kinderzahlen im Schnitt noch sehr jung waren, wuchs die Bevölkerung weiterhin stark, und 1980 überschritt China die Eine-Milliarde-Grenze. Chinesische Wissenschaftler warnten damals, ähnlich wie ihre Kollegen im Westen, vor einer »Bevölkerungsexplosion«. Bei anhaltendem Wachstum sahen sie eine Zahl von 4 Milliarden Chinesen für das Jahr 2075 voraus.[34]

Deng Xiaoping, der selbst vier Kinder hatte, verordnete seinen Landsleuten daraufhin 1980 die Ein-Kind-Politik, die sich vor allem auf dem Land nur mit rigorosen Maßnahmen und Menschenrechtsverstößen umsetzen ließ. Herausgekommen ist bis heute eine 1,5-Kind-Politik. Zum einen reichte selbst die chinesische Kontrolle nicht bis in den letzten Winkel des Landes. Zum anderen gab es immer Ausnahmen von der strikten Regel, etwa für ethnische Minderheiten oder für Paare, die als erstes Kind eine Tochter bekommen hatten. Heute ist die gesellschaftliche Entwicklung so weit fortgeschritten, dass sich zumindest die Menschen in den großen Städten zu 80 Prozent ohnehin nur ein Kind wünschen.[35]

Letztlich war es die Kombination aus sinkenden Geburtenraten, der Bildungsoffensive für die jungen Menschen und dem Aufbau einer Industrie, die nach vielen Arbeitskräften rief, die dem Wirtschaftsaufschwung Chinas seine legendäre Dynamik verschaffte. China konnte, wie alle erfolgreichen Entwicklungs- und Schwellenländer, von einer sogenannten demografischen Dividende profitieren.[36] Diese eröffnet sich, wenn sich die Bevölkerungsstruktur eines Landes grundlegend verändert: Sobald in einem armen Land die Geburtenrate sinkt, wächst automatisch der Anteil der 15- bis 64-jährigen, also jener Personen, die im Allgemeinen für eine Erwerbstätigkeit infrage kommen. Wenn es in dieser Phase der Entwicklung, in der immer weniger Kinder und noch nicht besonders viele ältere Personen zu versorgen sind, gelingt, für die überproportional große Zahl an Erwerbsfähigen ausreichend Arbeitsplätze zu schaffen, wird der Motor des Wirtschaftswachstums gestartet.

Jobs entstehen zunächst überwiegend im unteren Industriebereich, in der Textilbranche oder der Fertigung einfacher Konsumgüter. Wird die junge, nachwachsende Generation in diesem Prozess mit einer immer besseren Bildung versorgt, können die entsprechenden Länder sehr schnell auf höhere Stufen der wirtschaftlichen Wertschöpfung gelangen, etwa in den Hightech-Sektor wie in Singapur oder Japan. Die demografische Dividende wird dann mehr und mehr zu einer Bildungsdividende.[37] Insgesamt wird geschätzt, dass rund ein Drittel des Wirtschaftswachstums in der Boomphase der Länder in Ost- und Südostasien auf die optimale Nutzung der jungen und immer besser qualifizierten Bevölkerung zurückgeht.[38]

Zwischen 1979 und 2011 lagen die jährlichen Raten des Wirtschaftswachstums in China im Durchschnitt bei etwa 10 Prozent. Da das Wachstum aber auf einer extrem niedrigen Basis begann, dauerte es etliche Jahre, bis sich der Lebensstandard in China dem Niveau in anderen Schwellenländern annähern konnte. Noch 1992 übertraf das durchschnittliche Pro-Kopf-Einkommen mit umgerechnet 363 US-Dollar pro Jahr nicht die Schwelle von 1 Dollar pro Tag. Erst im Jahr 2001 wurde die 1000-Dollar-Grenze überschritten. 2006 waren es dann schon 2000 Dollar, und 2013 lag das Pro-Kopf-Einkommen in dem mittlerweile 1,4-Milliarden-Menschen-Staat nach Schätzungen der Weltbank schon bei 6800 Dollar. Kein Land der Welt hat es je geschafft, so viele Menschen in so kurzer Zeit aus der Armut zu befreien. Durch die enorme Bevölkerungsgröße hat China damit im Gesamtvolumen der Volkswirtschaft Japan längst auf Platz drei verwiesen und ist jetzt den USA dicht auf den Fersen.

Auch in China erfolgten die Bildungsexpansion und der wirtschaftliche Aufstieg ohne jede religiöse Motivation, aber nach dem Vorbild der westlichen Breitenbildung. Religionen spielten in Maos Reich so gut wie keine Rolle, weil sie gewaltsam unterdrückt wurden. Heute bezeichnen sich immerhin 12 Prozent der Chinesen als »sehr religiös«, weitere 19 Prozent sagen, Religion sei »irgendwie wichtig« in ihrem Leben. Von der gesamten erwachsenen Bevölkerung bekannten sich laut Volkszählung des Jahres 2000 zwischen 11 und 16 Prozent zum Buddhismus, 4 Prozent zum Christentum (davon drei Viertel Protestanten) und 1,5 Prozent zum Islam.

Auf Basis dieser Daten haben chinesische Wissenschaftler untersucht, ob der Glaube einen Einfluss auf die wirtschaftliche Entwicklung hat. Bei der statistischen Analyse kam heraus, dass in den Provinzen mit einem hohen Anteil von Christen das Wirtschaftswachstum signifikant erhöht war. Dagegen hatte der Buddhismus keinen nachweisbaren und der Islam einen leicht negativen Effekt.[39] Die Wissenschaftler folgern daraus, dass sich die christlich-protestantische Bildungsideologie in China, ähnlich wie im Europa nach der Reformation, positiv auf die wirtschaftliche Entwicklung auswirkt.

Juden und Roma: Schicksalsgenossen mit und ohne Schrift

Offensichtlich lässt sich kaum bestreiten, dass die Bildung breiter Bevölkerungsschichten bei der Entwicklung der Volkswirtschaften eine erhebliche Rolle gespielt hat, unabhängig davon, ob es sich um kleine Inselstaaten oder ein Milliardenreich wie China handelt. Ein letztes Beispiel soll zeigen, dass die Bildungskultur auch einen massiven Einfluss auf die Entwicklung von Völkern hatte, die nie oder lange Zeit gar keinen eigenen Staat besaßen.

Spätestens seit dem 14. Jahrhundert lebten in Europa mit den Juden und den Roma[40] zwei ethnisch-sprachliche Minderheiten, die zwei Dinge gemeinsam hatten: Sie waren auf viele Länder verteilt und hatten systematische Diskriminierungen durch die Mehrheitsbevölkerungen zu ertragen. Sie galten praktisch überall als Fremdlinge und wurden als vermeintliche Brunnenvergifter, Brandstifter oder Parasiten verfolgt. Bereits 1538 galten in Böhmen und Mähren Gesetze, die das Töten von Roma-Männern straffrei stellten. Einzelne Städte in Deutschland und in England, wo die Bevölkerung sie als »Ägypter« bezeichnete, stellten die Roma vor die Wahl, das Land zu verlassen oder den Tod zu riskieren.

Die systematische Verfolgung der Juden reicht in Europa sogar noch weiter zurück. Wo immer die Pest ausbrach, mussten die Juden als Sündenböcke herhalten. In Straßburg brachten die Bürger 1349 rund die Hälfte der dort lebenden Juden um, obwohl die Pest noch gar nicht ausgebrochen war.

Fast die ganze weitere Geschichte Europas ist von der Verfolgung von Juden und Roma geprägt. Beide Gruppen waren in der Regel davon ausgeschlossen, produktives Land zu besitzen, und sie wurden immer wieder aus Städten und ganzen Landstrichen vertrieben oder in spezielle Ghettos verbannt. Selbst im Holocaust bildeten sie eine Schicksalsgemeinschaft. Es waren die beiden einzigen klar definierten ethnischen Gruppen, welche die Nazis in Gänze vernichten wollten. Mehr als die Hälfte aller in Deutschland und Österreich lebenden Roma wurden als »Volks- und Reichsfeinde undeutschen Blutes« ermordet. Schätzungen zufolge fielen dem Rassenwahn der Nationalsozialisten rund 500 000 Roma und etwa 6 Millionen Juden zum Opfer.[41]

Die Roma stammen ursprünglich aus dem indischen Raum. Wie und wann sie genau nach Europa kamen, ist hingegen unklar. Sicher ist wiederum, dass sie zumindest seit dem 14. Jahrhundert in Südosteuropa leben. Eine andere Gruppe kam im 15. Jahrhundert über Nordafrika, also über das Mittelmeer nach Spanien. Von diesen zwei Sekundärzentren aus haben sie sich dann über den ganzen Kontinent verbreitet, bis nach Finnland, Norwegen und Schottland. Obwohl die Roma sich als Gemeinschaft verstehen, haben sie keine »Heimat«, auf die sie sich berufen können, sie bilden also anders als die Juden keine Diaspora.

Die Sprache der Roma – das Romani – hat sich, beeinflusst durch die jeweilige Umgebung, zwar zu unterschiedlichen Dialektvarianten entwickelt, war aber immer auch identitätsstiftendes Merkmal der Volksgruppe. In manchen Gruppen hatte die Sprache auch eine Schutz- oder Geheimfunktion: Nicht-Roma sollten möglichst nichts davon verstehen. Bis ins 20. Jahrhundert existierte Romani jedoch kaum als Schriftsprache.

Die Roma konnten also nie auf der Basis einer eigenen Schrift lernen. Dadurch erklärt sich ein Hauptproblem der heutigen Roma: ihr im Durchschnitt sehr niedriger Bildungsstand. Er versperrt ihnen den Zugang zu angemessen bezahlter Erwerbsarbeit und viele von ihnen müssen ihren Lebensunterhalt unter kläglichen Bedingungen bestreiten. Die Tatsache, dass die Roma bis heute in vielen Ländern keine Möglichkeit zur Schulbildung haben, ist ein Grund für ihre extremen Schwierigkeiten beim sozialen Aufstieg. Die geschätzten 9 Millionen Roma in der Europäischen Union gelten heute als die mit Abstand sozial schwächste ethnische Gruppe. Sie bilden ein Volk, das zahlenmäßig in etwa der Bevölkerung Österreichs entspricht, allerdings ohne eigenes Land. Sie sind über den ganzen Kontinent verstreut und rangieren in allen Ländern am unteren Ende der Armutsskala.[42]

Ein Volk der Schriftgelehrten

Die soziale und wirtschaftliche Entwicklung der jüdischen Minderheit in Europa hätte unterschiedlicher nicht sein können. Die Juden sahen sich immer als Nachfahren des Volkes der Israeliten, die gemäß der Überlieferung der Thora nach ihrem Auszug aus Ägypten von Moses nach Kanaan, einer Region, die heute Teile Israels, der palästinensischen Autonomiegebiete und Libanons umfasst, in die Freiheit geführt wurden. Das gab ihnen eine klare Identität und sie hatten dabei, anders als die Roma, stets ihre Geschichte in zahllosen schriftlichen historischen und biblischen Dokumenten vor Augen.

Sicher ist, dass israelitische Stämme etwa 1250 v. Chr. in der Region Palästina siedelten und dass sie um 1000 v. Chr. ein unabhängiges Königreich mit der Hauptstadt Jerusalem gründeten. Mit der Eroberung des Reiches Juda durch den babylonischen König Nebukadnezar II. 597 v. Chr. und der Verschleppung eines Teils der Israeliten nach Babylon begann die jüdische Diaspora. Nachdem die Römer um die Zeitenwende aus dem jüdischen Siedlungsgebiet die römische Provinz Judäa gemacht, 70 n. Chr. den Tempel in Jerusalem zerstört und 132–135 n. Chr. einen letzten Aufstand niedergeschlagen hatten, wurde ein großer Teil der überlebenden Juden über das gesamte Römische Reich verstreut. Praktisch überall gelang es den Juden, ihre Religion, Sprache und Schrift zu erhalten.

Schon im alten Israel hatte Bildung eine zentrale Funktion gespielt, nicht zuletzt weil die jüdische Religion sehr stark von Schriften bestimmt ist und es als erstrebenswert galt, dass sich jeder Lesekundige persönlich mit diesen Texten auseinandersetzt. Traditionell war die Bildung in erster Linie Aufgabe des Vaters. Unter dem Hohen Priester Joshua ben Gamla wurden 64 v. Chr. in allen Städten und Dörfern öffentliche Schulen für Kinder ab sechs Jahren errichtet. Trotzdem lernte nur ein kleiner Teil der Kinder aus den höheren Schichten Lesen und Schreiben, weshalb Schätzungen davon ausgehen, dass in der Zeit des römischen Palästina in den ersten Jahrhunderten n. Chr. weniger als 5 Prozent der Bevölkerung mehr als nur ihren Namen schreiben konnten.[43]

In der jüdischen Diaspora der Spätantike und des Mittelalters bauten die Juden ihre Bildungskultur weiter aus. Besonders in den Städten war es für junge Männer der jüdischen Mittelschicht eine Selbstverständlichkeit, Lesen, Schreiben und Rechnen zu lernen. Der wirtschaftliche Erfolg der Juden im Handel und später auch im Geldwesen war stark mit ihrer besseren Bildung verknüpft. Trotz ständig wiederkehrender Pogrome, trotz Verfolgung und Diskriminierung gelang es den Juden immer wieder, sich in Wissenschaft, Kultur und Wirtschaft zu profilieren. Eine besondere Rolle spielte die »Haskala«, die Epoche der jüdischen Aufklärung, deren wichtigster Vertreter in Deutschland Moses Mendelssohn (1729–1786) war. Seine Blüte erfuhr der jüdische Beitrag zur europäischen Kultur in Wien und Berlin im späten 19. und frühen 20. Jahrhundert – am Vorabend der grausamen Judenvernichtung. In der Zeit bis zum Zweiten Weltkrieg stellten jüdische Wissenschaftler, Literaten und Künstler wie Albert Einstein, Sigmund Freud, Paul Klee und Theodor W. Adorno einen wesentlichen Teil der europäischen Bildungs- und Kulturelite.

Dadurch, dass die Juden in Europa stets nur eine Minderheit unter der Bevölkerung stellten, gibt es nur vereinzelt Statistiken zum Bildungsgrad der jüdischen Bevölkerung. Schülerlisten aus einzelnen Gymnasien zeigen, dass Juden oft stark überrepräsentiert waren. Die Auswirkungen ihrer Fähigkeiten auf die wirtschaftliche Entwicklung der jeweiligen Staaten, in denen sie gewirkt haben, lassen sich nur indirekt quantifizieren: So war das mittlere Einkommen der Juden in Deutschland zu Beginn des 20. Jahrhunderts im Durchschnitt dreimal so hoch wie das der christlichen Deutschen. Sicher ist, dass die Vereinigten Staaten enorm vom Exodus der Juden aus Nazideutschland, aber auch aus der Sowjetunion profitiert haben. In den USA sind die Juden heute die Bevölkerungsgruppe mit dem höchsten Durchschnittseinkommen.[44] Global gesehen stellen Menschen jüdischer Abstammung bei nur 2 Promille der Weltbevölkerung über 20 Prozent aller Nobelpreisträger.

Letztlich zeigt sich die Bedeutung von Bildung und Wissenschaft in der jüdischen Kultur auch im modernen Israel. Der Staat hat sich früh zum Ziel gesetzt, im gesamten Spektrum der wissenschaftlichen Disziplinen solide Qualität auf internationalem Niveau zu liefern und Hochleistungszentren für Forschung und Technologie aufzubauen. Gemessen an der Gesamtzahl der Arbeitskräfte besitzt Israel weltweit mit Abstand den größten Anteil von publizierenden Autoren im Bereich der Natur- und Ingenieurwissenschaften, der Landwirtschaft und der Medizin.[45] Ein Ergebnis dieser Bildungsanstrengungen ist ein Pro-Kopf-Einkommen, das in Israel höher liegt als im Durchschnitt der Europäischen Union.

Der hier versuchte Vergleich zwischen Juden und Roma ist schwierig und in vieler Hinsicht problematisch. Zu unterschiedlich sind die beiden Kulturen und ihre Entwicklungsgeschichte. Ein Hauptunterschied liegt allerdings in dem Umgang mit schriftlichen Überlieferungen. Er war für die Juden stets identitätsstiftend und hat die Alphabetisierung eingefordert. Bei den Roma fehlte er komplett. Während die eine Gruppe trotz aller Rückschläge und Katastrophen zu enormen wissenschaftlichen Leistungen in der Lage war, blieb die andere durch das gänzliche Fehlen einer Schriftsprache sozial und wirtschaftlich marginalisiert. Schrift und Alphabetisierung haben beide Völker auf extrem unterschiedliche Entwicklungswege geschickt.

4

AUF DER VERLIERERSTRASSE?

Über die schwierige Lage in der arabischen Welt

Mitte des 15. Jahrhunderts geschahen an den beiden Enden Europas zwei Dinge, die scheinbar nichts miteinander zu tun hatten: Der Mainzer Goldschmied Johannes Gutenberg entwickelte im Westen des Kontinents ein Maschinenwerk mit beweglichen Lettern – die Druckerpresse – und schuf so das erste »neue« Medium des zweiten Jahrtausends. Der Buchdruck half bei der Ausbreitung der Reformation und leitete die Alphabetisierung der Massen ein. Er schuf die Grundlage zur heutigen Informations- und Wissensgesellschaft. Gutenbergs Erfindung war vermutlich die wichtigste Innovation der Neuzeit.

Zur gleichen Zeit, genauer gesagt, im späten Frühjahr des Jahres 1453, fiel ganz am östlichen Ende des europäischen Kontinents Konstantinopel, die Kapitale des christlichen oströmischen Reiches Byzanz, unter dem Ansturm der Osmanen. Konstantinopel, das spätere Istanbul, war über 1000 Jahre lang Hauptstadt dieses Reiches gewesen, zeitweilig die reichste und größte Stadt Europas. Dort stand die Hagia Sophia, fast ein Jahrtausend lang die größte Kirche der Christenheit. Doch Konstantinopels Blütezeit war im 15. Jahrhundert längst Vergangenheit und die Stadt leichte Beute für die Angreifer. Damit ging nicht nur die Ära der griechisch-christlichen Kultur zu Ende, sondern die Christenheit verlor auch die Kontrolle über den Bosporus, jenes wichtige Nadelöhr auf dem Handelsweg nach Asien, der sogenannten Seidenstraße. Für die Osmanen war die Eroberung Konstantinopels der Grundstein für die weitere Ausbreitung ihres Reiches bis vor die Tore Wiens.

Als Folge der Eroberung flohen zahlreiche griechische Lehrer und Gelehrte aus Konstantinopel gen Westen, vor allem nach Italien. Sie bildeten, am Vorabend der Reformation, das intellektuelle Rückgrat der Renaissance und des Humanismus, jener geistigen Strömungen, die sich auf das griechische Altertum beriefen. Dieser Umbruch im Westeuropa des ausgehenden Mittelalters, der auch die Reformation begünstigte, führte zu einer unaufhaltsamen Ausbreitung des Wissens. Gutenbergs Drucktechnik war dabei das wichtigste Instrument.

Druckverbot in der islamischen Welt

Doch am anderen Ende des Kontinents, im Osmanischen Reich, geschah genau das Gegenteil: Islamische Rechtsgelehrte verwehrten der Druckerpresse den Einzug in die Gesellschaft, aus Furcht, es könnte neben dem Koran ein zweites Buch entstehen. Stattdessen behielt die mündliche Übermittlung von Wissen einen hohen Stellenwert, auch wenn nur wenige Personen die dafür notwendige Gedächtnisleistung aufbringen konnten. Eine mündliche Überlieferung, so die Vorstellung, lasse weniger Platz für eine willkürliche Interpretation und sei somit authentischer.

1485, also rund 30 Jahre nach Gutenbergs Erfindung und 30 Jahre vor der Reformation, verbot der osmanische Sultan Bajasid II. unter Androhung der Todesstrafe, Texte in arabischen Lettern maschinell zu vervielfältigen. Während Anfang des 16. Jahrhunderts in Europa bereits einige Millionen gedruckter Bücher vorlagen, die sich zunehmend auch mit weltlichen Themen beschäftigten, blieb die Druckkunst in der islamischen Welt rund 300 Jahre lang absolutes Tabu.

Wissen als öffentliches, grenzenlos verbreitbares Gut, Bildung als demokratisches, den Eliten entrissenes Instrument, blieben dem islamischen Lebensraum vorenthalten – ebenso die Möglichkeit, sich aufgrund von Gelesenem ein eigenes Urteil zu bilden. Das Verbot erstreckte sich über einen Zeitraum, in dem in Europa nicht nur Renaissance, Humanismus und Reformation ihren Lauf nahmen, sondern die Menschen auch die Vorarbeiten zur Aufklärung und der industriellen Revolution leisteten. Die von der Druckkultur ausgelöste Bildungsrevolution ging an der islamischen Welt komplett vorüber.

Im arabischen Raum blieb das Lesen und Schreiben den (religiösen) Eliten vorbehalten. Das gemeine Volk konnte und sollte lediglich hören, was die Gelehrten für mitteilungswürdig befanden. Das Argument: Schließlich habe auch Gott zu den Menschen gesprochen und nicht geschrieben. Der Koran dürfe konserviert und weiterverbreitet werden, allerdings nur handschriftlich.[1] Weitere Bücher trügen nur zur Verwirrung der Gläubigen bei. Mit den gleichen Argumenten hatte sich einst die Papstkirche gegen die gedruckte Bibel fürs Volk ausgesprochen. In Europa wollten selbst Humanisten wie Erasmus von Rotterdam Gottes Wort nicht popularisieren, sondern das Monopol des Wissens für sich behalten.[2] Wissen war schon immer Macht, weshalb die Mächtigen meist tunlichst verhinderten, dass es sich unkontrolliert im Volk verbreitete.

Die Druckerpressen, die in Europa ihre Produkte in immer höherer Auflage ausstießen, müssen nach dieser Sichtweise eine wahre Gotteslästerung gewesen sein. Was sich im Vergleich zur Vordruckzeit geändert hatte, war aber nicht nur das Ausmaß der Verbreitung von Wissen, sondern vor allem die Geschwindigkeit: Das kontemplative und langsame Abschreiben von Texten mit Tinte und Federkiel wurde durch die »Hast des Druckens« ersetzt. Mit der gedruckten Schrift begann die Neuzeit; und eine gewisse Schnelllebigkeit wurde zu einem typischen Merkmal dieser Epoche. Die mahnenden Stimmen gegen diese Beschleunigung sind bis heute zu hören – nur dass mittlerweile das Internet im Verdacht steht, den Untergang der Buchkultur zu befördern. Sicher ist, dass die Druckkunst damals klare Vorteile brachte, aber für bestimmte Kreise eben auch erhebliche Nachteile nach sich zog. Sie wurde zum »Trojanischen Pferd der Moderne«, wie der in Israel und Deutschland lehrende Nahostkenner und Historiker Dan Diner schreibt. [3]

Warum aber blieb die Druckerpresse so lange ein Tabu in der arabischen Welt, die doch ihrerseits auf einer hohen Schriftkultur gründete? Erstens stand dahinter sicher und genau wie in der Christenwelt die Furcht vor einer unkontrollierten Verbreitung des Wissens. Zweitens dürften die Berufsschreiber Sturm gegen die Druckmaschinen gelaufen sein. Drittens ließ sich ein Druckverbot in der vergleichsweise homogenen türkisch-arabischen Welt des 15. Jahrhunderts viel leichter kontrollieren als im Europa der zahllosen, oft miteinander verfeindeten Fürstentümer. Und viertens störte sich das arabische Publikum an der Schriftästhetik der industriellen Druckwerke, die nicht mit den kunstvollen kalligraphischen Manuskripten der Schreiber konkurrieren konnten.

So kam es, dass die Muslime bereitwillig dem auferlegten Tabu folgten. Sie interessierten sich nicht für die im 16. Jahrhundert in Italien hergestellten Bücher arabischer Philosophen.[4] Sie zeigten generell wenig Interesse am gedruckten Wort, das in ihrem Umfeld durchaus zu haben war. Denn in der arabischen Welt galt das Druckverbot nicht für Christen oder Juden, mit denen die Muslime vielerorts im Osmanischen Reich einträchtig zusammenlebten. Beide Gruppen machten regen Gebrauch von der neuen Technik. Bei den Juden war es lediglich untersagt (dies gilt bis in die heutige Zeit), die ursprünglich auf Pergamentrollen geschriebenen fünf Bücher Mose, die Thora, mechanisch zu vervielfältigen.

Als 1727 Sultan Ahmed III. erstmals im osmanischen Reich den Buchdruck unter strikter Kontrolle der Schriftgelehrten und mit Ausnahme des Korans und sämtlicher sakralen Texte gestattete, hatte dies praktisch keine Folgen: Die Öffentlichkeit ließ die Bücher links liegen, und die erste Druckerei in Istanbul musste nach 20 Jahren wegen mangelnder Nachfrage schließen. Sie hatte gerade einmal 17 Titel in kleiner Auflage verlegt. Um diese Zeit hatte am anderen Ende Europas der Engländer Thomas Newcomen längst die Dampfmaschine erfunden, die später von James Watt perfektioniert und zum Sinnbild der Industriellen Revolution wurde. Das einst so mächtige Osmanische Reich geriet immer weiter ins Hintertreffen und entwickelte sich irgendwann zum »kranken Mann am Bosporus«.

Der Koran wurde erstmals im Jahr 1828 von Muslimen mit technischer Hilfe vervielfältigt, allerdings im Steindruckverfahren, das den Eindruck einer Handschrift vermittelt. Bis heute wird der Koran nicht mit beweglichen Schrifttypen gedruckt, sondern nur lithografisch oder fotomechanisch. Erst 1798 nahm eine »echte« Druckerei in Ägypten ihre Arbeit auf – während des dreijährigen französischen Feldzugs zu Zeiten Napoleon Bonapartes. Sie fand ein jähes Ende, weil aufgebrachte Menschen die Werkstätten zerstörten. Die erste staatliche Druckerei entstand im Jahr 1822 in einem Vorort von Kairo.[5] Zu dieser Zeit gründete sich in Frankfurt an Main auf Anregung von Johann Wolfgang von Goethe bereits der »physikalische Verein«, der als Ergänzung zur Senckenbergischen Naturforschenden Gesellschaft gedacht war und die neuen wissenschaftlichen Erkenntnisse weit in die bürgerlichen Kreise transportierte. Während sich die arabische Welt auch vier Jahrhunderte nach der Erfindung der Druckerpresse überwiegend mit Zensurbestimmungen beschäftigte, war Europa bereits im Zeitalter der frühen Wissensgesellschaft angekommen.[6]

Das goldene Zeitalter des Islam

Wer heute unter den Stichworten »Wissenschaft« und »arabische Welt« recherchiert, landet zwangsläufig in einer Epoche, die rund 1 000 Jahre zurückliegt. Vom 9. bis zum 13. Jahrhundert waren arabische Erkenntnisse und Errungenschaften wegweisend für die wissenschaftliche Entwicklung, und zwar in Feldern wie Algebra, Philosophie, Physik, Alchemie, Astronomie und Medizin. Arabische Forscher waren dem christlichen Europa weit voraus. Damals wurde das gesamte antike griechische und zum Teil auch das persische Wissen ins Arabische übersetzt und dabei weiterentwickelt. Die Araber bezeichneten die alten Griechen stolz als ihre »Vorfahren«.

Die Wissenschaft legte mehr Wert auf praktische als auf philosophische Fragen, etwa auf die Ingenieurs- und Baukunst oder die Bewässerungstechnik. Moscheen nutzten die Erkenntnisse der Astronomie und der Trigonometrie, um ganz pragmatisch die Gebetsausrichtung nach Mekka oder den Beginn des Ramadan zu bestimmen. Der berühmte Arzt, Philosoph und Alchimist Abu Bakr Muhammad ibn Zakariya al-Razi, genannt Rhazes, leitete in Bagdad zwei Krankenhäuser, beschrieb erstmals die Infektionskrankheiten Pocken und Masern, entdeckte, dass Fieber ein natürlicher Abwehrmechanismus des Körpers ist, und verfasste unter anderem ein 23-bändiges Medizinlexikon.

Mit einer gemeinsamen Sprache und Religion umfasste das arabische Reich ein Gebiet von der Hauptstadt Bagdad über Damaskus und Kairo bis ins südspanische Cordoba, mit Ausläufern bis nach Indien, Persien und China. In diesem Reich konnten sich Wissenschaftler verschiedener Religionen und ethnischer Herkunft in einer frühen kosmopolitischen Gesellschaft verwirklichen. Christen und Juden hatten zwar weniger Rechte als Muslime, waren aber unter anderem deshalb angesehen und notwendig, weil sie mehr Steuern zu zahlen hatten. Vermutlich in China hatten die Araber die Papierherstellung kennengelernt, welche die Verbreitung von (handschriftlichen) Büchern und auch die Alphabetisierung förderte.[7]

Nicht nur beim Handel mit Gewürzen und Edelmetallen, sondern auch im damaligen Handwerk, bei der Herstellung von Teppichen und Textilien, waren die Araber den Europäern überlegen. Sogar die Trennung von Kirche und Staat, die den europäischen Nationen später einmal einen wichtigen Entwicklungsschub geben sollte, war in dieser Epoche schon angedacht: So schrieb der arabische Arzt und Philosoph Ibn Rushd (1126–1198), auch Averroës genannt, in Cordoba von der »doppelten Wahrheit«, weil die Wissenschaft nicht die Offenbarung erklären könne, und die Offenbarung nicht die rationale Sprache der Wissenschaft spreche.[8] Dies war das goldene Zeitalter des Islam.

Stillstand und Niedergang

Doch vom 11. Jahrhundert an verlor die arabische Kultur an Bedeutung und das Reich zerfiel. 1258 überrannten die Mongolen die einst blühende Millionenmetropole Bagdad, plünderten sie, brannten die Stadt nieder und verschleppten die begabtesten Handwerker nach Zentralasien. Ähnlich und an gleicher Stelle wie heute die Terroristen des »Islamischen Staates« zerstörte das asiatische Reiterheer Bibliotheken, Moscheen und Krankenhäuser und massakrierte große Teile der Bevölkerung. Die Bildung verlor an Wert, die Schulen strichen die klassischen Fächer Mathematik, Philosophie und Medizin vom Lehrplan und unterrichteten nur noch Religion. Damit begann der Niedergang des Islam.

Das Osmanische Reich, in gewisser Weise der Nachfolge des arabischen Reichs, hatte sich in Kleinasien und dem Nahen Osten ausgebreitet und mit der Eroberung Konstantinopels 1453 durchaus an Format gewonnen. Dennoch konnte es das entstandene Vakuum in keiner Weise füllen. Die Osmanen waren mehr an traditionellen Strukturen als an Neuem interessiert. Weder die Entdeckung Amerikas 1492 durch Christoph Kolumbus hatte einen Einfluss auf das osmanische Weltbild noch die finanzpolitischen Machtverschiebungen, die aus den ungeheuren Funden an Gold und Silber in Amerika resultierten.

Nachdem der Portugiese Vasco da Gama 1489 über das Kap der guten Hoffnung am südlichen Ende Afrikas den Seeweg nach Indien entdeckt hatte, war auch noch das Monopol arabischer Händler gebrochen und die Kontakte zwischen den Zentren Europas und dem arabischen Raum wurden immer unwichtiger. Der Seeweg war für die Europäer trotz zahlreicher Schiffsverluste deutlich günstiger als der Landweg, der durch unsicheres Terrain führte und überall unkalkulierbare Zölle und Abgaben nach sich zog. Das zentral gesteuerte Osmanische Reich, das letzte islamische Imperium der Geschichte, verschlief regelrecht den Aufbruch in die Moderne.

Verpasste Chancen in puncto Bildung

Aus heutiger Sicht hat auch die Bildung breiter Bevölkerungsschichten insbesondere in den arabischen Ländern nicht jenen Stellenwert erlangt, der für ein Wohlergehen der Gesellschaften im 21. Jahrhundert notwendig wäre. Diese Länder haben nicht geschafft, was den Staaten in Ostasien und in Lateinamerika längst gelungen ist: den Bildungsrückstand gegenüber der »westlichen« Welt zu verkürzen, mit einer gut qualifizierten Mittelschicht und unternehmerischen Freiheiten zu Schwellen- und Industrieländern aufzusteigen und dabei die Lebensqualität ihrer Bürger deutlich zu verbessern. Der befriedende Effekt von Bildung, Arbeit und Wohlstand ist bisher ausgeblieben. Schlimmer noch: Die Länder, die sich zu wenig um die Bildung kümmern, erleben auch die radikalsten Angriffe auf einen demokratischen Bildungszugang, sodass einmal Erreichtes schon wieder verlorenzugehen droht.

Vielerorts, in Syrien, Irak, Libyen oder Jemen, wo sich der islamistische Terror ausbreitet oder Despoten an der Macht bleiben, wachsen derzeit »verlorene Generationen« heran. Sie leiden nicht nur unter Willkür und Bürgerkrieg, sondern auch unter dem Bildungsdesinteresse ihrer Regierungen und werden zum Teil ins Leben entlassen, ohne je eine Schule besucht oder eine Ausbildung erlangt zu haben. Diese jungen Menschen bilden die Basis für eine wachsende Zahl Unzufriedener, die kaum eine Chance auf eine regelmäßige

Beschäftigung haben und sich leicht radikalisieren lassen. Der amerikanische Politikwissenschaftler Aaron Segal von der Universität von Texas in El Paso bezeichnet die Entwicklung in diesen Ländern als eine »Geschichte der Frustration«.[9] Sie droht, die arabische Welt weiter von den erfolgreichen Gesellschaftssystemen zu entfremden und den Kampf der Bildungskulturen noch zu verschärfen.

Die arabische Welt: reich an Erdöl – arm an Chancen

Der heutige arabische Raum dehnt sich in einem breiten Streifen vom Sultanat Oman am Indischen Ozean, einer der reichsten Nationen der Welt, bis zum bettelarmen Mauretanien am Atlantik aus und umfasst, je nach Definition, etwa 24 Staaten. Obwohl einige der arabischen Länder durch Erdöl und Erdgas zu beträchtlichem Wohlstand und die Bewohner zu einem hohen Lebensstandard gekommen sind, herrscht in weiten Teilen der arabischen Welt materielle Armut und ein bedrohlicher Mangel an Energie, Trinkwasser und Nahrungsmitteln.[10] Aufgrund ihres weit verbreiteten Entwicklungsrückstandes und der schlechten Wirtschaftslage verfügen die arabischen Länder trotz der Milliardeneinnahmen aus Öl und Gas bei knapp 20 Prozent der Weltbevölkerung nur über 6 Prozent des globalen Einkommens. Vor allem bleiben die Staaten in ihren Bildungswerten hinter jenen der mit Rohstoffen weniger gesegneten Schwellenländer Ostasiens und Lateinamerikas zurück. Die arabische Welt ist damit »reicher, als sie entwickelt ist«, heißt es in einem Bericht der Vereinten Nationen.[11] Arm ist sie vor allem an Chancen für die junge Bevölkerung.

Doch auch wenn es in der öffentlichen Diskussion häufig untergeht: Die arabische Welt ist keinesfalls deckungsgleich mit der islamischen Welt. Im arabischen Raum lebt nur rund ein Viertel aller Muslime. Die überwiegende Mehrheit der Menschen islamischen Glaubens hat ihre Heimat in nichtarabischen Staaten, in Indonesien (mit 251 Millionen Einwohnern der größte islamische Staat), Pakistan (mit 190 Million der zweitgrößte), Malaysia, Indien, Bangladesch, Iran oder der Türkei. Dort verläuft die Entwicklung vielerorts ganz anders als in der arabischen Welt: Indonesien, Malaysia und, mit Einschränkungen, Bangladesch zählen zu den aufstrebenden asiatischen Tigerstaaten, die sich durch eine starke Exportindustrie, durch rasch wachsende Bildungswerte und deutlich gesunkene Kinderzahlen auszeichnen. Auch die Türkei und der Iran ähneln in vielen Entwicklungsindikatoren eher den Industrienationen als dem arabischen Raum.

Warum aber schneiden die arabischen Länder im Vergleich zu den meisten anderen islamischen Staaten so schlecht ab? Diese Frage haben sich auch die Vereinten Nationen immer wieder gestellt und über viele Jahre in mehreren großen Studien untersucht. Diese Berichte sind aus zwei Gründen bemerkenswert: Erstens analysieren sie auf nüchterner Datengrundlage den dramatischen Zustand der Entwicklung und der Bildung in der arabischen Welt. Und zweitens sind sie von einem Team aus hochrangingen arabischen Wirtschafts-, Sozial- und Kulturwissenschaftlern verfasst; sie stellen also kein abschätziges Urteil westlicher Prägung dar. Gerade dieser Umstand und der sachliche, zurückhaltende Ton der UN-Berichte macht sie so authentisch und brisant.

Die Krise der arabischen Sprache

Interessanterweise sehen die Autoren des *Arab Human Development Report* schon in der arabischen Sprache ein erhebliches Entwicklungshindernis. Die Sprache einer Gesellschaft ist »das« Medium zur Entwicklung, denn sie verbindet die Menschen und ihren Intellekt untereinander. Sie ermöglicht es, die Umwelt wahrzunehmen und sich anschließend über die Realität auszutauschen. Gerade eine Wissensgesellschaft ist auf solch ein Medium angewiesen, mit dem sich Sachverhalte aller Disziplinen, von der Atomphysik bis zur Philosophie, exakt in Wort und Text erfassen, konservieren und weitergeben lassen. Das Internet hat die Vorteile der Sprache und der Schrift zur Wissensverbreitung noch einmal gewaltig verstärkt.

Das Arabische gilt rund 320 Millionen Menschen als Muttersprache. Allerdings gibt es nicht »das« Arabisch, sondern einerseits das klassische Hocharabisch (*Fusha*) und andererseits das Alltagsarabisch. Hocharabisch ist die Amts- und Schriftsprache, die in der Praxis kaum gesprochen wird und die niemand als Muttersprache erlernt. Es ist die Sprache des Korans und zahlreicher religiöser Texte aus dem 7. bis 9. Jahrhundert. Nur Araber mit einem relativ hohen Bildungsstand beherrschen diese Sprache, während Analphabeten sie gar nicht verstehen. Sie haben damit auch keinen direkten Zugang zu ihrer heiligen Schrift. Das Hocharabisch war zu Zeiten Mohammeds und auch schon davor die Sprache der Dichtung und hat sich seither praktisch nicht verändert. Es gibt den Menschen ihre Identität, weil es als Medium der Worte Gottes gilt und den Unterschied zu anderen Gesellschaften definiert.

Was die Menschen jedoch alltäglich gebrauchen, sind die im arabischen Raum weit verbreiteten, zahlreichen nationalen und regionalen Dialekte. Sie unterscheiden sich so stark, dass sich ein Marokkaner und ein Iraker kaum verstehen. Das Problem dieser »Diglossie«, der Zweisprachigkeit einer Gesellschaft auf Basis ein und derselben Sprache, ist, dass die Menschen anders sprechen als sie schreiben beziehungsweise lesen. Religiöse und politische Texte, aber auch Artikel in der Zeitung sind in Hocharabisch (der »wahren Sprache«) verfasst, während die Menschen auf der Straße oder in Spielfilmen die Umgangssprache (die »degenerierte« oder »korrumpierte Sprache«) in vielerlei Dialekten pflegen, von denen es selten eine Schriftform gibt.[12]

Neue Erkenntnisse aus Technik und Wissenschaft müssten also, um festgehalten und länderübergreifend im arabischen Sprachraum weiterverbreitet zu werden, in die Schriftsprache einfließen. Die aber ist dafür zu komplex und zu altertümlich. Sie ist darüber hinaus als Sprache des Korans »heilig« und muss vor neuen Einflüssen und Fremdwörtern geschützt werden. Damit können weder neue Fachbegriffe noch banale, aber möglicherweise wichtige Alltagserfahrungen, also jeweils Elemente der Moderne, in die Hochsprache einfließen. Das Hocharabische ist für den modernen wissenschaftlich-technischen Gebrauch gar nicht einsetzbar, es »verweigert sich einer angemessenen Verarbeitung und gesellschaftlichen Verallgemeinerung von Wissen«, wie der Historiker Dan Diner schreibt.[13]

Im *Arab Human Development Report* heißt es dazu, die arabische Sprache stecke in einer Krise, weil sie Sachverhalte nicht theoretisieren, Wissen schlecht schaffen und dokumentieren könne und damit eine »Arabisierung der Wissenschaft« behindere.[14] Entsprechend fordert der Report ein »Language Engineering«, also eine grundlegende Reform der arabischen Sprache, um sie fit für das 21. Jahrhundert zu machen. Etwas Ähnliches war vor einem halben Jahrtausend Martin Luther mit der deutschen Sprache gelungen, als er mit seiner Bibelübersetzung ins Ostmitteldeutsche eine Verständigungsgrundlage für alle deutsch sprechenden Menschen geschaffen hatte. Diese Sprache konnte sich später ohne allzu große Anpassungen zum heutigen Hochdeutsch weiterentwickeln.

Der Sprachwissenschaftler Mohamed Maamouri von der amerikanischen Universität von Pennsylvania glaubt, dass die arabische Diglossie zumindest teilweise für die schlechten Bildungsergebnisse in arabischen Ländern verantwortlich ist.[15] Mit Sicherheit behindert sie das Abstraktionsvermögen, das sich mit der Alphabetisierung einstellt, und damit die Verbreitung von Erkenntnissen.

Die »Vernachlässigung menschlicher Fähigkeiten« in der arabischen Welt

Damit ließen sich einige der Defizite der arabischen Welt erklären, aber nicht jene politischen Versäumnisse, die bereits der erste *Arab Human Development Report* der Vereinten Nationen bemängelt, wenn er von einer »Vernachlässigung menschlicher Fähigkeiten« in der Region spricht.[16] Auch wenn die arabischen Länder wie überall auf der Welt Fortschritte in der Alphabetisierung ihrer Bevölkerungen gemacht haben, können dort immer noch weniger Menschen lesen und schreiben als im weltweiten Mittel, ja sogar als im Schnitt der Entwicklungsländer. Wegen des starken Bevölkerungswachstums vergrößert sich in manchen Ländern sogar die absolute Zahl der Analphabeten. Gerade Mädchen bleibt der Zugang zur Schule oder zu weiterführender Bildung oft versperrt – durch offizielle Regelungen, aber auch, weil Eltern und Gesellschaft kein Interesse an einer Gleichberechtigung von Männern und Frauen oder Vorbehalte dagegen haben. 60 Prozent der arabischen Kinder, die nie eine Schule besuchen können, sind Mädchen, ein Wert, der sich seit dem Jahr 2000 nicht verbessert hat.

Es gibt allerdings auch innerhalb der arabischen Welt beachtliche Unterschiede, was den Fortschritt in der Bildung junger Männer und Frauen betrifft. In Algerien und Jordanien beispielsweise sind bereits über 80 Prozent aller 15- bis 44-jährigen Frauen zumindest acht Jahre zur Schule gegangen. In Tunesien und Ägypten liegt die Rate bei 74 Prozent.[17] Diese Anteile haben sich in den letzten Jahren deutlich erhöht. In anderen Ländern wie dem Sudan oder im Jemen hingegen gehen viele Kinder überhaupt nicht zur Schule, berichtet die UN-Bildungsorganisation Unesco. Beides sind höchst fragile Staaten, in denen die Islamisten von Boko Haram, Al Kaida oder Al-Schabab ein großes Ausbreitungspotenzial haben. Im Jemen besitzen auch unter den Mitgliedern der Mittelklasse zwei Drittel aller Erwachsenen keinerlei formale Bildung.[18] Selbst den wohlhabenden

Ölstaaten gelingt es nicht, Kinder aus sozial schwachen Familien mit einem Mindestwissen zu versorgen.[19]

Ein weiterer Kritikpunkt der Vereinten Nationen ist die anhaltende Diskriminierung von Frauen in vielen arabischen Ländern. Die Vorstellung, dass Frauen etwas Minderwertiges sind, ist tief in der öffentlichen Meinung verankert – ein Beleg dafür sind die vielen frauenverachtenden Sprichwörter, denen einer der Reports einen ganzen Abschnitt widmet. Diese besagen unter anderem, dass Frauen nur einen halben Geist, einen halben Glauben oder ein halbes Erbgut hätten und deshalb nur halb so viel wert seien. Insbesondere die in Saudi-Arabien dominante ultrakonservative salafistische Bewegung, heißt es in dem Bericht, die das Alltagsleben der Menschen bis ins kleinste Detail regeln will, verwehre den Frauen den gleichberechtigten Zugang zum öffentlichen Raum. In der Politik sind Frauen praktisch nicht präsent, und vielerorts bleiben sie bis heute von höherer Bildung weitgehend ausgeschlossen.[20]

Die Diskriminierung zeigt sich insbesondere darin, dass viele Frauen auch in wohlhabenderen arabischen Staaten in der Vergangenheit gar keinen Zugang zu einer Schulbildung hatten. In Ägypten haben 47 Prozent aller über 25-jährigen Frauen keine oder nur zeitweilig eine vier- bis sechsjährige Grundschule besucht, in Syrien sind es 54 Prozent. Auch in den Ölstaaten Saudi-Arabien und Kuweit, die seit Jahrzehnten nicht über Geldmangel klagen können, liegen die Werte bei 28 respektive 31 Prozent.[21] So ist es kein Wunder, dass die Frauenbeschäftigung in arabischen Ländern die mit Abstand niedrigste der Welt ist.[22] Unter diesen Bedingungen bleibt es einem erheblichen Teil der Gesellschaft verwehrt, sich um die Volkswirtschaft und das Wohlergehen der Gesellschaft verdient zu machen.

Wenig Interesse an Wissenschaft und Forschung

Nirgendwo auf der Welt ist das Interesse am gedruckten Wort so gering wie im arabischen Raum. Dort lebten um das Jahr 2000 zwar rund 250 Millionen Menschen, doch es wurden jährlich gerade einmal 330 Bücher aus anderen Sprachen in die eigene übersetzt. Selbst das kleine Griechenland kam auf eine fünfmal höhere Zahl. Seit dem 9. Jahrhundert wurden etwa so viele Bücher ins Arabische übertragen wie ins Spanische in einem einzigen Jahr. Viele dieser Bücher haben zudem keinen weltlichen, sondern einen rein religiösen Inhalt.[23] Dadurch fehlt den arabischen Ländern ein wesentlicher Zugang zum internationalen Wissensmarkt. Das Desinteresse am Buch geht nicht nur auf den noch immer weit verbreiteten Analphabetismus zurück, sondern auch auf die allgegenwärtige staatliche Zensur, sodass die wirklich interessanten Bücher gar nicht den Weg auf den Markt finden.

Die Vernachlässigung von Bildung und Wissenschaft spiegelt sich in allen Bereichen der Gesellschaft: Trotz ihres Ölreichtums wenden die arabischen Länder nur 0,4 Prozent ihres Bruttosozialproduktes für Forschung und Entwicklung auf. Das nahezu rohstofflose Japan kommt auf 2,9 und Finnland auf 3,4 Prozent. Wissenschaftler spielen im öffentlichen Leben und in den Medien kaum eine Rolle und können keine Vorbildfunktion übernehmen. Kinder und Jugendliche erfahren selten etwas über Sinn und Zweck der Forschung, und wenn, dann nur auf Privatschulen. In der arabischen Welt arbeiten pro Million Einwohner lediglich 373 Wissenschaftler in einem Vollzeitjob. In allen Entwicklungsländern sind im Schnitt 398 Forscher pro Million Einwohner tätig, im weltweiten Mittel 1 081 und in der Hightech-Nation Finnland sogar 7 423.[24]

Wer es dennoch schafft, eine gute Ausbildung zu erhalten, findet anschließend noch lange keine entsprechende Anstellung. Die Folge ist eine massive Abwanderung von Fachkräften: Für den Sudan gibt es Schätzungen, dass zwischen 1960 und 1990 rund eine halbe Million Techniker und Wissenschaftler dem Land den Rücken gekehrt haben.[25] Der Libanon hat sogar über die Hälfte seiner Forscher an das Ausland verloren.[26] In Syrien, das seit fünf Jahren durch einen gnadenlosen Bürgerkrieg gebeutelt wird, hat mittlerweile fast die ganze Wissenselite das Land verlassen. Unter diesen Umständen ist es kaum verwunderlich, dass es um die Innovationskraft in den arabischen Ländern so schlecht steht und dass die Abhängigkeit von importierten Produkten und Technologien umso größer ist. Fast zwangsläufig nimmt dadurch das weit verbreitete Gefühl der intellektuellen Unterlegenheit zu, man fühlt sich abhängig von den technologisch überlegenen Ländern und es entsteht der Wunsch, sich von diesem Teil der Welt abzusetzen.

Zwar haben auch die arabischen Länder in den vergangenen Jahren Fortschritte bei ihren Einschulungsraten und den höheren Bildungsabschlüssen gemacht, sie liegen damit aber immer noch unter dem weltweiten Durchschnitt. In Oman und den palästinensischen Autonomiegebieten gehen entgegen dem internationalen Trend sogar anteilig deutlich weniger Kinder zur Schule als noch vor ein paar Jahren. Überall, wo Islamisten an Einfluss gewinnen, breiten sich zudem die Religionsschulen aus. Diese aber haben die schlechtesten Lehrer und die schlechteste Ausstattung, unterrichten nach veralteten Lehrplänen und vermitteln nicht das moderne Wissen, das den Ansprüchen des 21. Jahrhunderts genügen würde.

Weil viele arabische Schüler meist nur auswendig lernten und ihre kognitiven Fähigkeiten nicht durch einen interaktiven Unterricht trainierten, erwürben sie nicht das Rüstzeug, um später ihren Gesellschaften bei der Entwicklung zu helfen, schreibt die tunesische Pädagogikprofessorin Najoua Fezzaa Ghriss. Ein Resultat dieser Vernachlässigung: In allen Leistungsvergleichsstudien wie PISA oder dem Test für mathematisch-naturwissenschaftliche Fähigkeiten, TIMMSS, schneiden arabische Länder extrem schlecht ab.[27]

Weltweit führend sind Länder wie Irak, Jordanien, Oman, Katar oder Saudi-Arabien lediglich bei den Pro-Kopf-Ausgaben für Militär und Waffen. Mit diesen unproduktiven Ausgaben versuchen die Staaten, ihre öffentliche Sicherheit zu gewährleisten, die eigenen

Militärs bei Laune zu halten, vermeintliche Feinde im Inneren wie im Ausland zu bekämpfen beziehungsweise die Feinde ihrer Feinde zu unterstützen – die beliebteste Form der Außenpolitik im Mittleren Osten. Weit mehr als der am längsten andauernde Konflikt der modernen Menschheitsgeschichte, die Auseinandersetzung zwischen Israel und seinen arabischen Nachbarn, lähmt die Region der Machtkampf der verschiedenen nationalen, islamisch-religiösen und ethnischen Gruppierungen untereinander – zum Beispiel zwischen Sunniten und Schiiten, zwischen Kurden und ihren Nachbarn oder zwischen verschiedenen religiösen und terroristischen Milizen in Libyen.

Kaum ein Beitrag zum globalen Wissensschatz

Entsprechend dürftig sind die Ergebnisse der arabischen Wissenschaft – vor allem im Vergleich zu den aufstrebenden Schwellenländern Asiens: Noch 1981 produzierte das damals rückständige China gerade einmal halb so viele wissenschaftliche Publikationen wie die gesamte arabische Welt. Um das Jahr 2000 waren es bereits doppelt so viele. 2013 kamen chinesische Wissenschaftler auf 260 000 Veröffentlichungen, arabische auf lediglich 40 000. Aber selbst hierbei war eine massive Unterstützung aus dem Ausland nötig, denn 14 000 Veröffentlichungen gingen auf das Konto von Saudi-Arabien, wo zahlreiche teuer eingekaufte Forscher aus dem Ausland tätig sind.[28]

Das nach sechs objektiven Indikatoren aufgestellte Ranking der chinesischen Shanghai Jiao Tong Universität listet unter den 200 besten Hochschulen der Welt zwei aus der arabischen Welt auf; beide befinden sich in Saudi-Arabien und sind mit nahezu unbegrenzten Mitteln ausgestattet.[29] Der einzige arabische Nobelpreisträger im wissenschaftlichen Bereich war 1999 der in Ägypten geborene Chemiker Ahmed Zewail, der allerdings für seine Arbeiten am California Institute of Technology in den USA geehrt wurde.

Am deutlichsten sichtbar wird der wissenschaftlich-technologische Rückstand bei den Erfindungen, die sich patentieren lassen: 2013 kamen auf den gesamten arabischen Raum mit seinen mittlerweile 375 Millionen Einwohnern rund 1800 neue Patentanmeldungen. Israel, wo lediglich 8 Millionen Menschen leben, konnte 4789 Patente vermelden. China verbuchte 154000 Patente. Aus den USA stammten 244000.[30]

Die Folgen der technisch-wissenschaftlichen Rückständigkeit zeigen sich vor allem auf dem Arbeitsmarkt: Seit zweieinhalb Jahrzehnten verzeichnet die Region praktisch kein Wirtschaftswachstum, dafür aber eine steigende Arbeitslosigkeit.[31] 2007 war der arabische Raum weniger industrialisiert als noch 1970. Da der private Sektor schlecht entwickelt ist, streben die meisten Akademiker den Staatsdienst an, weshalb an den Universitäten vor allem nicht-naturwissenschaftliche Fächer begehrt sind. In Ölstaaten wie Kuweit, Oman, Katar oder den Vereinigten Arabischen Emiraten arbeiten über 50 Prozent aller einheimischen Beschäftigten in den Amtsstuben.

Trotzdem kann der staatliche Sektor längst nicht alle Studierten aufnehmen, und als Folge ist die Arbeitslosigkeit unter Akademikern sehr hoch. Ausgerechnet im reichen Saudi-Arabien liegt sie unter Hochschulabsolventen bei 43 Prozent. In vielen arabischen Ländern ist die Arbeitslosigkeit unter Akademikern deutlich höher als unter Personen ohne Ausbildung. In Ägypten zählen fast 18 Prozent der Bevölkerung mit Universitätsabschluss zu den Armen oder von Armut bedrohten. Im Jemen sind es über 30 Prozent, wobei sich dieser Anteil in den letzten Jahren stark erhöht hat.[32]

Brisanter Überhang an jungen Menschen

Für die Betroffenen ist die Arbeitslosigkeit trotz Ausbildung eine berufliche Tragödie – für die Gesellschaft tickt eine politische Zeitbombe. Die Gruppe der jungen Erwachsenen in den arabischen Ländern wächst aufgrund der hohen Geburtenzahlen in der Vergangenheit immer noch sehr stark. Besonders in den ärmsten und konfliktträchtigsten Ländern wie Jemen, den palästinensischen Autonomiegebieten und Irak liegen die durchschnittlichen Kinderzahlen je Frau noch über vier, in Sudan sogar über fünf. Für den Nahen Osten sagen die Prognosen bis 2050 einen Bevölkerungszuwachs von 235 auf 361 Millionen, für Nordafrika von 214 auf 319 Millionen voraus.

Viele junge Menschen müssen jedoch kein Problem sein: In den erfolgreichen Entwicklungs- und Schwellenländern waren sie mit verantwortlich für den wirtschaftlichen Aufschwung, für die Nutzung einer demografischen Dividende (siehe Kapitel 3). Dort konnten die jeweiligen Regierungen und die Unternehmen ihnen neben einer Ausbildung auch Arbeitsplätze bieten. Doch das verhält sich in den arabischen Ländern anders.

Hier bilden die jungen Erwachsenen einen brisanten Jugendüberhang, einen *Youth Bulge*, der kaum eine demografische Dividende erwirtschaften, dafür aber ein demografisches Desaster verursachen kann. Wo immer junge Menschen (vor allem junge Männer) in großer Zahl keinen Platz in der Gesellschaft und keine Chance auf eine auskömmliche Beschäftigung finden, steigt die Gefahr sozialer Unruhen und bewaffneter Konflikte. Als besonders konfliktträchtig gelten Gesellschaften mit einem überproportionalen Anteil von 15- bis 24-Jährigen an der Bevölkerung. Dazu zählen etwa Irak, Syrien, Jemen, Somalia und die palästinensischen Autonomiegebiete. Weltweit betrachtet liegen die meisten Staaten mit Youth-Bulge-Gefahrenpotenzial in Afrika und dem Nahen Osten.[33] Gelingt es nicht, diese jungen Menschen mit Bildung und Jobs zu versorgen, wird die arabische Welt »ihre historische Chance verlieren, den Jugendüberhang in Wohlstand zu verwandeln«, schreiben die Vereinten Nationen.[34] Stattdessen drohen sich Unbildung und Unwissen weiter auszubreiten, ebenso Arbeitslosigkeit und Armut, und damit jene Konfliktherde, die sowohl Ursache wie auch Folge des Kampfes der Bildungskulturen sind.

Wie groß die Gefahr ist, zeigt ein Blick auf den Arbeitsmarkt: Zwischen 2014 und 2020 wären in der arabischen Region 17 Millionen zusätzliche Jobs nötig – nur zu dem Zweck, die bereits sehr hohe Arbeitslosigkeit nicht noch weiter steigen zu lassen. Allein in Saudi-Arabien müssten aufgrund des hohen Bevölkerungswachstums jedes Jahr rund 300 000 neue Arbeitsplätze für die einheimische Bevölkerung entstehen. Um die Schaffenskraft aller jungen Menschen nutzen zu können und auch den Frauen den Weg auf den Arbeitsmarkt zu ebnen (wie es in den asiatischen Tigerstaaten gelungen ist), müsste die arabische Welt in diesem kurzen Zeitraum sogar 56 Millionen neue Arbeitsplätze herbeizaubern.[35] Bisher deutet nichts darauf hin, dass dies tatsächlich gelingen könnte.

Lassen sich Wissen und Erfolg mit Petrodollars kaufen?

All diese Probleme und die zahlreichen Analysen sind natürlich auch in der arabischen Welt bekannt. Einige der reichen Ölstaaten – Saudi-Arabien, Kuweit und die Vereinigten Arabischen Emirate – versuchen deshalb seit einigen Jahren, ihr Forschungsdefizit durch massive Investitionen in hochmoderne Universitäten zu kompensieren. Deren Prinzip besteht allerdings eher darin, ausländische Experten und Technologie, also Wissen, zu »kaufen«, als es mit Eigenmitteln zu produzieren.

Was den Ölstaaten fehlt, ist eine breite Basis an Allgemeingebildeten, die den Ehrgeiz zu eigenen Leistungen aufbringen. Diese Motivation ist jedoch schwer zu entwickeln in Ländern, in denen eine Erwerbsarbeit für die Oberschicht gar nicht notwendig ist, weil der Staat aufgrund der hohen Einnahmen aus dem Erdölverkauf häufig für ihr Auskommen sorgt. Ohnehin wird in den rohstoffreichen Ländern der größte Teil der Alltagsarbeit von nepalesischen Bauarbeitern, indischen Buchhaltern oder europäischen und amerikanischen Ingenieuren erledigt. Die klimatisierten Malls von Dubai, Doha oder Abu Dhabi bieten zwar jeden erdenklichen Luxus aus der ganzen Welt, aber der schöne Schein ist das Ergebnis der Öleinnahmen und nicht der eigenen wirtschaftlichen Leistung.

Entwicklungsexperten bezeichnen diese Situation als »Ressourcenfalle«.[36] Weil das Geld quasi von alleine fließt, verkümmern Unternehmergeist und Innovationskraft. Gerade in das Humankapital wird in den von Rohstoffen verwöhnten Ländern oft sehr wenig investiert. Vordergründig ökonomisch betrachtet lohnt sich das gar nicht: Die Bevölkerung ist dort ein Kostenfaktor, weil sie einerseits eine aufwendige Infrastruktur in Form von Schulen, Straßen und Krankenhäusern braucht, andererseits aber wenig produktiv ist und im Vergleich zu den Ölverkäufen nur geringe Staatseinnahmen generiert. Absurderweise und anders als in den Industrienationen kosten gut qualifizierte Mitglieder die Gesellschaft viel und bringen wenig. Die Oberklasse sitzt an der Spitze, weil sie den richtigen Familien angehört, und nicht, weil sie besonders tüchtig wäre. Innovative Unternehmensgründer wie Robert Bosch, Henry Ford oder Bill Gates hätten in diesen Ländern kaum eine Chance, sich zu entfalten und Milliardäre zu werden.

Damit bilden die Rohstoffländer das Gegenmodell zu den in Kapitel 3 skizzierten rohstoffarmen Aufsteigernationen wie Finnland, Mauritius, Südkorea oder Singapur. Diesen Ländern blieb gar keine andere Wahl, als das Humankapital ihrer Bevölkerung aufzuwerten und damit die Entwicklung anzukurbeln. Dort hat jeder Euro, jede Rupie, jeder Won oder Dollar, der in die Bildung gesteckt wurde, die Produktivität der Volkswirtschaft erhöht.

Unterm Strich gelingt es in den Ölstaaten bisher trotz der Milliarden von Petrodollars nicht, eine an den Bedürfnissen der Bevölkerung orientierte Bildung und Forschung auf die Beine zu stellen, das erworbene Wissen in Unternehmen nutzbar zu machen und die ausgebildeten jungen Menschen ihren erworbenen Fähigkeiten gemäß produktiv einzusetzen. Ob sich diese Defizite mit den neuen glitzernden Eliteuniversitäten am Golf beheben lassen, ist die große Frage. Wissenschaft braucht letztendlich nicht nur eine breite Basis gut ausgebildeter junger Menschen, sondern auch eine Freiheit im Denken. Eine moderne Wissenschaft benötigt eine säkulare Umwelt, die von religiösen und staatlichen Fesseln befreit ist. All das aber ist in einem Land wie Saudi-Arabien kaum vorhanden, wo es verboten ist, die darwinistische Evolutionstheorie zu lehren, wo auf einen »Abfall vom Glauben« die Todesstrafe steht und wo ein Blogger wie Raif Badawi zu 1000 Peitschenhieben verurteilt wird, wenn er die Anhänger verschiedener Religionen als gleichwertig bezeichnet.

Der Golfstaat Katar, mit einem der höchsten Pro-Kopf-Einkommen der Welt, der nur gut 300000 Einwohner zählt (ungefähr so viel wie Island) und wo sich etwa die sechsfache Zahl weitgehend rechtloser Gastarbeiter verdingt, muss sogar Studenten importieren, um die Hörsäle seiner »Education City« am Stadtrand von Doha zu füllen. Katar, das nicht nur mit der Austragung der Fußballweltmeisterschaft im Jahr 2022 versucht, Zeichen des Größenwahns zu setzen, hat auf 14 Quadratkilometern die flächenmäßig größte Universität der Welt aus dem Wüstenboden gestampft. Die Hochschule hat Zweigstellen von sechs amerikanischen und je einer britischen und französischen Universität eingerichtet.[37] Die breite Masse der arabischen Jugendlichen findet hier dennoch keinen Platz; dafür sorgen allein schon die exorbitant hohen Studiengebühren.

Das alles ließe sich ändern, beispielsweise durch groß angelegte Stipendienprogramme für talentierte junge Menschen aus anderen arabischen Ländern. Schwieriger hingegen dürfte es werden, ein Grundverständnis der arabischen Gesellschaften zu verändern, das den vermutlich größten Hemmfaktor für eine erfolgreiche Entwicklung darstellt: das »insistierende Selbstwertgefühl vorgeblich religiös-zivilisatorischer Überlegenheit«, das der Historiker Dan Diner beschreibt.[38] Mit anderen Worten: Weil sich die arabische Welt, aus welchen historischen oder religiösen Gründen auch immer, als überlegen betrachtet, kann sie sich nach dieser Sichtweise gar nicht darauf einlassen, auch nur Teile der »westlichen« Erfolgsprinzipien zu kopieren. In der Praxis setzten sich diese Prinzipien allerdings in den meisten Regionen trotzdem nach und nach durch.

Da kaum eine kritische, wissenschaftliche Auseinandersetzung mit anderen, technisch und wirtschaftlich entwickelten Kulturen stattfindet, bleibt stattdessen viel Raum für Verschwörungstheorien. Die konfuzianischen ostasiatischen Kulturen haben die Gründe für ihren Entwicklungsrückstand bei sich selbst gesucht. Nach arabischer Lesart waren hingegen stets Kräfte von außen für den Entwicklungsstillstand verantwortlich: die mittelalterlichen Kreuzzüge; der Einfluss der Türken in der osmanischen Epoche; die Unterdrückung durch die Kolonialmächte, aber auch die vom Westen geförderte Verpflanzung des jüdischen Staates Israel ins Herz der arabischen Welt. Viele Forscher sehen in diesen historischen Traumata den Hauptgrund dafür, dass sich die arabische Welt weitgehend einer rationalen Wissenschaft, der Säkularisierung und einer modernen Bildungskultur verweigert.[39]

Islamische Reformversuche

In der öffentlichen Debatte wird der Entwicklungsrückstand der arabischen Welt oft mit der Religion des Islam begründet, die nie eine Reformation beziehungsweise eine Anpassung an die Fragen der Moderne erlebt hat. Ein Blick auf die übrige islamische Welt zeigt allerdings, dass diese Annahme kaum stimmen kann. Manche islamische Staaten jenseits des arabischen Raums zeigen sich durchaus reformfreudig und aufgeschlossen gegenüber den Vorteilen einer modernen Wissensgesellschaft. Sie haben zudem nicht das Problem der Diglossie mit der arabischen Sprache. Sie verehren zwar das Arabische als heilige Sprache des Korans, sprechen aber im Alltag ihre eigenen Schriftsprachen, die jeweils offen für alle Elemente der Moderne sind.

Auch in der arabischen Welt selbst gab es Reformversuche, die auf der simplen Erkenntnis beruhten, dass andere Kulturen größere Entwicklungserfolge hatten. In Ägypten, dem bevölkerungsreichsten Land dieses Gebietes, wollte gegen Ende der osmanischen Unterwerfungsperiode Mehmed Ali Pascha (1770–1849), ein aus Mazedonien stammender Söldner, das Land modernisieren. Der als Gründervater des modernen Ägypten gefeierte Ali organisierte die Verwaltung neu, versuchte eine exportfähige Industrie aufzubauen und schickte junge Menschen zur Ausbildung nach Europa. Ali, der selbst erst im Alter von 40 Jahren lesen und schreiben gelernt hatte, war jedoch eher ein Technokrat und kein Bildungsreformer. Er wollte (ähnlich wie heute die Führung von Saudi-Arabien) sein Land autoritär von oben erneuern, ohne die Menschen mitzunehmen. Er scheiterte letztlich mit seinem Konzept, auch weil er die Mehrheit der modernisierungsfeindlichen Kleriker gegen sich aufbrachte.

Türkei – moderner, als der Präsident erlaubt

Erfolgreicher war in Istanbul ein gewisser Mustafa Kemal (1881–1938), ein osmanischer Offizier aus einfachen Verhältnissen, der nach vielen Hindernissen erfolgreich die Schule und anschließend die Militärakademie abschließen konnte. Von dem einstigen osmanischen Großreich war nicht mehr viel übrig, und es war Kemal, der von 1923 an die türkische Republik aufbaute und deren erster Staatspräsident wurde. Er wollte die Rückständigkeit seines Landes mit einer schnellen Reform der Gesellschaft nach dem Vorbild der erfolgreichen europäischen Staaten überwinden und brach dazu mit so ziemlich allen Tabus. Er hielt den damals praktizierten Islam für irrational und rückständig, forderte Bildung für alle Kinder und setzte die Trennung von Kirche und Staat durch.

Kemal verbot religiöse Bruderschaften und den Männern, in der Öffentlichkeit Fes und Turban zu tragen, den orientalischen Kopfschmuck. Er setzte sich für die Gleichstellung der Geschlechter ein und führte in den 1930er Jahren, früher als manches europäische Land, das Frauenwahlrecht ein. Er verordnete seinen Bürgern den gregorianischen Kalender, das metrische System, die lateinische Schrift und den Sonntag als Feiertag und nahm nach 1933 Wissenschaftler auf, die von den Nationalsozialisten aus Deutschland vertrieben worden waren. Sie sollten ihm bei der Modernisierung helfen. Er ließ überall Schulen bauen und die Universitäten modernisieren. Er wandelte die Hagia Sophia, die von den Christen Konstantinopels als Kirche aufgebaut worden und zu osmanischen Zeiten Hauptmoschee Istanbuls war, in ein Museum um, das fortan »Tempel der Wissenschaft« hieß.[40] Um die Verwaltung effizienter zu gestalten, wurde erstmals jeder Türke dazu verpflichtet, einen Nachnamen anzunehmen. So kam Kemal 1943 zu dem Namen »Atatürk«, den ihm die türkische Nationalversammlung verlieh. Er bedeutet so viel wie »Vater der Türken«.

Atatürk wirkte inmitten der islamischen Kultur wie ein Schüler der europäischen Aufklärung und mutete seinem Volk, das damals überwiegend aus Analphabeten bestand, eine Hauruck-Modernisierung zu, die viele überforderte. Es war, als hätte Martin Luther den Deutschen im späten Mittelalter die Frauenemanzipation, eine multikulturelle Gesellschaft und das Fernsehen mit 20 Kanälen gleichzeitig zugemutet. Bald nach Atatürks Tod wurde deutlich, dass seine Reformen nicht alle Bevölkerungsschichten, sondern vor allem den Mittelstand in Istanbul überzeugt hatten. Die Bevölkerung in den weiten ländlichen Gebieten war traditionell islamisch geblieben, arm und kaum gebildet. Ethnische Minderheiten wie die Kurden, die im Unabhängigkeitskrieg noch seine Kampfgenossen waren, gingen in dem neuen türkischen Nationalismus unter. Anders, als es Atatürk geplant hatte, war die Türkei nicht Teil des aufgeklärten Westens geworden.

Dennoch konnte sich die Türkei auf der Basis von Atatürks Vorarbeit Ende des 20. Jahrhunderts zu einem aufstrebenden Schwellenland entwickeln. Heute steht sie mit einem Pro-Kopf-Bruttoinlandsprodukt von 10 666 US-Dollar besser da als die viel gepriesenen BRICS-Staaten China, Indien oder Südafrika und auch besser als die EU-Mitglieder Bulgarien und Rumänien.[41] Die Türkei ist in vielerlei Hinsicht moderner als die arabischen Länder und gemessen am Bruttoinlandsprodukt die siebzehntgrößte Volkswirtschaft der Welt. Zudem gilt sie, bei aller berechtigten Kritik an den politischen Verhältnissen, als demokratischster Staat im muslimischen Westasien.

Allerdings besitzt auch die Türkei keine Garantie auf weitere Erfolge. So hat sich das Wirtschaftswachstum in der jüngeren Vergangenheit deutlich reduziert. Viele Menschen sind nach wie vor in dem großen informellen Sektor, als Straßenhändler oder Müllsammler, oder in Kleinstbetrieben beschäftigt, wo die Produktivität besonders niedrig ist. Das Bildungssystem erreicht zwar alle jungen Menschen, und rund die Hälfte aller jungen Frauen hat zumindest einen unteren Sekundarabschluss; 13 Prozent verfügen sogar über einen Hochschulabschluss, aber die Qualität der Ausbildung gilt oft als unzureichend.[42] Im Jahr 2012 waren von den 20- bis 64-jährigen Personen gerade einmal 53 Prozent erwerbstätig.[43] Insbesondere Frauen gehen selten einer bezahlten Beschäftigung nach.[44] Die Türkei bleibt damit deutlich unter ihren Möglichkeiten und hat den Anschluss an dynamischere Schwellenländer verloren.

Mittlerweile versucht der türkische Präsident Recep Tayyip Erdogan zudem, den allseits verehrten Staatsgründer Atatürk zu entzaubern und das Rad der Geschichte zurückzudrehen. Erdogan sieht sich als Verteidiger des traditionellen Islam und klassischer Werte: Nach seiner Vorstellung sollen Schüler wieder das alte Osmanisch lernen, das mit arabischen Schriftzeichen geschrieben wurde. Ab der ersten Klasse wünscht er sich einen sunnitischen Islamunterricht, obwohl längst nicht alle Türken dieser Glaubensrichtung anhängen. Rechte von Frauen und ethnischen und religiösen Minderheiten werden zunehmend eingeschränkt.[45]

Ob die Rückbesinnung auf das alte Osmanisch in einer Zeit, da es den jungen Türken eher an Fremdsprachenkenntnissen mangelt, eine zukunftweisende Entscheidung ist, sei dahingestellt. Ebenso fraglich ist, ob sich die Säkularisierung der Gesellschaft durch eine politisch verordnete Rückbesinnung auf »klassische Werte« verhindern lässt. Aufgrund des wachsenden Wohlstandes und der besseren Bildung ist auch in der Türkei etwas geschehen, was überall auf der Welt mit der sozioökonomischen Entwicklung einhergeht: Das Land hat sich in der jüngeren Vergangenheit demografisch rasant verändert. Während die Türkinnen zwischen 1950 und 1955 im Schnitt noch 6,6 Kinder bekamen, ist die Fertilitätsrate heute bereits unter 2,1 gefallen. Dies ist ein klares Zeichen für ein gestiegenes Selbstbewusstsein der jungen (insbesondere der weiblichen) Bevölkerung, die dank der besseren Bildung neue Chancen sieht und ihr Schicksal selbst in die Hand nehmen will. Die Türkei ist damit bereits viel »moderner«, als es der Präsident wahrhaben möchte.

Iran – moderne Gesellschaft unter der Fuchtel der Mullahs

Noch weiter entwickelt ist in diesem Sinne der Iran, der östliche Nachbar der Türkei. Die Islamische Republik, in der die Religion offiziell im Zentrum der Politik steht, hat in den letzten Jahrzehnten eine enorme, im Westen kaum beachtete soziale Entwicklung durchgemacht: Von den 1980er Jahren an erlebte das Land den schnellsten Fertilitätsrückgang der Menschheitsgeschichte. Binnen einer Generation sank die Zahl der Kinder je Frau von über sieben auf unter zwei. Selbst während des gesellschaftlichen Aufschwungs auf der Insel Mauritius (siehe Kapitel 3) ging das nicht so schnell. Wie dort waren auch im Iran die Motoren der Veränderungen Familienplanungsprogramme und steigende Bildungswerte der Frauen, und zwar auch in ländlichen Gebieten. Um das damals extrem hohe Bevölkerungswachstum zu begrenzen, hatten die Nachfolger des Revolutionsführers Khomeini unter dem Slogan »Weniger Kinder, besseres Leben« im Jahr 1989 zur Selbstbeschränkung bei der Familiengröße aufgerufen. Der Staat stellte gratis Verhütungsmittel zur Verfügung und investierte in ein landesweites Gesundheitssystem. Paare mussten an Familienplanungskursen teilnehmen, anderenfalls erhielten sie keine Lizenz zum Heiraten. Daneben warb die Regierung für die Bildung von Jungen und Mädchen, besonders in den entlegenen ländlichen Regionen.

Heute haben im Iran lediglich 31 Prozent aller erwachsenen Frauen über 25 keinen Grundschulabschluss; betroffen sind überwiegend die höheren Jahrgänge, denen ein Schulbesuch in der Kindheit vorenthalten wurde. Zum Vergleich: In Ägypten liegt dieser Anteil bei 47 Prozent. Die Zahl der Studenten hat sich seit 1979 von rund 100 000 auf über 2 Millionen erhöht. 70 Prozent aller Studenten der Natur- und Ingenieurwissenschaften an iranischen Universitäten sind Frauen.[46]

Bildung und Wissenschaft hatten im Iran schon einen hohen Stellenwert, als das Land noch unter der Bezeichnung »Persien« firmierte. Im Mittelalter arbeiteten hier die angesehensten Astronomen, Mediziner und Mathematiker. Heute steuert der Iran ein Drittel aller wissenschaftlichen Publikationen aus dem gesamten Nahen Osten und Nordafrika bei. Die Wertschätzung von Bildung zeigt sich auch an den wissenschaftlichen Ergebnissen, etwa in Form von Patenten: So verbuchte der Iran im Jahr 2013 fast doppelt so viele Patentanmeldungen (3 416) wie die gesamte arabische Welt zusammen und war das einzige Land der Region, das sich einigermaßen mit der Hightech-Nation Israel (4 789 Patentanmeldungen) messen konnte.[47] Dies ist der Grund dafür, dass Israel in dem 1 500 Kilometer entfernten Iran eine viel größere Bedrohung sieht als in den Islamisten von Al Kaida oder dem »Islamischen Staat«, die in direkter Nachbarschaft ihren Terror entfalten. Während die »Gotteskrieger« nur mit gestohlenem Kriegsgerät in den Kampf ziehen können, keine Forschungslabors betreiben und meilenweit von wissenschaftlicher Innovationskraft entfernt sind, besitzt der Iran die technische Fähigkeit, komplizierte Waffensysteme, bis hin zu Atomraketen, zu entwickeln und zu bauen.

Die Geschichte Irans war im letzten Jahrhundert immer wieder durch zwei eher gegensätzliche Ansätze geprägt: Zum einen gab es mehrere Versuche, sich für die westliche Moderne zu öffnen, zum anderen zeigte sich das Bedürfnis, strenge religiöse Traditionen zu bewahren. Eine Öffnung wäre heutzutage problemlos möglich, denn mit den Fähigkeiten der Menschen ließe sich rasch eine friedliche, wirtschaftlich erfolgreiche Gesellschaft aufbauen. Doch die geistliche Elite des Landes sieht das vermutlich anders. Derzeit hat es den Anschein, als sei die Regierung unter dem Präsidenten Hassan Rohani von der gesellschaftlichen Entwicklung überfordert und versuche, ähnlich wie in der Türkei, das Rad zurückzudrehen: So haben die Machthaber in Teheran jüngst die Zuzahlungen für Verhütungsmittel gekürzt und die Teilnahme von Frauen an insgesamt 77 Studiengängen verboten. Theoretisch jedenfalls wäre mit dem hohen Bildungsstand der Bevölkerung das Potenzial für einen gesellschaftlichen Modernisierungs- und Demokratisierungsprozess vorhanden.[48]

Bangladesch – trotz Armut weiter entwickelt als das Bruderland Pakistan

Weitaus düsterer sieht es in Sachen Bildung und Wissenschaft in den beiden Nachbarländern des Iran, in Pakistan und Afghanistan, aus. In Pakistan haben 68 Prozent der erwachsenen Frauen keine abgeschlossene Grundschulbildung. Für Afghanistan gibt es keine verlässlichen Daten zur Bildung, aber die Lage ist vermutlich noch problematischer. Pakistan ist in einem fatalen Kreislauf aus unfähigen, korrupten Regierungen und Oppositionsbewegungen gefangen, die sich schnell radikalisieren. Die weit verbreitete Unbildung bietet einerseits den Nährboden für den radikalen Islamismus – andererseits blockieren die Islamisten den Zugang zu Schulen und Universitäten, vor allem für Mädchen und Frauen. Anschläge wie gegen die Schülerin Malala Yousafzai sind an der Tagesordnung. Schätzungen zufolge sind in Pakistan zwischen 2003 und 2015 rund 60 000 Menschen Opfer von Terror und Gewalt geworden.[49]

Welchen Einfluss Bildung und Gleichberechtigung von Frauen auf die Entwicklung haben, zeigt sich in einem Vergleich der muslimischen Länder Pakistan und Bangladesch. Beide Länder teilen nicht nur eine gemeinsame Geschichte, Religion und Kultur, sie bildeten bis 1971 auch einen gemeinsamen Staat. In beiden Landesteilen waren damals sechs bis sieben Kinder je Frau die Norm und die Bevölkerung wuchs in einem Tempo, das die Zahl der Menschen in etwa 24 Jahren verdoppelt hätte.

Nach einem mörderischen Unabhängigkeitskrieg stand Bangladesch, das vormalige Ostpakistan, als eines der ärmsten Länder der Welt da und galt als hoffnungsloser Fall der Entwicklungspolitik: Das Land zählte schon 1980 fast 110 Millionen Einwohner, war der am dichtesten besiedelte Flächenstaat der Welt, aber gerade einmal doppelt so groß wie der deutsche Bundesstaat Bayern. Es ragt in weiten Teilen nur wenige Meter aus dem Meer, wird regelmäßig von den Monsunfluten des Ganges und des Brahmaputra überflutet und immer wieder von gewaltigen Wirbelstürmen heimgesucht. Für jeden Einwohner verfügt Bangladesch über eine Landwirtschaftsfläche, die nicht größer ist als ein besseres deutsches Einfamilienhausgrundstück. Die Frage der Existenzfähigkeit Bangladeschs war seit Staatsgründung an die Frage gekoppelt, wie sich das Bevölkerungswachstum reduzieren ließe.

Deshalb begannen Entwicklungsorganisationen, mit ausdrücklicher Unterstützung der bengalischen Regierung, sich früh um Schulen, Gesundheitsdienste, Familienplanung und Mikrokreditprogramme für Frauen zu kümmern. Die Erfolge waren beeindruckend: Heute verwenden bengalische Frauen Verhütungsmittel in einem Ausmaß, wie es ihre Geschlechtsgenossinnen in Belgien oder Frankreich tun. Die durchschnittliche Kinderzahl je Frau ist mittlerweile auf 2,2 gesunken und hat damit fast den Wert erreicht, bei dem eine Bevölkerung mittelfristig ihr Wachstum einstellt. Wurden vor der Unabhängigkeit die meisten jungen Menschen als Analphabeten ins Leben entlassen, konnten schon 2009 praktisch alle Kinder zumindest die Grundschule besuchen. Spezielle Programme für arme Familien machten es möglich, dass auch deren Kinder zur Schule gehen konnten. 1994 lancierte die Regierung ein Programm zur Sekundarbildung von Mädchen, unter anderem, um sie fit für den Lehrer- und Arztberuf zu machen und um sie durch die längere Ausbildung vor früher Verheiratung zu schützen.[50]

Mittlerweile ist die Benachteiligung von Mädchen im Bildungsbereich komplett verschwunden. Mädchen besuchen jetzt sogar häufiger als Jungen eine weiterführende Schule. Und davon profitiert die ganze Gesellschaft, denn Frauen mit weniger Kindern und besserer Ausbildung gehen häufiger einer bezahlten Erwerbsarbeit nach. Das erhöht die Familieneinkommen und den sozialen Stellenwert der Frauen, sodass sie mehr Mitsprache bei Entscheidungen erlangen – unter anderen, wenn es um die Kinderzahl geht. Bangladesch hat den Kreislauf der Armut gegen jenen der erfolgreichen Entwicklung eingetauscht.

Doch was in Bangladesch funktioniert, lässt sich in Pakistan nur schwer umsetzen. Dort wehrten sich religiöse Führer von Anfang an gegen Familienplanung. Verhütungsmittel fanden nur zögerlich eine Verwendung. Alles, was Bangladesch unternommen hat, um die Armut zu bekämpfen, folgte in Pakistan später, mit weniger Elan und häufig gegen innere Widerstände. Zwar sind pakistanische Kinder gesetzlich verpflichtet, eine Grundschule zu besuchen, dennoch sehen fast 20 Prozent der Mädchen nie eine Schule von innen. Insgesamt steckt die Regierung deutlich weniger Geld in das Bildungssystem als in Bangladesch. Frauen über 15 Jahre sind noch heute zu 60 Prozent Analphabetinnen. Der gesamte Entwicklungsrückstand und insbesondere die Benachteiligung von Frauen spiegelt sich wie andernorts auch in der Kinderzahl je Frau: Sie liegt in

Pakistan mit 3,8 deutlich über dem Wert von Bangladesch. Unter den größeren asiatischen Ländern sieht es nur in Afghanistan noch schlechter aus.

Bangladesch ist zwar alles andere als ein stabiles, geordnetes, demokratisches oder sicheres Land mit guten Arbeitsbedingungen für alle. Zudem ist es nach wie vor deutlich ärmer als Pakistan, mit einem Pro-Kopf-Einkommen, das um ein Drittel unter dem pakistanischen Wert liegt. Aber die bengalische Wirtschaft wächst deutlich schneller als die pakistanische, und das Land am Golf von Bengalen ist nach vielen Kriterien wie Bildung, Fertilitätsrate, Gleichberechtigung der Geschlechter oder Jobmöglichkeiten eindeutig moderner. Das zeigt sich vor allem am wichtigsten Querschnittindikator für menschliches Wohlbefinden – der Lebenserwartung: Sie liegt in Bangladesch um fünf Jahre höher als in Pakistan.

Aufgrund der gehemmten Entwicklung dürfte die Bevölkerung in Pakistan weiter stark wachsen: von heute 200 auf 314 Millionen bis ins Jahr 2075, unter schlechten Bedingungen sogar auf 450 Millionen, mit allen Problemen, die damit verbunden sind. Bangladesch hingegen erlebt bereits heute ein Abklingen des Bevölkerungswachstums und kann ab 2050 mit einem erlösenden Rückgang seiner Einwohnerzahlen rechnen. Das Land hat einen Bildungsstand erreicht, der es für den Aufstieg in die Klasse der Tigerstaaten qualifiziert. Das von inneren Konflikten zerrüttete Pakistan hingegen läuft Gefahr, sich im Kampf der Bildungskulturen zu zerreiben und zu einem gescheiterten Staat zu werden.

Indonesien und Malaysia – islamische Erfolgsgeschichten

Noch weiter im Südosten des asiatischen Kontinents schließlich liegen zwei islamisch geprägte Länder, die überhaupt nicht dem gängigen Vorurteil »Muslime verhindern Entwicklung« entsprechen: Malaysia und Indonesien. Indonesien ist mit über 250 Millionen

Einwohnern auf einer Fläche, halb so groß wie die Europäische Union, ein demografisches Schwergewicht und das Land mit der größten muslimischen Bevölkerung der Welt. Beide Staaten entwickeln sich auf dem typischen Pfad der asiatischen Tiger, also zunächst angeführt von mehr oder weniger autoritären Regimen, die mit erheblichen Investitionen in Bildung und Arbeitsplätze eine Modernisierung vorantreiben und dann später freiwillig oder unfreiwillig gewählten Regierungen Platz machen. Binnen einer Generation haben beide Länder die weit verbreitete Armut hinter sich gelassen und sind zu sogenannten Middle-Income-Schwellenländern aufgestiegen. Sie sind weitgehend industrialisiert, vermelden eine hohe Lebenserwartung und bieten ihren Bürgern einen universellem Zugang zu allen Bildungssystemen. In Indonesien haben heute 68 Prozent der jungen Frauen zwischen 15 und 44 Jahren einen der Realschule entsprechenden Bildungsabschluss, in Malaysia sind es sogar 93 Prozent.

Vor allem Malaysia steht für einen stabilen, anhaltenden Aufschwung. Das Land ist mittlerweile die drittstärkste Volkswirtschaft Südostasiens – und das, obwohl die beiden Führenden, Indonesien und Thailand, achtmal respektive doppelt so viele Einwohner haben. Malaysia verfolgt dabei keineswegs ein rein westliches Wirtschaftsmodell, sondern nutzt die Glaubensgrundsätze des Islam, um sich zu entwickeln: Das Land gilt als einer der wettbewerbsfähigsten Märkte in Sachen islamischer Finanzdienstleistungen.[51] Diese weltweit wachsende Geldwirtschaftssparte orientiert sich an Regeln des Korans, die Zinserträge und Spekulationen verbieten und durch Gewinnbeteiligungen oder Gebühren ersetzen: »Diejenigen, die Zins nehmen, werden dereinst nicht anders dastehen als einer, der vom Satan erfasst und geschlagen ist«, heißt es in Sure 2, Vers 275. Diese Art der Finanzwirtschaft hat durchaus ihre Vorteile. Vielleicht hätten ihre Grundsätze, wären sie auch im Westen befolgt worden, die letzte große Finanzkrise verhindern können.

Ein Blick auf die Landkarte der islamischen Welt zeigt, dass die Entwicklungschancen der einzelnen Länder umso größer sind, je weiter sie vom spirituellen Zentrum der Religion im saudi-arabischen Mekka entfernt liegen. Das gilt für Tunesien und Marokko im Westen genauso wie für Indonesien und Malaysia im Osten. Diese Länder sind am besten davor geschützt, in die Falle von religiösem Fundamentalismus, Unbildung und gesellschaftlichem Stillstand zu tappen. Es ist also keineswegs der islamische Glaube, der sich für bestimmte Länder als Entwicklungshemmnis erweist, sondern es sind die politischen und religiösen Institutionen, die mit dem Argument der Religion für soziale Ungerechtigkeit sorgen und die Menschen daran hindern, frei und eigenverantwortlich ihr Glück zu suchen.

Überall, wo uninspirierte Regierungen und fanatische Religionskommissare an der Macht sind, die an der Bildung der breiten Bevölkerung und insbesondere der Frauen keinerlei Interesse haben, stagniert die Entwicklung und es verschärfen sich angesichts des Bevölkerungswachstums die Krisen. Wo Frauenbildung zugelassen oder sogar gefördert wird, stehen die Zeichen eher auf Wohlstand und Frieden.

5

AFRIKA UND INDIEN: ZWEI GROSSE UNBEKANNTE

Von enormen Bildungsdefiziten und einem bedrohlichen Bevölkerungswachstum

Am Beispiel der Länder, die sich von einem niedrigen Entwicklungsstand aus innerhalb weniger Jahrzehnte zu wohlhabenden Gesellschaften hocharbeiten konnten, haben wir gesehen, dass es zunächst eine Basisbildung in weiten Teilen der Bevölkerung brauchte – Bildung für alle –, bevor sich der wirtschaftliche Erfolg einstellte. Nie war es umgekehrt, weder in Finnland oder Mauritius noch in Singapur oder Südkorea. Wir haben auch gesehen, wie die arabische Welt durch das jahrhundertelange Verbot des Buchdrucks zurückgeworfen wurde und ihren einstigen Wissensvorsprung verloren hat. Aber es gibt auch noch jene Teile der Welt, die ganz am Anfang ihrer Entwicklung stehen und in denen ein Großteil der Bevölkerung noch nie in den Genuss einer Basisbildung gekommen ist. Die meisten dieser Länder liegen in Afrika, und nicht zufällig sind das auch nach wie vor die ärmsten der Welt. Südasien ist eine andere Problemzone. Dort gibt es zwar eine lange Tradition intellektueller Eliten, doch weil lange Zeit viele Menschen von der Alphabetisierung ausgeschlossen blieben, sind nach wie vor große Teile der Gesellschaft marginalisiert, etwa in Indien.

Dort leben heute noch 264 Millionen Analphabeten, so viele wie sonst in keinem anderen Land der Welt. Diese Zahl entspricht der Hälfte der EU-Bevölkerung. In den südlich der Sahara gelegenen

Staaten Afrikas können rund 200 Millionen Menschen nicht lesen und schreiben, und davon sind 59 Prozent Frauen.[1] 30 Millionen Kinder im Schulalter erhalten keinen Unterricht und werden aller Voraussicht nach auch künftig keine Chance dazu bekommen. In West- und Zentralafrika gilt das für fast ein Drittel aller Mädchen – die Mütter von morgen.[2] Über den ganzen afrikanischen Kontinent verteilt haben nur 40 Prozent der jungen Frauen eine untere Sekundarbildung, sind also zumindest bis zum Alter von 14 bis 15 Jahren in die Schule gegangen. In Europa liegt dieser Wert bei 96 Prozent, in China bei 85 Prozent.

Es ist kein Zufall, dass die armen Länder Afrikas auch jene mit der niedrigsten Lebenserwartung und dem höchsten Bevölkerungswachstum sind. Letzteres bedeutet eine gewaltige Herausforderung: Die Länder müssen ihrer heutigen Jugend jene Bildungsmöglichkeiten bieten, die sie fit machen für die globalisierte Welt im 21. Jahrhundert, in der sich die Länder immer mehr zu Wissensgesellschaften wandeln. Sie müssen darüber hinaus ihre Bildungsangebote massiv ausweiten, denn die Zahl der jungen Menschen wächst in den meisten Regionen Afrikas rapide.

Im Afrika südlich der Sahara ist heute knapp ein Drittel der Bevölkerung zwischen 3 und 15 Jahre alt, also in dem Alter zwischen Vorschule und mittlerem Bildungsabschluss. Insgesamt sind das 317 Millionen Kinder und Jugendliche. 2030, also in anderthalb Jahrzehnten, werden es bereits rund 424 Millionen sein. Zum Vergleich: In der EU sind lediglich 63 Millionen beziehungsweise ein Achtel aller Menschen in dieser Altersgruppe. Die ohnehin wesentlich reicheren Europäer können also deutlich mehr Geld in die Bildung ihrer Jugend stecken, ohne sich finanziell zu verausgaben. In Afrika würde ein angemessener Bildungsetat die meisten Staaten überfordern, denn aus eigener Kraft können sie unmöglich genug Schulgebäude bauen, ausreichend Lehrmaterial produzieren und all jene Lehrer auszubilden, die für einen hochwertigen Unterricht notwendig wären.

Ein Beispiel für dieses Dilemma ist Niger, jenes westafrikanische Land, das mit seinem Rekordbevölkerungswachstum für jeden schlechten Vergleich innerhalb Afrikas herhalten muss. Das Land steht vor der Herausforderung, bis 2030 eine Schulbildung für 6 Millionen zusätzliche Kinder zu ermöglichen sowie für jene 4 Millionen Kinder, die heute gar keine Schule besuchen.[3] Niger hat aber nur 10 Millionen Menschen im Erwerbsalter; die meisten von ihnen sind Subsistenzbauern oder andere Beschäftigte im informellen Sektor, also Personen, die dem Staat gar keine Steuern einbringen. Die Pro-Kopf-Wirtschaftsleistung in Niger liegt gerade einmal bei umgerechnet 440 US-Dollar pro Jahr.

Wie soll der arme Staat am Südrand der Sahara seine Bildungsaufgaben alleine stemmen und auch noch Gesundheitsdienste finanzieren? Wie soll er Straßen bauen, eine Verwaltung organisieren und nebenbei das Militär bezahlen, das zur Abwehr der Boko-Haram-Terroristen aus dem benachbarten Nigeria notwendig ist? Möglich wäre all dies nur, wenn die internationale Gemeinschaft weitaus mehr Geld als heute für Bildung und andere Versorgungsleistungen bereitstellen würde. Nur so ließe sich verhindern, dass noch mehr Menschen in Armut und Hoffnungslosigkeit abgleiten, dass sich Boko Haram und IS weiter ausbreiten und dass Afrikas Flüchtlingsströme noch stärker anschwellen. Nur auf diesem Weg ließe sich die Lage langfristig stabilisieren. Doch bisher spricht nichts dafür, dass die Entwicklungszusammenarbeit diesem Problem die notwendige Priorität gäbe geschweige denn bereit wäre, die nötigen Mittel für dessen Bewältigung aufzubringen.

Auf- oder Abstieg?

Die düsteren Nachrichten prägen die Diskussion über Afrika seit langer Zeit. Sie stehen in krassem Widerspruch zu den Wachstums- und Erfolgsgeschichten, die seit einigen Jahren über Afrika kursieren. Beratungsfirmen wie McKinsey oder Roland Berger feiern den Kontinent als Hort eines neuen Wirtschaftswunders. Marktforscher sprechen vom Aufstieg einer afrikanischen Mittelschicht und von gigantischen Absatzmärkten.[4] Zählte die Afrikanische Entwicklungsbank 1980 lediglich 126 Millionen Menschen auf dem afrikanischen Kontinent zu dieser Klasse von Konsumenten, die pro Tag umgerechnet zwischen 2 und 20 US-Dollar ausgeben, waren es 2011 schon fast 350 Millionen. Das ist rund ein Drittel aller Afrikaner. Bis 2060 rechnet die Bank mit 1,1 Milliarden Mittelschicht-Afrikanern, was dann knapp die Hälfte der mehr als doppelt so großen Bevölkerung wäre.[5] Nirgendwo wächst die Zahl der Dollar-Millionäre schneller als in Afrika. Allein in Äthiopien hat sich die Zahl der so Reichen zwischen 2007 und 2014 mit 2700 Personen mehr als verdoppelt.[6] Die Forbes-Liste verzeichnet mittlerweile 55 Dollar-Milliardäre in Afrika.[7]

Tatsächlich sprechen viele ökonomische Kennziffern für Afrika: Die Investitionsbedingungen haben sich deutlich verbessert. Mittlerweile strömen jährlich 50 Milliarden US-Dollar ausländisches Investitionskapital nach Afrika – das ist mehr, als der Kontinent über die internationale Entwicklungshilfe bekommt. Trotz der Ebolakrise wuchs Westafrikas Wirtschaft 2014 um 6 Prozent.[8] Trotz der aktuellen Schwäche der Weltwirtschaft erreicht Afrika seit 2000 ein Wirtschaftswachstum von durchschnittlich 5 Prozent im Jahr. Einzelne Länder, wie das rohstoffarme Äthiopien, das sein Volkseinkommen nicht über Öl, Gold oder Diamanten erwirtschaften kann, kommen gar auf das doppelte Wachstum. 2014 fanden sich unter den Top 20 der Länder, die mehr als 7 Prozent Wirtschaftswachstum erzielten, neun afrikanische, darunter überraschende Kandidaten wie Tschad, Sierra Leone und Südsudan.[9] Der Anteil der extrem armen Afrikaner, die von weniger als 1,25 US-Dollar am Tag leben müssen, sinkt kontinuierlich. Und zwischen 2000 und 2008 ist der Anteil der Jugendlichen, die einen sekundaren Bildungsabschluss erreichen, um 50 Prozent gestiegen.[10]

Doch diese positiven Meldungen sind schwer zu bewerten. Das Wachstum findet auf sehr niedrigem Niveau statt. Auch wenn die Mittelschicht wächst und die Armutsrate sinkt, gelten immer noch 40 Prozent aller Afrikaner als extrem arm.[11] Durch das hohe Bevölkerungswachstum hat sich die *absolute Zahl* der extrem Armen in manchen Ländern sogar erhöht. So gibt es in Niger, wo der *Anteil* dieser Bevölkerungsgruppe insgesamt gesunken ist, im Jahr 2015 rund 700 000 mehr Menschen in extremer Armut als 1990.[12] Die Lage wird sich weiter verschärfen, denn die nigrische Bevölkerung dürfte sich bis 2050 noch einmal fast vervierfachen. Vor allem 15- bis 24-Jährige, die überall in Afrika unter einer sehr hohen Jugendarbeitslosigkeit leiden, leben unter der Armutsschwelle.

Eine wachsende junge Bevölkerung im Erwerbsalter kann von großem wirtschaftlichem Nutzen sein, wie die Tigerstaaten Asiens bei ihrem Aufstieg gezeigt haben. Voraussetzung dafür sind ausreichende Jobs und die dafür notwendigen Qualifikationen. Doch in Afrika trifft das Bevölkerungswachstum auf einen Arbeitsmarkt, der schon heute unter immensem Druck steht. Weil es so schwer ist, eine ordentlich bezahlte Arbeit zu finden, halten sich die meisten Afrikaner mit Subsistenzlandwirtschaft oder Gelegenheitsjobs über Wasser. In dieser Ausgangslage drängen zwischen 2010 und 2050 allein im Afrika südlich der Sahara 830 Millionen zusätzliche junge Menschen auf den Arbeitsmarkt, im Schnitt also über 20 Millionen pro Jahr. Zwei Drittel des weltweiten Zuwachses an potenziellen Arbeitskräften stammen bis 2050 aus Afrika.

Ob Afrikas Wirtschaft so stark wächst, dass all die vielen jungen Menschen Arbeit finden, ist die große Frage. Sie hängt unter anderem von der politischen Stabilität der einzelnen Länder ab. Diese wiederum steht und fällt damit, wie gerecht sich das Wirtschaftswachstum auf die gesamte Bevölkerung verteilt. Aber auch in diesem Punkt schneidet Afrika besonders schlecht ab. Das Wirtschaftswachstum in vielen afrikanischen Ländern beruht wesentlich auf dem Verkauf von Rohstoffen. Davon profitieren im Allgemeinen nur bestimmte Teile der Bevölkerung, und die Einnahmen sind stark von der Weltkonjunktur abhängig. Die deutlich gesunkenen Weltmarktpreise für Erdöl, Platin und Mineralien haben Länder wie Nigeria, Sambia oder Angola bereits massiv getroffen, gefährden Staatsfinanzen und Stabilität und bedrohen den armen Teil der Bevölkerung am stärksten.[13]

Die Hälfte aller afrikanischen Haushalte verfügt nicht einmal über einen Stromanschluss. Der wäre unter anderem wichtig, um kleine Unternehmen zu gründen und den Anteil des produzierenden Gewerbes zu vergrößern. Aus Afrika kommen gerade einmal 2,5 Prozent der globalen Wirtschaftsleistung und nur 1 Prozent der Industriegüter – Tendenz fallend. Der Anteil des produzierenden Gewerbes an der Gesamtwirtschaft hat sich seit 1970 nicht verändert. Sogar Südafrika, das einzige Industrieland des Kontinents und Mitglied im Club der aufstrebenden BRICS-Staaten, erlebt seit einigen Jahren einen Verlust an Industriearbeitsplätzen. Hinzu kommt, dass die für viele afrikanischen Länder wichtige Tourismusindustrie unter der politisch unsicheren Lage und unter der wachsenden Zahl an Terroranschlägen leidet.[14]

Im Human Development Index, dem Entwicklungsindikator der Vereinten Nationen, finden sich in der untersten der vier Kategorien, die mit »niedrige menschliche Entwicklung« überschrieben ist, 33 Staaten aus Subsahara-Afrika. Nur neun dieser sehr rückständigen Länder liegen in anderen Weltregionen. Umgekehrt schaffen es nur zehn Staaten der Region in die Kategorie mit einer mittleren Entwicklung (darunter Südafrika, Botswana und Namibia, aber auch Ghana und die Republik Kongo) und nur zwei (Seychellen und Mauritius) weisen einen hohen Entwicklungsstand auf.[15] Afrika südlich der Sahara ist eine der wenigen Weltregionen, welche die Millennium-Entwicklungsziele (MDGs) weitgehend verfehlt haben.[16]

Das alles trägt kaum dazu bei, die Zufriedenheit der Bewohner Afrikas zu steigern. Aus der Enttäuschung erwachsen öffentliche Proteste, die sich wie im Arabischen Frühling zu Unruhen ausweiten können. Der Hauptgrund für den Aufruhr sind unzureichende Einkommensmöglichkeiten, schlechte Arbeitsbedingungen und eine mangelnde Qualität öffentlicher Leistungen.[17] Schlechte Regierungsführung, ein desolater Arbeitsmarkt und soziale Unruhen führen dann leicht in einen Abwärtsstrudel aus politischen, religiösen und ethnischen Konflikten, in dem einige Länder des afrikanischen Kontinents gefangen sind. Dort liegen im weltweiten Vergleich die meisten gescheiterten Staaten, allen voran Südsudan, Somalia, Zentralafrikanische Republik, Sudan und die Demokratische Republik Kongo.[18] Als »gescheitert« gelten Staaten, die ihren Bürgern Sicherheit, Wohlfahrt und Rechtssicherheit nicht mehr garantieren können.[19] Andere Länder sind trotz ihrer positiven wirtschaftlichen Entwicklung gefährdet und können jederzeit Rückschläge erleiden, etwa Mali, Nigeria oder Kenia. Es braucht schon eine sehr große Portion Optimismus, um von einem »Africa Rising« zu sprechen, dem der britische Economist 2013 eine große Titelgeschichte gewidmet hat.[20]

Ein Grund für die schwierige Lage, möglicherweise der wichtigste, ist Afrikas mangelndes Humanvermögen. In den meisten Regionen reichen der Bildungs- und Gesundheitsstand sowie die beruflichen Fähigkeiten der Menschen einfach nicht aus, um im globalen Maßstab wettbewerbsfähig zu werden. Deshalb halten sich Industrieunternehmen nach wie vor zurück, wenn es darum geht, Fertigungsanlagen aufzubauen und Arbeitsplätze zu schaffen. Obwohl die Pro-Kopf-Einkommen in Afrika die niedrigsten der Welt sind, gelten die Löhne für gut ausgebildete Arbeitskräfte und die Arbeitskosten im internationalen Vergleich als zu hoch – aus dem einfachen Grund, dass das Personal für die entlohnte Arbeit nicht qualifiziert genug ist.[21]

Bildung nur für Minderheiten

Afrika hatte bei der globalen Bildungsrevolution mit Sicherheit den schwersten Start. Zwar nahm die Entwicklung der Menschheit und auch jene des *Homo sapiens* in Afrika ihren Anfang. Dort haben sich einst auch Hochkulturen entwickelt: Man denke an das Königreich von Aksum im heutigen Äthiopien, dessen Herrscher ihre Herkunft auf den biblischen König Salomon zurückführen; an das Königreich von Ghana, das im 11. Jahrhundert die Handelswege durch die Sahara kontrollierte; oder an die Reiche der Nuer, Dinka oder Azande, die entlang dem Nil entstanden. Afrika war also keineswegs, wie die frühen Kolonialforscher dachten, ein geschichtsloser Kontinent. Der Hamburger Afrikaforscher und Historiker Heinrich Barth (1821–1865) machte nach dem Studium afrikanischer Chroniken und nach seinen Expeditionen als einer der Ersten auf die reiche Vorgeschichte des Kontinents aufmerksam.[22]

Doch anders als in der arabischen Welt entstanden in Afrika südlich der Sahara keine Hochkulturen, die zum globalen Wissensschatz beitragen konnten. Außer in Äthiopien gab es jenseits der arabisch geprägten Siedlungsgebiete keine wesentliche Schriftsprache, auf deren Basis sich Wissen hätte anreichern und weiterverbreiten können. Die arabische Kultur hatte sich zwar lange vor der Kolonialzeit bis weit über die Sahara ausgedehnt und entlang den Karawanenwegen eine vorkoloniale Lese- und Schreibtradition begründet. Aber diese Art von Bildung war, wie im Mittelalter vor der Zeit Martin Luthers, stets eine Sache von Eliten; nie konnte die breite Bevölkerung daran teilhaben.

Was immer es an elitären Bildungskulturen in Afrika gegeben hat, die Kolonialmächte haben diese eher zerstört als weiterentwickelt. Eine Bildung der Massen war für die Kolonialherren nicht von Interesse. Das änderte sich erst, als sich die Missionsschulen ausbreiteten und klar wurde, dass die ersten Staaten in die Unabhängigkeit entlassen werden sollten. Weil in den Schulen aber nur der Nachwuchs lernen konnte, blieben bis 1970 zwei Drittel aller erwachsenen afrikanischen Männer und 85 Prozent der Frauen Analphabeten. Eine höhere Bildung an einer Universität, die zu einer Führungsposition in Politik oder Wirtschaft befähigt hätte, erreichten schätzungsweise 1 Prozent aller Frauen und 2 Prozent der Männer.

Dabei waren die Chancen der Menschen regional sehr unterschiedlich verteilt: In Äthiopien, dem einzigen afrikanischen Land, das nie vollständig kolonialisiert war und wo es nicht einmal Missionsschulen gab, waren 99 Prozent der Erwachsenen Analphabeten. Nicht viel besser sah es in den ehemaligen französischen, belgischen und portugiesischen Kolonien aus. In Senegal etwa hatten nur 5 Prozent aller Frauen eine Schule besucht. Etwas besser waren die britischen Kolonien aufgestellt: In Ghana hatten immerhin 19 Prozent der Frauen zumindest eine Grundschulbildung, in Kenia 34 und in Südafrika sogar 60 Prozent. Männer hatten bis 1970 durchweg einen besseren Zugang zu einer Basisbildung: Besonders groß waren die Unterschiede zwischen Männern und Frauen im muslimischen Nordafrika. In Ägypten hatten zumindest 35 Prozent der Männer ein paar Jahre die Schule besucht, hingegen nur 14 Prozent der Frauen.[23]

Lehrer als Staatsführer

Nur einige wenige Mitglieder der afrikanischen Oberschicht kamen in der Kolonialzeit in den Genuss einer höheren Bildung. Einige hatten schon vor dem Zweiten Weltkrieg die Befähigung zum Studium erlangt und dann meist eine europäische Hochschule besucht. Aus dieser Elite rekrutierte sich ein großer Teil der ersten Garnitur afrikanischer Präsidenten nach dem Ende der Kolonialzeit. Viele von ihnen waren politisch links zu verorten und hatten das ehrenwerte Ziel und die Hoffnung, ihren nahezu komplett ungebildeten Bevölkerungen den Weg in die Moderne zu ebnen.

Einer von ihnen war der Tansanier Julius Kambarage Nyerere (1922–1999), der am Ostende des Victoriasees geboren wurde und mit zwölf Jahren zum ersten Mal seinen stundenlangen Schulweg in den Ort Musoma unweit des späteren Nationalparks Serengeti zurücklegte. Die Lehrer der katholischen Missionsschule erkannten bald die Intelligenz des jungen Julius und sorgten dafür, dass er später an der Universität von Kampala ein Lehrerstudium aufnehmen konnte. Nyerere kam danach als erster tansanischer Student überhaupt an eine britische Universität. Im schottischen Edinburgh entwickelte er seine Idee eines Sozialismus, der sich am traditionellen Leben in afrikanischen Dörfern orientierte.[24]

Nyerere wurde 1960 zum ersten Ministerpräsidenten von Tansania gewählt, damals wie heute eines der ärmsten Länder der Welt. Ein Jahr später führte er sein Land in die Unabhängigkeit. Nyerere, der von seinen Landsleuten *Mwalimu* (Lehrer) genannte wurde, blieb über zwei Jahrzehnte an der Macht und ließ unter anderem die Farmen kollektivieren, sodass etwa 10 Millionen Bauern ihr privates Land aufgeben mussten. Das Experiment ging schief und die landwirtschaftliche Produktion brach zusammen. Nyerere, der im Unterschied zu vielen anderen afrikanischen Führern keinen Reichtum für sich oder seinen Clan zusammenraffte, brachte sein Land an den Rand des Ruins, ähnlich wie es Stalin in der Sowjetunion oder Mao Zedong in China mit ihrer Kollektivierung ergangen war.

Erfolgreicher war Nyerere mit seinen Bildungsreformen. Als Gegner der Elitenbildung, die seiner Auffassung nach nur dazu diente, wenigen Stadtbewohnern ein hohes Einkommen in bestimmten Wirtschaftsbereichen zu ermöglichen, versuchte er, seine Landsleute mit einer Basisbildung zu versorgen. Nicht nur Schüler, sondern auch analphabetische Erwachsene sollten davon profitieren und praktische Tätigkeiten erlernen. Tatsächlich gelang es unter dem Präsidenten Nyerere, den meisten Tansaniern das Lesen und Schreiben beizubringen. Bildung war für den Präsidenten ein Element der Befreiung. »Es ist sinnlos«, schrieb er in seiner berühmten Deklaration von Dar es Salaam, »wenn ein Bauer lernt, wie man am besten Sojabohnen anbaut, solange er nichts von dem Nährwert und den Vermarktungsmöglichkeiten der Bohnen weiß.«[25] Dennoch blieb die Bilanz von Nyereres Präsidentschaft dürftig: In den 23 Jahren seiner Amtszeit als Staatsoberhaupt hatte er sein Land weder wirtschaftlich noch sozial merklich vorangebracht.

Noch schlechter ist die Bilanz von Robert Mugabe, der seit 1980 die Geschicke von Simbabwe im Süden Afrikas leitet und mittlerweile der amtsälteste Staatspräsident der Welt ist. In der ehemaligen britischen Kolonie Rhodesien war er Schüler in einer katholischen Mission. Auch Mugabe wurde Lehrer und absolvierte später sieben verschiedene Universitätsstudiengänge, darunter Philosophie, Pädagogik, Rechts- und Wirtschaftswissenschaft. Die Anfangsjahre seiner Präsidentschaft waren von seinen sozialistischen Idealen geprägt; es wurden beispielsweise massiv Gesundheits- und Bildungsprogramme gefördert. Eine Spätfolge dieser Bemühungen: Simbabwe ist heute das Land mit einer der niedrigsten Analphabetenraten Afrikas. 87 Prozent der erwachsenen Bevölkerung können lesen und schreiben.[26] Doch auch Mugabe verlor irgendwann das Interesse am Gemeinwohl und ging den Weg vieler afrikanischer Potentaten. Mittlerweile liegt das Land wirtschaftlich darnieder und macht nur noch durch Korruption und Arbeitslosigkeit, durch Menschenrechtsverletzungen, Wahlfälschungen und Hyperinflation von sich reden.

Nyerere und Mugabe sind typische Beispiele für hoffnungsvolle Ansätze in Afrika, die im Chaos gescheitert sind. Die beiden sind auch ein Grund dafür, dass afrikanische Länder, wie der ganze Kontinent, immer wieder Phasen des Aufschwungs und der Hoffnung erlebt haben – dann aber schreckliche Rückschläge, die in Staatspleiten, Bürgerkriegen oder Hungersnöten endeten. Selten hat je ein Land südlich der Sahara eine Phase der Entwicklung erlebt, die so lange anhielt, dass sich eine gebildete breite Mittelschicht bilden konnte, eine vielfältige Wirtschaftsstruktur und eine politische Kultur, in der sich fähige und zielstrebige Regierungen im demokratischen Wechsel abgelöst haben.[27]

So galt Kenia in den 1960er und 1970er Jahren als das Land mit den besten Entwicklungschancen in Afrika. Hier hatten die britischen Kolonialherren vergleichsweise gute Startbedingungen hinterlassen. Die Machtübergabe verlief friedlich, das Rechtssystem war gefestigt, die Landwirtschaft florierte und das Land profitierte von den Handelsbeziehungen zu Europa sowie von ausländischen Investitionen. Doch in den 1990er Jahren kam der Hoffnungsträger unter der Führung von Präsident Daniel arap Moi unter die Räder. Moi, ursprünglich ebenfalls Lehrer und Schulleiter, hielt 24 Jahre an seinem Amt fest. Am Ende lähmten Korruption und ethnische Konflikte die Wirtschaft, der Export brach ein und die sozialen Standards verschlechterten sich. Kenias Anteil am Welthandel betrug 2005 die Hälfte des Wertes aus den frühen 1980er Jahren. Zwischen 1990 und 2002 sank die Lebenserwartung, auch wegen der starken Verbreitung von HIV/Aids, von 57 auf 45 Jahre. Der Anteil des Bruttoinlandsproduktes, der in die Bildung floss, ging zurück, die Einschulungsraten sanken.[28]

Aufgrund derartiger, sich immer wiederholender Rückschläge hinkt Afrika auch bei der demografischen Entwicklung hinterher. Das kontinuierliche sozioökonomische Zusammenspiel aus steigendem Bildungsstand, wirtschaftlicher Entwicklung, sinkenden Kinderzahlen und wachsender politischer Stabilität, das andernorts auf der Welt den Weg in die Moderne geebnet hat, konnte sich südlich der Sahara bis heute kaum entfalten. 1960 lagen die durchschnittlichen Kinderzahlen in allen Entwicklungsländern noch bei 6,5 und die Unterschiede zwischen Afrika und den Ländern in anderen wenig entwickelten Weltregionen waren sehr gering. Bis 2010 aber hatten sich die asiatischen und lateinamerikanischen Länder so weit entwickelt, dass dort die Kinderzahlen bereits auf einen Wert von 2,6 gesunken waren, während sie in Subsahara-Afrika im Schnitt noch bei 5,1 lagen. Dieser Wert ist bis heute gleich hoch, während er sich in Asien und Lateinamerika weiter reduziert hat, auf mittlerweile 2,2 Kinder je Frau.

Lässt sich Afrikas Bildungsrückstand aufholen?

1950 gab es in Afrika gerade einmal 230 Millionen Menschen, davon 180 Millionen südlich der Sahara. Dort währte ein Leben im Durchschnitt nur geschätzte 36 Jahre. Rund ein Drittel der Kinder starb, bevor sie ihren fünften Geburtstag feiern konnten.[29] Lediglich acht Menschen lebten damals im Schnitt auf einem afrikanischen Quadratkilometer. Die dünne Bevölkerungsdichte und die geringen Absatzchancen waren ein Grund dafür, dass die globalen Investoren Afrika damals links liegen ließen und sich dem asiatischen Kontinent mit seinen damals schon 1,4 Milliarden Menschen zuwandten.

Die Lebensbedingungen im Afrika der 1950er Jahre ähnelten damit jenen im mittelalterlichen Europa zu Zeiten von Martin Luther. Doch anders als im Mittelalter gab es damals bereits Antibiotika sowie andere Errungenschaften der modernen Medizin und der Hygiene, die sich langsam auch in Afrika ausbreiteten. Bis 1970 sank deshalb die Kindersterblichkeit auf etwa 20 Prozent. Gleichzeitig blieben die Geburtenziffern auf dem traditionell hohen Niveau beziehungsweise sie stiegen, weil sich auch die Gesundheit der Mütter verbesserte und Mittel der modernen Familienplanung noch nicht verfügbar waren. Die durchschnittliche Kinderzahl pro Frau stieg zwischen 1950 und 1970 sogar leicht an – von 6,5 auf 6,8. Die Bevölkerung verdoppelte sich in diesen zwei Jahrzehnten auf fast 630 Millionen. Um die Jahrtausendwende waren es bereits 800 Millionen, und 2015 hatte die Zahl der Afrikaner die 1,1-Milliarden-Grenze überschritten.

Wie aber hat sich die wirtschaftliche Produktivität, wie die Leistungsfähigkeit der Afrikaner angesichts dieses Wachstums verändert? Vergleicht man das Humankapital Afrikas um das Jahr 1970 mit der in Kapitel 2 beschriebenen Landkarte der Cambridge Economic History Group zur Alphabetisierung Europas im Jahr 1870, so zeigt sich, dass der Norden Europas, inklusive Deutschland und Frankreich, damals bereits deutlich besser qualifiziert war als Afrika ein Jahrhundert später. Die vergleichsweise erfolgreichen ehemals britischen Kolonien waren in etwa auf einem Bildungsstand wie Italien und Spanien 100 Jahre zuvor. Das übrige Afrika befand sich 1970 in Sachen Bildung ungefähr auf dem Stand der Türkei oder Russlands um 1870.

Der Bildungsrückstand von über einem Jahrhundert erklärt, warum Afrika bis heute der am wenigsten entwickelte Kontinent ist und in praktisch allen sozialen und wirtschaftlichen Indikatoren der Welt hinterherhinkt. Dieser Rückstand lässt sich nicht in kurzer Zeit aufholen. Denn selbst wenn, wie in der jüngeren Vergangenheit geschehen, die Einschulungsraten in fast allen afrikanischen Ländern steigen, dauert es mehrere Jahrzehnte, bis diese Kinder ihr neues Wissen volkswirtschaftlich nutzen können. Und es dauert noch länger, bis die jungen, besser qualifizierten Generationen die älteren, nicht lese- und schreibfähigen in der Gesamtbevölkerung ersetzt haben. Dies aber wäre die Voraussetzung dafür, dass eine breite Humankapitalbasis entsteht, aus der innovative Unternehmen ihre Mitarbeiter rekrutieren können. Ein solches Reservoir an Qualifizierten ist auch notwendig für eine funktionierende Verwaltung und für ein demokratisches politisches System.

Der Bildungsrückstand erklärt auch die verzögerte gesellschaftliche Modernisierung Afrikas und den schleppenden Geburtenrückgang. Auch hierfür muss sich Bildung in breiten Bevölkerungsschichten durchsetzen, bevor sich wesentliche Effekte zeigen: So waren im Deutschland des Jahres 1870 bereits 80 Prozent der erwachsenen Bevölkerung alphabetisiert.[30] Doch es dauerte noch rund 40 Jahre, bis die Kinderzahlen nach dem Beginn des 20. Jahrhunderts merklich sanken. Viele afrikanische Länder haben diesen Alphabetisierungsgrad, wenn überhaupt, erst in den letzten Jahrzehnten erreicht. Insofern ist es kaum verwunderlich, dass die Fertilitätsraten bisher nur zögerlich sinken. Dies kann bei entsprechenden Investitionen in die Bildung geschehen, wie das Beispiel Kenia zeigt: Dort hatte sich die Grundschulbildung bereits unter der britischen Kolonialherrschaft und auch danach vergleichsweise früh ausgebreitet: 1970 hatten schon über die Hälfte der Männer und ein

Viertel der Frauen eine Grundschule besucht. Mit entsprechender Verzögerung halbierte sich dann auch die Fertilitätsrate von acht Kindern je Frau vor 1970 auf 3,9 Kinder in den Jahren 2011 bis 2014.[31]

Falsche Politik der internationalen Geldgeber

Aber selbst solche Nachwuchszahlen bedeuten noch immer ein dramatisches Bevölkerungswachstum. Es wären also zusätzliche, vor allem kontinuierliche Bildungsinvestitionen nötig, um ein weiteres Absinken der Fertilitätsraten zu garantieren und Kenia mehr Luft zur Entwicklung zu geben. Aber gerade im Hinblick auf eine Kontinuität im Bildungsbereich und auf stabile Regierungen mit einer langfristigen Entwicklungsagenda hat Afrika erhebliche Defizite. So gab es nach der Aufbruchsstimmung in den ersten Jahren der Unabhängigkeit Anfangserfolge im Wirtschaftsbereich. Internationale Geldgeber wie die Weltbank und der Internationale Währungsfonds (IWF) hatten den afrikanischen Staaten in den 1970er Jahren umfangreiche Kredite gewährt. Ein Teil der Gelder war auch für Bildungsprogramme reserviert, doch die meisten Mittel entfachten nur ein Strohfeuer: Sie flossen selten in nachhaltige Investitionen und konnten deshalb die Produktivität der Volkswirtschaft kaum dauerhaft steigern. Es bildeten sich kurzfristige Entwicklungsblasen, die sich im Wesentlichen auf die Hauptstadtregionen konzentrierten und Anfang der 1980er Jahre zu ausufernden Budgetdefiziten führten.

Schon bald wurde klar, dass viele Mittel, die eigentlich die Entwicklung hätten fördern sollen, in Prestigeprojekte wie Präsidentenpaläste, Hochhäuser in den Städten oder Militärausrüstung geflossen oder sogar auf Schweizer Konten der Machthabenden verschwunden waren. Zwar waren die Kreditprogramme von Weltbank und IWF von Anfang an mit Auflagen verbunden. Aber trotz früher Bedenken konnte sich die internationale Gemeinschaft nicht dazu durchringen, den neuen unabhängigen Staaten das Vertrauen zu entziehen. Sie sollten weiterhin souverän über die Verwendung der Gelder entscheiden.

Erst die Schuldenkrise auf einem anderen Kontinent ließ Anfang der 1980er Jahre die Alarmglocken läuten. Auch die Länder Lateinamerikas hatten in dieser Zeit über ihre wirtschaftlichen Möglichkeiten gelebt und eine Auslandsverschuldung erreicht, die weit über ihrer jährlichen Wirtschaftsleistung lag. Als dann auch noch die Ölkrise den wichtigsten Rohstoff für die Volkswirtschaften der aufstrebenden Länder verteuerte, mussten viele lateinamerikanische Staaten ihren Schuldendienst einstellen beziehungsweise den teilweisen Staatsbankrott erklären. Als erstes Land der Region tat das 1982 Mexiko. Anschließend gab es Kredite nur noch unter hohen Auflagen. Dadurch unterzogen sich die Länder massiven Reformen. Lateinamerika wurde so – wie zuvor schon Ostasien – auf einem Umweg zur Industrialisierung und zu einer positiven Wirtschaftsentwicklung gebracht.

Um derartige Krisen fortan zu vermeiden, nahmen IWF und Weltbank Afrika ins Visier, wo viele Staaten ebenfalls hohe Budgetdefizite angehäuft hatten und weitere Kreditausfälle drohten. Die Geldgeber drängten auf Kürzungen in den Staatshaushalten, bevor sie neue Kredite gewährten. Die Entscheidungen darüber, wo gespart werden sollte, blieben den jeweiligen Regierungen überlassen. De facto kürzten diese in erster Linie die Sozialausgaben und die Ausgaben für Bildung und Gesundheit. Militärausgaben und Investitionen in prestigeträchtige Infrastrukturen blieben weitgehend unangetastet.[32]

Im Rahmen dieser sogenannten Strukturanpassungsprogramme fielen etwa in Nigeria die Bildungsausgaben von 16 Prozent des Budgets im Jahr 1979 auf nur noch 10 Prozent in der Budgetperiode 1986 bis 1989. In Kenia schrumpfte der Bildungsetat zwischen 1981 und 1984 von 5,9 Prozent des Bruttoinlandsproduktes auf 4,6 Prozent und in Sambia zwischen 1976 und 1987 von 6,3 auf 2,7 Prozent.[33]

Die massiven Einschnitte bedeuteten einen jähen Bruch in den Bildungsmöglichkeiten für junge Afrikaner: In Nigeria, dem menschenreichsten Land des Kontinents, war der Anteil der jungen Frauen, die jemals eine Schule besucht hatten, von den Geburtsjahrgängen 1950–1955 bis zu den Jahrgängen 1970–1975 von 30 auf etwa 60 Prozent gestiegen. Doch danach brach der Aufwärtstrend ab und für die folgenden Geburtsjahrgänge gab es keine Verbesserungen mehr. Dies waren genau jene Jahrgänge, die im Grundschulalter von den Kürzungen im Bildungsbudget betroffen waren. Bildungsmangel bei Frauen in armen Ländern ist ein Garant für hohe Kinderzahlen. Kein Wunder also, dass nach dem Jahr 2000 bei genau diesen Jahrgängen die durchschnittlichen Kinderzahlen je Frau gegen den Trend nicht weiter zurückgingen. Dies ist nicht nur in Nigeria geschehen: In allen neun afrikanischen Ländern, die um die Jahrtausendwende einen stagnierenden Fertilitätsrückgang erlebt haben, hatte es zuvor in den 1980er Jahren Strukturanpassungsprogramme gegeben, welche die Bildungsmöglichkeiten von Mädchen und jungen Frauen deutlich beschnitten.[34]

Andere afrikanische Länder wie Äthiopien oder Ghana mussten diese Sparprogramme zwar auch durchführen, aber ihre Regierungen entschieden sich, die Bildungsausgaben nicht zu kürzen. Dort expandierte die Bildung weiter und auch der Rückgang der Kinderzahlen entwickelte sich wie erwartet. Während in Äthiopien 1970 nur etwa 1 Prozent aller Frauen je zur Schule gegangen war, haben von den heute 15- bis 19-jährigen Frauen bereits 70 Prozent zumindest zeitweilig eine Grundschule besucht. Auch bei der höheren Bildung holt Äthiopien auf: 15 Prozent der Äthiopierinnen haben bereits einen unteren Sekundarabschluss, sind also in der Regel bis zum Alter von 15 Jahren zur Schule gegangen. 4 Prozent haben sogar erfolgreich eine Universitätsausbildung absolviert.

Zwar liegt die durchschnittliche Kinderzahl je Frau landesweit mit 4,1 noch immer hoch. Aber vor 20 Jahren bekamen die Frauen im Schnitt noch fast sieben Kinder. Der Rückgang lässt sich am besten über bessere Gesundheitsdienste und einen höheren Bildungsstand der jungen Frauen erklären. Während Frauen ohne Schulbildung in der Phase von 2000 bis 2011 fast konstant sechs Kinder bekamen, sank die Nachwuchszahl bei Frauen mit mindestens Sekundarbildung im gleichen Zeitraum von 3,2 auf 1,5. Da Bildung sich zunächst in den größeren Städten verbreitet, ist der Effekt auf die Kinderzahlen dort zuerst zu spüren: In der 3-Millionen-Einwohner-Hauptstadt Addis Abeba bekommen die Frauen im Schnitt nur noch 1,5 Kinder. Das entspricht dem Wert der Schweiz und zeigt, wie weit die sozioökonomische Entwicklung in Addis Abeba bereits fortgeschritten ist.[35]

Fast noch schwieriger war die Ausgangslage für Mosambik, jenes Land am Indischen Ozean, das bis 1974 unter portugiesischer Kolonialherrschaft stand. Als die letzte Kolonialmacht in Afrika nach einem Befreiungskrieg fluchtartig Mosambik verlassen hatte, gingen im ganzen Land und selbst in der Hauptstadt Maputo buchstäblich die Lichter aus. Es gab niemanden, der die Kraftwerke bedienen konnte. Das Eisenbahnsystem der Portugiesen lag still, weil es im ganzen Land keinen Einheimischen gab, der die Lokomotiven fahren konnte. Die Kolonialisten hatten die afrikanische Bevölkerung bewusst von jeder modernen beruflichen Bildung ferngehalten. Selbst das Steuern eines Taxis war den Portugiesen vorbehalten.

Rekonstruierte Statistiken weisen darauf hin, dass nur 3 Prozent der Frauen und 16 Prozent der Männer je eine Schule besucht hatten. Zieht man von dieser Klasse der »Gebildeten« jene Personen ab, welche die Grundschule abgebrochen haben und deshalb kaum etwas lernen konnten, dann waren 1975 vermutlich nur 1 Prozent der Frauen und 5 Prozent der Männer in der Lage zu lesen und zu schreiben. Entsprechend hoch war das Bevölkerungswachstum, das die Einwohnerschaft von Mosambik seit Ende der Kolonialherrschaft bis 2005 von 10 auf 27 Millionen katapultierte.

Als 1975 viele internationale Entwicklungsorganisationen Mosambik zu einem Schwerpunktland erklärten, machten sie es sich zu einer Hauptaufgabe, ein funktionierendes Bildungssystem aufzubauen. Die neue Regierung kooperierte eng mit den hilfsbereiten Geberländern, und fast der gesamte öffentliche Sektor wurde fremdfinanziert. Ausreichend Lehrer mussten ausgebildet werden, was angesichts der HIV-Epidemie eine besondere Aufgabe darstellte. Unter dem für einen Lehrerjob geeigneten Teil der Bevölkerung waren die Infektionsraten noch höher als unter der Gesamtbevölkerung.[36] Doch die Erfolge können sich sehen lassen: Heute haben immerhin 48 Prozent der 15- bis 19-jährigen Frauen und 61 Prozent der gleichaltrigen Männer eine Grundschule besucht. Gleichzeitig ist die Fertilitätsrate von über sieben auf unter fünf gesunken – was natürlich immer noch ein extrem hoher Wert ist, der damit zusammenhängt, dass viele Mädchen überhaupt nicht zur Schule gehen.

Bildungserfolge – nur auf dem Papier?

Formell haben sich in Afrika in den letzten Jahren die Bildungsergebnisse deutlich verbessert. Die meisten Länder haben in Sachen Bildung die Millenniums-Entwicklungsziele einigermaßen erreicht, wonach bis 2015 allen Kindern ein Grundschulbesuch möglich gemacht werden sollte. Die Vereinten Nationen sprechen gar von »spektakulären« Erfolgen. Bis 2011 hatten 25 der 53 afrikanischen Länder Einschulungsraten von mindestens 80 Prozent und elf Länder Werte von mindestens 75 Prozent erreicht. Nur 11 Länder wie zum Beispiel Burkina Faso, Eritrea, Liberia oder Niger, aber auch das große Nigeria, blieben unter diesen Werten. Aber auch dort sind, von sehr niedrigem Niveau aus startend, die Einschulungsraten zum Teil stark gestiegen. Insgesamt hat sich die Zahl der Kinder, die gar keine Schule besuchen, von 1999 bis 2011 von 40 Millionen auf 22 Millionen reduziert. Allerdings lagen nicht für alle Länder Daten vor, sie fehlen etwa für Somalia, Sudan oder Südsudan. Das wirft nicht nur ein Bild auf den Zustand der dortigen Bildungssysteme, sondern es bedeutet auch, dass die Zahl der afrikanischen Kinder ohne Schulzugang höher ist als offiziell angegeben.[37]

Allerdings sind auch die positiven Meldungen über die steigenden Einschulungsraten mit Vorsicht zu genießen. Denn es ist eine Sache, ob Kinder zur Schule gehen. Ob sie dort wirklich etwas lernen, ist eine ganz andere. Häufig wurden quantitative Verbesserungen im Bildungsbereich nur zulasten der Qualität erreicht. Manche Bildungserfolge in afrikanischen Ländern scheinen nur auf dem Papier zu existieren.

Offiziell liegt beispielsweise in Tansania die Einschulungsquote bei 94 Prozent. Doch nach Untersuchungen der Weltbank sind über 50 Prozent der Lehrer während der Unterrichtszeiten gar nicht in den Klassenzimmern anzutreffen.[38] Gerade einmal 11 Prozent der tansanischen Lehrer haben die von Bildungsexperten geforderten sprachlichen Fähigkeiten, die für die Ausübung ihres Berufes nötig wären.[39] Entsprechend schlecht sind die Lernergebnisse, wie es in einem Report der ostafrikanischen Bildungsinitiative Uwezo heißt: Weniger als ein Drittel der Drittklässler verfügt über grundsätzliche Kenntnisse im Lesen, Schreiben und Rechnen. Nur ein Drittel der Zehnjährigen kann einen englischen Absatz aus dem Lehrbuch für Zweitklässler lesen. Von den Kindern in Klasse 7 haben 20 Prozent nicht einmal die Kompetenzen, die in Klasse 2 zu erwarten wären. Nur etwas besser sind die Ergebnisse im Nachbarland Kenia. Deutlich schlechter sind sie in Uganda, das zu den Ländern mit dem höchsten Bevölkerungswachstum weltweit gehört. Vor allem registriert der Report, anders, als es die offiziellen Daten vermuten lassen, kaum Verbesserungen im Zeitverlauf.[40]

Auch das nahe gelegene Malawi hat sich vermeintliche Bildungserfolge mit Qualitätsverlusten erkauft. 1994 beschloss die dortige Regierung, die Gebühren für die achtjährige Grundschule abzuschaffen, was eigentlich eine sinnvolle Maßnahme ist. Danach stieg die Zahl der Grundschüler innerhalb eines Jahres von 1,9 auf 3,1 Millionen – allerdings ohne dass sich die Regierung um die notwendigen Lehrer oder Schulgebäude gekümmert hätte. Als später die Fähigkeiten der Kinder gemessen wurden, kam heraus, dass nur 40 Prozent der Achtklässler einen einzigen Satz in Chichewa, der Hauptsprache Malawis, komplett lesen und verstehen konnten. Selbst von den Sekundarschülern, die zwölf Jahre lang die Schulbank gedrückt hatten, konnte ein Viertel diesen Satz nicht verstehen.[41]

Malawi bietet auch ein Beispiel dafür, wie man falsche Schwerpunkte in der Bildungspolitik setzen kann. Das Land, in dem über 20 Prozent der 15- bis 24-Jährigen überhaupt nicht lesen und schreiben können, wendet überproportional viel Geld für die Tertiärbildung auf. Für einen der Studenten, die im Allgemeinen der malawischen Oberschicht entstammen, investiert die Regierung pro Jahr 225-mal mehr Geld als für ein Kind, das die Grundschule besucht. Die obersten 10 Prozent der Bildungspyramide beanspruchen 68 Prozent aller öffentlichen Bildungsausgaben, während die anderen 90 Prozent mit 32 Prozent der Mittel auskommen müssen. Damit herrscht in Malawi innerhalb Afrikas und vermutlich sogar weltweit das größte Ungleichgewicht zugunsten einer Elitenförderung.

Ein Unicef-Report, der dieses Dilemma beschreibt, nennt auch gleich das Gegenbeispiel zu einer solchen Politik: Es ist in Kuba zu finden, einem armen Land, das einen sehr hohen Bildungsstand erreicht hat und auf allen Ebenen für eine hohe Bildungsgerechtigkeit sorgt. Dort gibt es so gut wie keine Unterschiede beim Pro-Kopf-Aufwand für Grundschüler, Sekundarschüler oder Studenten.

Absurderweise verteilen gerade die ärmsten Länder der Welt ihre Bildungsmittel am stärksten zugunsten der Reichen, obwohl dort die Befähigung der Massen den größten Entwicklungseffekt hätte. Die reichen Länder machen es genau umgekehrt und stehen vermutlich genau deshalb wirtschaftlich besser da. »Ironischerweise«, heißt es in dem Unicef-Report, »ist in den ärmsten Ländern ausgerechnet der öffentliche Bildungssektor, der für einen Ausgleich der Bildungschancen sorgen soll, die größte Quelle der Ungleichheit.«[42] Was der Report nicht erwähnt: Diese Politik zementiert nicht nur die Notlage der Armen, sie produziert auch eine wachsende Zahl von Unzufriedenen.

Der Unicef-Bericht kritisiert zudem die gewaltige Finanzierungslücke im afrikanischen Bildungssystem, die auch die reichen Länder mit zu verantworten haben: Trotz des hohen Bevölkerungswachstums sind die internationalen Hilfsgelder für die Basisbildung zwischen 2006 und 2012 auf 5,1 Milliarden US-Dollar pro Jahr gesunken, nachdem sie zuvor im Rahmen der Millenniumsziele von 3 auf 6 Milliarden aufgestockt worden waren. Nach Schätzungen wären allein für die 46 ärmsten Länder der Welt 26 Milliarden Dollar pro Jahr notwendig gewesen, um allen Kindern einen Grundschulbesuch zu ermöglichen und damit das Millenniumsziel im Bereich Bildung zu erreichen.

Geld ist dabei jedoch gar nicht das Problem. Trotz der Finanzkrise von 2007/2008 sind die generellen Mittel der internationalen Entwicklungszusammenarbeit weiter gestiegen, allein von 2012 bis 2013 um 11 Prozent. Die jungen Menschen konnten davon aber nicht profitieren, denn die Aufwendungen für die Basisbildung wurden im gleichen Zeitraum um 7 Prozent reduziert.[43] Insgesamt fließen nur 2 bis 4 Prozent aller internationalen Entwicklungsgelder in die Basisbildung, welche das Fundament für jede Entwicklung legt.[44]

Auch am anderen Ende des Bildungsspektrums gibt es in Afrika südlich der Sahara Entwicklungen, die auf den ersten Blick nach einem großen Erfolg aussehen, bei einem zweiten Blick aber deutlich verblassen: So hat sich zwischen 2000 und 2010 die Zahl der Studenten auf über 5 Millionen verdoppelt und ist bis 2013 auf 6,6 Millionen gestiegen. Immerhin 7 Prozent der 18- bis 23-Jährigen erfuhren eine Ausbildung an einer Hochschule. Doch auch dieser Erfolg muss sich am globalen Mittelwert messen lassen, der bei 29 Prozent Studentenanteil liegt. Außerdem sind die 6,6 Millionen afrikanischen Studenten in Relation zum Zuwachs in dieser Altersgruppe zu sehen: Zwischen 2010 und 2030 wird sie um 50 Millionen auf dann 150 Millionen junge Menschen anwachsen. Daneben besteht nach wie vor ein starkes Geschlechterungleichgewicht bei den Studenten: Nur ein gutes Drittel aller Hochschulbesucher sind Frauen.

Und wer in Afrika ein Studium abschließt, kann nicht unbedingt davon ausgehen, dass er oder sie damit eine international anerkannte Qualifikation erlangt. An den meisten afrikanischen Unis herrschen große Defizite: Die Lehrkräfte sind schlecht ausgebildet und es mangelt ihnen an pädagogischen Fähigkeiten. Es fehlt an Hörsälen, Bibliotheken, Labors und Forschungsmöglichkeiten. Relativ viele Absolventen besitzen deshalb trotz ihres Abschlusses nicht die Fähigkeiten, die in den Unternehmen nachgefragt werden. Arbeitgeber bestätigen eine große Lücke zwischen den Anforderungen im Berufsalltag und den Fähigkeiten der Jungakademiker. Dies ist ein Grund für die hohen Arbeitslosenquoten unter Akademikern in Afrika, die wiederum zu einer großen Unzufriedenheit in diesen Schichten und zu sozialen Spannungen führen. In Kenia beispielsweise sucht ein Hochschulabsolvent im Schnitt fünf Jahre, bis er eine angemessene Beschäftigung gefunden hat.[45]

Bei allen Fortschritten sind das beängstigende Nachrichten für jene 2 Milliarden Kinder, die bis 2050 insgesamt in Afrika geboren werden. Die meisten von ihnen werden bis dahin eine Ausbildung und eine Beschäftigung benötigen. Schon heute wachsen auf dem Kontinent pro Jahr 11 Millionen junge Menschen ins Erwerbsalter, während in der letzten Zeit jährlich gerade einmal 3,7 Millionen neue bezahlte Arbeitsplätze entstanden sind.[46] Zudem leben drei von zehn Kindern in Konfliktregionen oder solchen, die anfällig für Konflikte sind.[47] Dort passiert es häufig, dass der Unterricht ausfällt oder Schulen ganz geschlossen werden.

Afrika wird 2050 das Zuhause von 37 Prozent aller unter 18-Jährigen der Welt sein. Das sind jene jungen Menschen, in absoluten Zahlen rund eine Milliarde, welche ganz entscheidend die Zukunft der Menschheit beeinflussen werden. Unter guten Bedingungen können sie sich den Weg in eine glänzende Zukunft bahnen – im schlimmsten Fall bedeuten sie das größte Unruhepotenzial des Planeten.

Indien – ein Kontinent für sich

Wenn es um den Zustand der Bildung und ihren Einfluss auf die Zukunft der Menschheit geht, dann kommt man an einem Land nicht vorbei, das bald schon das bevölkerungsreichste der Welt sein wird: Indien. Dort leben 1,3 Milliarden Menschen und damit mehr als auf dem ganzen afrikanischen Kontinent. Weil die Bevölkerung, anders als in China, noch kräftig wächst, dürften es bis 2050 schon 1,65 Milliarden sein.

Auch Indien sagen Wirtschaftsexperten gerne eine goldene Zukunft voraus, wobei dort die Erfolgswahrscheinlichkeit ungleich höher ist als in Afrika.[48] Indien misst sich ohnehin nicht mit Afrika, sondern mit seinem Nachbarn China. Beide stellen jeweils etwa ein Fünftel der Weltbevölkerung. Beide sind von ehemaligen Entwicklungsländern zu mächtigen Schwellenländern aufgestiegen und auf dem Weg zu Industrienationen. Beide Länder sind atomar bewaffnet, haben einen eigenen Zugang zum Weltraum und befehligen die größten Armeen der Welt. Aber es gibt auch gravierende Unterschiede: China ist die Lokomotive der Weltwirtschaft, die Indien erst noch werden will. In allen wichtigen Bereichen, bei der Gesundheit, der Lebenserwartung, der (sinkenden) Armutsquote, der Umweltpolitik, dem Lebensstandard und der politischen Stabilität, liegt China deutlich vorn. Chinas Wirtschaft ist fünfmal so groß wie jene von Indien.[49]

Während sich in China die Unterschiede zwischen Arm und Reich und zwischen Stadt und Land teilweise angleichen, ist das Wohlstandsgefälle in Indien extrem. Zwar sinken die Armutsraten auf dem Land und auch in der Stadt von Jahr zu Jahr, doch noch immer lebt rund ein Drittel aller Inder in extremer Armut, also von weniger als umgerechnet 1,25 US-Dollar am Tag. 17 Prozent der Bevölkerung gelten als unterernährt.[50] Ihnen stehen rund 100 Milliardäre gegenüber, die ihr Geld mit indischen Weltkonzernen verdient haben, in Branchen wie Petrochemie, Pharma, Informationstechnologie, Stahl, Bauwirtschaft, Telekommunikation, Banken oder

Medien.[51] Im Human Development Index, dem multidimensionalen Entwicklungsindikator der Vereinten Nationen, liegt Indien auf Platz 135 von 187 untersuchten Ländern, während China auf Platz 91 kommt.[52]

Indien kann gegenüber China nur aufholen, wenn es dem Land gelingt, Kapital aus seiner jungen Bevölkerung zu schlagen, sie also gut auszubilden. In diesem Punkt ist Indien trotz aller Erfolge weit abgeschlagen – trotz des wachsenden Dienstleistungssektors, der boomenden IT-Branche mit über 3 Millionen Beschäftigten und seiner global vernetzten Technikszene in Bangalore, dem indischen Silicon Valley.

Indiens Rückstand ist in der Vergangenheit begründet, in der Bildung für kleine Eliten aus den höheren Kasten eine lange Tradition hatte, die niedrigen Kasten aber davon ausgeschlossen waren. Das indische Kastensystem teilte die Gesellschaft nach Geburt hierarchisch in verschiedene Gruppen ein und bestimmte dadurch unter anderem, welche Tätigkeiten die Menschen später einmal verrichten oder wen sie heiraten durften. Offiziell und nach dem Gesetz hat die Kastenzugehörigkeit im heutigen Indien keinen Einfluss mehr, aber im Alltag spielt die soziale Trennung nach wie vor eine Rolle. Dies gilt vor allem für die »Parias«, die »Unberührbaren« oder »Unreinen«, die Mitglieder der untersten Kasten, mit denen sich in ländlichen Regionen kaum ein Brahmane aus der Oberkaste an einen Esstisch setzen würde.[53]

Traditionell wurden nur die Jungen aus der Oberschicht der Brahmanen von Gurus im Lesen und Schreiben, in Metaphysik oder Mathematik unterrichtet. Die britische Kolonialverwaltung förderte das Elitensystem noch, indem sie in der Verwaltung nur akademisch geschulte Personen einstellte, also wiederum fast ausnahmslos Brahmanen. Erst im 20. Jahrhundert konnten auch einzelne Mitglieder anderer Kasten über eine bessere Bildung gesellschaftlich aufsteigen. Aufgrund der verschleppten Demokratisierung des Bildungssystems weist Indien noch heute die weltweit größte Zahl an Analphabeten auf: 264 Millionen Menschen über 15 Jahre können dort nicht lesen und schreiben, 176 Millionen davon sind Frauen.

In den 1950er und 1960er Jahren wuchs die Bevölkerung Indiens mit Fertilitätsraten von fast sechs Kindern pro Frau enorm schnell. Um 1970, also über 20 Jahre nach der Unabhängigkeit, hatten noch 82 Prozent der Frauen und 54 Prozent der Männer keinerlei Schulbildung. Zunächst änderte sich der Bildungsstand nur langsam. Nach den Ergebnissen des Zensus von 2001 waren immer noch 42 Prozent aller Erwachsenen Analphabeten.[54] 1970 hatten nur 4 Prozent aller Männer einen Hochschulabschluss, 1990 waren es bereits 8 Prozent und heute liegt die Akademikerquote bei 13 Prozent. Auch die Frauen haben heute einen leichteren Zugang zur Bildung und diesen auch genutzt: 7 Prozent haben mittlerweile einen Hochschulabschluss. Parallel dazu ist die Kinderzahl je Frau inzwischen auf 2,5 gesunken. Doch auch hier wirkt die Vergangenheit nach: Noch immer haben 46 Prozent der erwachsenen Frauen, überwiegend aus den älteren Jahrgängen, nie eine Schule besucht. In kaum einem anderen Land der Welt ist die Bildung so ungleich verteilt.[55]

Der sich stetig verbessernde, aber gegenüber China immer noch niedrige Bildungsstand der Bevölkerung erklärt wesentlich die wirtschaftlichen Unterschiede zwischen den beiden Milliardenstaaten. In China beträgt die Analphabetenrate unter erwachsenen Frauen lediglich 5 Prozent. Praktisch alle Kinder aus allen Schichten gehen dort zur Schule und jeweils 16 Prozent der Männer und Frauen unter 40 Jahren verfügen mittlerweile über einen Hochschulabschluss. Weil die Nachwuchsjahrgänge deutlich besser qualifiziert sind als ihre Eltern, wird sich der gesamte Bildungsstand der chinesischen Erwerbsbevölkerung – und damit vermutlich auch die wirtschaftliche Leistungsfähigkeit – künftig weiter erhöhen.

Dennoch spricht vieles dafür, dass Indien gegenüber China zumindest Boden gutmacht. Vor allem die demografische Dynamik spielt dabei eine Rolle: Die größte Demokratie der Welt hat eine deutlich jüngere Bevölkerung, mit einem Medianalter von 27 Jahren gegenüber 37 Jahren in China. Chinas Bevölkerung unter 65 Jahren (das sind im Allgemeinen jene, die einer bezahlten Beschäftigung nachgehen) schrumpft seit 2013 als Folge der Ein-Kind-Politik, während sie in Indien noch viele Jahre wächst.

Es ist gut möglich, dass sich die asiatische Gewichtsverschiebung bereits in den Wirtschaftsdaten widerspiegelt. Nach 30 Jahren wirtschaftlichen Höhenflugs, mit durchschnittlichen Wachstumsraten von 10 Prozent, steht China jetzt zwangsläufig vor schwächeren Jahren, während Indien, wenn alles gut geht, den Boom noch vor sich hat. Beim Wirtschaftswachstum hat Indien China 2015 erstmals seit langer Zeit überholt, und die Prognosen weisen darauf hin, dass der Abstand bestehen bleibt.[56]

Wenn es dem aktuellen Premierminister Narendra Modi gelingt, die junge indische Bevölkerung fit für die Zukunft zu machen, könnte sie ihr Potenzial für ein starkes Indien entfalten. Tatsächlich hat er seinem Land dafür (anders als die meisten afrikanischen Regierungschefs) schon einmal klare und erreichbare Ziele gesetzt: Er will bis zum Jahr 2022 in Indien 100 Millionen neue Jobs schaffen. Das sind deutlich mehr, als im gleichen Zeitraum junge Menschen in den Arbeitsmarkt nachwachsen. Und er will den Nachwachsenden auch die dafür notwendige Ausbildung mitgeben. Dass Modi dazu fähig ist, hat er bereits als Ministerpräsident des Vorzeigebundesstaats Gujarat eindrucksvoll bewiesen. Er brachte Gujarat in den drei Sektoren Landwirtschaft, Dienstleitungen und Industrie auf einen raschen wirtschaftlichen Wachstumspfad und baute ein breites Qualifizierungsprogramm für junge Berufseinsteiger auf. Modi suchte engen Kontakt zur Bevölkerung und hielt Familien in Aufklärungskampagnen dazu an, ihr Schicksal selbst in die Hand zu nehmen und ihre Kinder zur Schule zu schicken.[57]

Indiens größte Herausforderung bleiben die vielen Menschen, die noch nicht von der Bildungsrevolution profitieren konnten und nach wie vor marginalisiert sind. Eng damit zusammen hängen die großen sozialen Unterschiede innerhalb der Bevölkerung, die Spannungen zwischen den Religionsgemeinschaften und nicht zuletzt die großen Entwicklungsunterschiede zwischen den hoch entwickelten südlichen Bundesstaaten und besonders armen Staaten wie Bihar und Uttar Pradesh, wo immer wieder soziale Konflikte aufflammen. Sie könnten sich sogar ausweiten. Auch hier sind es die armen, ohnehin schon instabilen Gebiete, in denen die Bevölkerung am stärksten wächst und die Zahl der Menschen mit geringer oder ohne Bildung wieder ansteigen könnte.

6

NICHTS ALS VORTEILE

Sechs starke Argumente für die Bildung

Die Beispiele der erfolgreichen Aufsteigerländer von Finnland bis China, aber auch die Probleme jener Nationen, die massiv unter Bildungsdefiziten leiden, liefern überzeugende Argumente dafür, dass Bildung von großem Nutzen für die ganze Gesellschaft ist. Kaum ein Mensch in den Industrienationen käme auf die Idee, Bildung als unnütz oder überflüssig einzustufen. Dass Bildung die Voraussetzung für ein erfolgreiches Berufsleben ist und gut qualifizierte Menschen die Grundlage für ein funktionierendes Staatswesen sind, von dem wir alle profitieren, ist im Grunde eine Binsenwahrheit.

Die Vorteile, die Bildung bietet, sind so vielfaltig, dass es schwerfällt, Nachteile zu finden. Der 2014 verstorbene amerikanische Ökonomienobelpreisträger Gary Becker hat einmal gesagt, er könne sich keinen Bereich des Lebens vorstellen, für den er lieber ungebildet als gebildet gewesen wäre. Becker gilt als Urvater der Verhaltensökonomie, als Erfinder des Begriffs »Humankapital«, und er hat sich lange mit der Frage beschäftigt, welche Bedeutung Bildung und Wissenschaft für den Erfolg von Volkswirtschaften haben. Seine Erkenntnisse darüber, wie sehr Bildung im Zentrum jeder menschlichen Entwicklung steht, sind heute ökonomisches Basiswissen.

Doch erstaunlicherweise genießt Bildung in der Politik selbst in vielen Industrienationen nicht den Stellenwert, der ihr gebührt. Das gilt auch für die Hilfe der reichen Länder, die im Rahmen der internationalen Entwicklungszusammenarbeit in den armen Teil der

Welt fließt: Gerade einmal 2 bis 4 Prozent der gesamten Aufwendungen sind für die Basisbildung reserviert.

Als Argumentationshilfe für mehr Engagement im Bildungsbereich beschreiben wir in diesem Kapitel sechs Aspekte, die zeigen, welche konkreten Vorteile sich für jeden Einzelnen und für die Gemeinschaft als Ganzes aus einer besseren Bildung ergeben. Auf der persönlichen Ebene geht es um eine bessere Gesundheit, höhere Einkommen und eine subjektive Lebenszufriedenheit. Auf der gesellschaftlichen Ebene hilft Bildung, in weniger entwickelten Ländern gefährliches Bevölkerungswachstum zu reduzieren, sie macht es den Menschen leichter, sich an den bereits unvermeidlichen Klimawandel anzupassen, und hilft, die Demokratisierung voranzutreiben.

All diese Früchte der Bildungsinvestitionen lassen sich nur ernten, wenn die Regierungen aufhören, diesen Sektor zu vernachlässigen. Wo sich die Verantwortlichen zu wenig um die Befähigung ihrer Bürgerinnen und Bürger kümmern oder – noch schlimmer – wo fanatische Bildungsgegner junge Menschen gewaltsam am Zugang zu Wissen und Aufklärung hindern, können keine Wohlstandsgesellschaften entstehen. Keine der Terrorgruppen, von Boko Haram bis zum Islamischen Staat, hat irgendwelche Konzepte oder Möglichkeiten zum Aufbau von Bildungskulturen. Sie schaffen kein neues Wissen, keine neuen Werte und bieten auch nicht die Stabilität, die für Investoren attraktiv wäre. Sie können nur verteilen, was sie erbeuten, sie treiben Steuern und Schutzgelder ein wie im Mittelalter, aber sie gründen keine innovativen Firmen oder Forschungszentren. Sie erfinden keine klimafreundliche Energieversorgung, entwickeln keine neuen Medikamente oder Impfstoffe. Sie haben keine Konzepte für die Aufgaben des 21. Jahrhunderts.

Doch bevor wir uns den sechs Aspekten im Einzelnen zuwenden, geht es zunächst um eine Frage, die in allen Diskussionen zum Thema Bildung immer wieder eine Rolle spielt: Was war zuerst da – bessere Bildung oder wirtschaftlicher Aufschwung?

Henne oder Ei?

Wir behaupten in diesem Buch, dass die Bildung weiter Bevölkerungskreise eine notwendige Vorbedingung für den wirtschaftlichen Aufstieg heutiger Gesellschaften ist und dass auch Modernisierung, Demokratisierung und der erstrebenswerte ökologische Umbau der Produktionsbedingungen in Industrie und Landwirtschaft ohne Breitenbildung kaum möglich ist. Natürlich bietet Bildung keine Garantie für diese Erfolge. Aus unserer Sicht ist Bildung daher eine notwendige, wenngleich nicht immer hinreichende Bedingung für eine positive soziale und wirtschaftliche Entwicklung.

Diese These ist nicht unumstritten. So glauben manche Entwicklungsökonomen, Bildung sei primär eine Folge von ökonomischem Erfolg. Ihrer Meinung nach weitet sich Bildung erst auf breite Bevölkerungsschichten aus, wenn es die wirtschaftlichen Gewinne erlauben, einen aufwendigen Bildungsapparat zu finanzieren. Wirtschaftswachstum wäre also die Voraussetzung für den Aufbau von Schulen und Universitäten, an denen die jungen Menschen ihr Wissen weiter mehren können. Bildung wäre eine Folge, nicht die Ursache der gesellschaftlichen Modernisierung.

Auf den ersten Blick gehen in den meisten Ländern der Welt Wirtschaftswachstum, gesellschaftliche Modernisierung und Fortschritte bei der Bildung Hand in Hand; allerdings geschieht das nicht überall im gleichen Tempo. Dabei wird jedoch selten analysiert, welches der Beitrag einzelner Faktoren ist. Dies ist für die Suche nach politischen Prioritäten unbefriedigend. Es macht einen großen Unterschied, ob ein Land primär die Bildung fördert und hofft, dass die anderen Entwicklungsschritte mehr oder weniger von alleine folgen – oder ob es die Wirtschaft fördert, damit die Einkommen wachsen, und erwartet, dass sich damit die Bildungsanstrengungen finanzieren lassen.

Wie also lässt sich die These, dass Basisbildung die Grundlage für eine wirtschaftliche Entwicklung ist und nicht umgekehrt, belegen? Wie lässt sich die Frage nach Ursache und Wirkung wissenschaftlich klären? Es gibt dazu eine recht einfache Möglichkeit, die auf der simplen Tatsache beruht, dass die Ursache vor der Wirkung liegen muss. Weil sowohl das Wirtschaftswachstum als auch die Einschulungsraten von Kindern für praktisch alle Länder seit 1970 einigermaßen gut dokumentiert sind, kann aus der zeitlichen Abfolge beider Phänomene auf die Kausalität geschlossen werden. Mit anderen Worten: Entweder die Wirtschaft floriert, bevor die Bildungsdaten steigen. Oder die Bildungsdaten verbessern sich, bevor die Wirtschaft zulegt.

In letzterem Fall muss sogar ein längerer Zeitraum zwischen den Phänomenen liegen. Wenn der Anteil der Jungen und Mädchen, die eine Schule besuchen, steigt, weil die Regierung das Bildungssystem ausbaut, dauert es rund zwei Jahrzehnte, bis sich die einstigen Kinder als junge Erwachsene mit dem Gelernten volkswirtschaftlich nützlich machen. Und erst dann lässt sich ein ökonomischer Gewinn aus der Bildungsinvestition nachweisen. Zu Beginn des Prozesses, wenn mehr Kinder zur Schule gehen, ist der wirtschaftliche Effekt sogar negativ, weil die Schule Kosten verursacht und Kinder ihren Eltern nicht mehr in der Landwirtschaft helfen können, sondern vorübergehend »unproduktiv« die Schulbank drücken.

In allen zuvor beschriebenen Fällen, bei der Entwicklung von Finnland oder Japan, auf der Insel Mauritius, in Südkorea, Singapur und China, lag die Expansion der Grundschulbildung, die Ausweitung des Schulbesuchs auf weite Schichten der Bevölkerung, deutlich vor der Beschleunigung des Wirtschaftswachstums. Dies gilt auch für praktisch alle anderen Länder, für die es Daten im Zeitverlauf gibt. Die Regierungsverantwortlichen mussten also immer mit Breitenbildung in Vorleistung treten, um später die Früchte ihrer Investitionen ernten zu können. In fast keinem Fall konnten sie auf ein durch andere Faktoren bestimmtes Wirtschaftswachstum warten und daraus dann die Verbreitung der Basisbildung finanzieren. Die einzigen Ausnahmen von dieser Regel liefern jene Länder, denen das Geld durch Erdölförderung, koloniale Ausbeutung oder aus anderen, eher außergewöhnlichen Quellen in den Schoß fiel: Sie mussten sich das Wirtschaftswachstum nicht mit ihrem Bildungskapital erarbeiten.

Den empirischen Befund, dass Bildung vor dem Wirtschaftswachstum kommt, liefert am deutlichsten die Expansion der Basisbildung auf breite Teile der Bevölkerung. Die Geschichte Finnlands im 19. Jahrhundert und die von Mauritius und China in der zweiten Hälfte des 20. Jahrhunderts zeigen klar, dass sich auch arme Länder diese Investition ohne Hilfe von außen leisten können. Grundschullehrer verdienen unter solchen Bedingungen nicht viel, und auch einfache Schulgebäude und Lernmaterialien sind leicht und günstig zu beschaffen. Allein der politische Wille muss vorhanden sein.

Bei der Ausbreitung der höheren Schulbildung zeigt sich hingegen ein engerer Zusammenhang zwischen der Wirtschaftsentwicklung und dem Fortschritt beim Schulbesuch – es entwickelt sich eine positive Aufwärtsspirale: Je mehr Kindern der Besuch einer Grundschule ermöglicht wird, desto mehr junge Erwachsene können zeitversetzt der extremen Armut entkommen. Ihren bescheidenen Wohlstand stecken diese Menschen teilweise in den Ausbau ihrer eigenen mittleren und höheren Bildung. Auch die Regierungen können Steuereinnahmen für Bildungsinvestitionen nutzen. Das macht die Gesellschaft produktiver und beschleunigt das Wirtschaftswachstum. Herrschen dann auch noch stabile politische Verhältnisse und finden Unternehmen gute Investitionsbedingungen, steigt die Nachfrage nach Gütern und Dienstleistungen und es entwickelt sich der Außenhandel; so führt die Aufwärtsspirale zu verstärkter Nachfrage nach Hochschulbildung. Es entstehen Forschungszentren und die Wirtschaft kann sich so dynamisch entwickeln, wie es bei den ostasiatischen Tigerstaaten der Fall war.

Die Erkenntnis, dass zwischen der Einschulung möglichst vieler Kinder und deren späterem wirtschaftlichem Erfolg an die 20 Jahre vergehen, ist essenziell für das Verständnis des positiven Zusammenhangs von Bildung und gesellschaftlicher Entwicklung. Sie erklärt im Übrigen auch, warum es der Politik häufig schwerfällt, die notwendigen Mittel für die Bildung bereitzustellen: Aufgrund der Zeitverzögerung erleben die handelnden Politiker während ihrer Amtszeit meist nur die Kosten, aber selten den Nutzen ihrer Bemühungen.

Wie Bildung unser Gehirn und unser Verhalten verändert

Die klare zeitliche Abfolge zwischen Bildung und Wirtschaftswachstum liefert ein starkes Argument für den ökonomischen Nutzen von Bildung – zumindest auf der sogenannten Makroebene, also auf der Ebene der Entwicklung von Ländern und Gesellschaften.[1] Wichtig ist aber auch die Mikroebene, also die Frage, wie sich Bildung für jeden Einzelnen auswirkt, welchen Einfluss sie auf sein Gehirn hat, auf sein Verhalten und seine Lebenschancen. Was geschieht beim Lernen mit uns selbst, was verändert es in uns und in unserem Gehirn, dem für die Bildung wichtigsten Organ?

Die moderne Hirnforschung macht es seit einigen Jahrzehnten möglich, jeden Akt der Informationsaufnahme zu verfolgen und teilweise auch physiologisch zu erklären, bis hinunter auf die Ebene der molekularen Prozesse. Auf das Gehirn prasseln ständig unzählige Informationen ein, die wir über unsere fünf Sinne aufnehmen. Ohne Ordnung dieser Eindrücke droht das totale Chaos. Unser Gehirn muss deshalb zunächst wichtige von unwichtigen Informationen trennen und diese dann an unterschiedlichen Orten abspeichern. Deshalb vergessen wir – glücklicherweise – die meisten der Abertausende von Wahrnehmungen pro Tag.

Das Gehirn versucht, zentrale Informationen herauszufiltern und zu ordnen, und speichert jene, die für die Zukunft relevant sein könnten. Das gilt besonders für Informationen, die Assoziationen erzeugen, mit denen wir also auf irgendeine Art und Weise schon einmal zu tun gehabt haben. Wir erkennen in einer Menschenmenge Personen, die wir schon einmal irgendwann gesehen haben, und merken uns diese Begegnung, aber wir vergessen die Unbekannten aus der Menge. Die Evolution hat unser Gehirn so komplex gemacht, dass wir aus den Erfahrungen der Vergangenheit unsere Zukunft besser gestalten können.

Jede Erfahrung hinterlässt Spuren im Nervensystem. Dabei verbinden sich – verkürzt und vereinfacht dargestellt – gleichzeitig aktivierte Nervenzellen (die Neuronen) über sogenannte Synapsen. Je häufiger bestimmte Erfahrungen gemacht werden, desto häufiger werden schon einmal genutzte Synapsen angeregt und desto leichter lassen sich diese Verbindungen künftig stimulieren. Eine einzige Nervenzelle kann mit Hunderten weiteren Neuronen Verknüpfungen eingehen, sodass neuronale Netzwerke entstehen. Diese sind ein Abbild unserer Lernerfahrungen, die wir im Laufe der Zeit machen. Je mehr und je größere Netzwerke wir besitzen, desto leichter fällt uns das Lernen und desto besser können wir gespeicherte Informationen wieder abrufen.

Deshalb können wir uns beispielsweise Telefonnummern, Fakten und Zusammenhänge besser merken, wenn wir sie wiederholt erfahren. Erleichtert wird dieser Prozess, wenn sich der Kontext bei der Wiederholung verändert. So reicht es bei den Telefonnummern nach dem erstmaligen Lesen schon, die Nummernfolge beim zweiten Mal zu singen und beim dritten Mal rückwärts aufzusagen. Deshalb erweisen sich beim Merken sogenannte Eselsbrücken als überaus nützlich. Stures, stumpfsinniges Wiederholen oder Auswendiglernen hingegen führt kaum zu neuen neuronalen Verknüpfungen.

Kinder lernen deshalb am besten Rechnen, wenn sie nicht einfach Zahlen, sondern Dinge addieren oder multiplizieren, mit denen sie im täglichen Leben zu tun haben und die für sie wichtig sind. Schüler, die wenige Lernerfahrungen machen, die lediglich dozierende Lehrkräfte erleben, stur auswendig lernen und keine Fragen stellen (dürfen), versäumen wesentliche kognitive Entwicklungsschritte, die sich später kaum noch kompensieren lassen. Anspruchsvolle Tätigkeiten verändern unser Denkorgan bis ins Alter. Auch die Spezialisierung hinterlässt physische Spuren. So wachsen bei Musikern bestimmte Bereiche des Gehirns, wenn sie viel auf einem Instrument spielen. Desweiteren sinkt der Energieverbrauch des Gehirns während einer Tätigkeit, die wir häufig und mit großer Routine ausüben.[2] Je mehr wir unser Gehirn benutzen, desto leichter fällt es uns.

Erscheint uns eine Information wichtig, wird sie vom Kurzzeit- ins Langzeitgedächtnis übertragen, es kommt zu einer »Gedächtniskonsolidierung«. Dort bleiben die gespeicherten Informationen verfügbar, bis sie benötigt werden. Informationen, die wir über mehrere Sinne gleichzeitig wahrnehmen – die wir beispielsweise hören, sehen und erleben (ein Experiment im Chemielabor, bei dem es stinkt und kracht!) –, werden besonders stabil abgespeichert.

Eric Kandel, der aus Wien stammende und an der amerikanischen Columbia University wirkende Hirnforscher, der im Jahr 2000 für seine bahnbrechenden Forschungen im Bereich des Erinnerungsvermögens den Nobelpreis für Physiologie oder Medizin bekommen hat, beendet seine Vorträge manchmal mit folgender Bemerkung: »Wiederholen wir diesen Punkt jetzt noch ein drittes Mal. Bei der dritten Wiederholung werden sich in Ihrem Gehirn endgültig neue Synapsen gebildet haben. Und wenn Sie jetzt durch diese Tür hinausgehen, sind Sie physisch eine andere Person als beim Hereinkommen.«[3]

Das Gehirn ist damit ein Spiegelbild einer Person, weil es von persönlichen Eindrücken und Lernerfahrungen geprägt und deshalb für jeden Menschen einzigartig ist. Informationsaufnahme und Lernen hinterlassen in unserem Gehirn nicht nur Spuren, sondern verändern es nachhaltig. Die durch das Lernen erzeugten neuronalen Verknüpfungen und Netzwerke sind nicht nur die Grundlage unseres Erinnerungsvermögens, sondern die Basis für unser Bewusstsein und unsere Identität. Alle unsere Wahrnehmungen werden durch diese über die Jahre aufgebauten Gehirnstrukturen eingeordnet, und diese entscheiden dann über unsere weiteren Reaktionen. Selbst eineiige Zwillinge, die nach dem gleichen genetischen Bauplan groß geworden sind, haben durch unterschiedliche

Erfahrungen physisch unterschiedliche Gehirne.[4] Lernen macht im wahrsten Sinne des Wortes andere Menschen aus uns.

Alle Lernprozesse, die den Aufbau des Gehirns verändern, das Wiederholen von Zusammenhängen, das Verstehen abstrakter Schriftzeichen und der Umgang mit mathematischen Formeln, erhöhen unsere kognitiven Fähigkeiten und damit unser ganz privates Humankapital, das uns keiner nehmen kann. Dieses Kapital ist ein wesentlicher Grundstock für den persönlichen und wirtschaftlichen Erfolg in unseren Leben, für unsere Gesundheit, für unseren Platz in der Gesellschaft. Und je mehr derart befähigte Menschen in einer Gesellschaft zusammenarbeiten, desto erfolgreicher kann diese sein.

Dass die Summe der individuellen Fähigkeiten, also das Humanvermögen einer Gesellschaft, eine enorme volkswirtschaftliche Wirkung entfalten kann, hat schon vor über einem halben Jahrhundert der französische Demograf Alfred Sauvy (1898–1990) festgestellt. Er analysierte, warum die gerade gegründete Bundesrepublik, ein zerbombtes Land, das nach dem Zweiten Weltkrieg rund 5 Millionen mittellose Flüchtlinge aus dem Osten Europas aufnehmen musste, daran nicht gescheitert war, sondern auf das Wirtschaftswunder zusteuerte: »Diese Menschen kamen ohne irgendwelche Mittel, aber mit ihrem Wissen und ihren Fähigkeiten. Sie arbeiteten und schufen das Kapital, das ihnen fehlte, da unter ihnen genug Ingenieure, Mechaniker, Chemiker, Ärzte oder Soziologen waren. Wären stattdessen fünf Millionen ungelernte Arbeiter nach Westdeutschland gekommen, hätte es fünf Millionen mehr Arbeitslose gegeben.«[5] Ähnliches gilt für die 1,8 Millionen meist jungen, qualifizierten Bürger der ehemaligen DDR, die nach der Wende in den Westen abgewandert sind und dort entscheidend zum Wirtschaftswachstum beigetragen haben. Auch bei der derzeitigen Flüchtlingswelle nach Europa wird vor allem die Bildung entscheiden, wie gut und wie schnell sich die Zugewanderten integrieren und volkswirtschaftlich nützlich machen können.

Aspekt Nr. 1: Bildung verbessert die Gesundheit

Der persönliche Nutzen von Bildung zeigt sich insbesondere bei der Gesundheit, die den Menschen natürlich besonders wichtig ist. Umfragen belegen regelmäßig, dass Gesundheit und ein gesundes, langes Leben ganz oben auf der Liste jener Dinge stehen, die sich die Menschen für sich selbst und ihre Lieben wünschen: Jeder Mensch ist lieber gesund als krank. Das gilt für den Börsenmakler in New York genauso wie für den Bauern in Mali oder den Indianer im Amazonas-Regenwald.

Epidemiologische Daten aus zahlreichen Studien zeigen, dass sich besser gebildete Menschen den Wunsch nach einem gesunden und möglichst langen Leben in allen Ländern der Welt besser erfüllen können als Menschen mit weniger Bildung. Ebenso sind Gesundheitszustand und Lebenserwartung in jenen Ländern am besten (beziehungsweise am höchsten), die auch über einen guten Bildungsstand verfügen. In einer Meta-Analyse, bei der die Ergebnisse zahlreicher umfassender Studien ausgewertet wurden, haben Wissenschaftler die Frage nach dem Zusammenhang zwischen Bildung und Gesundheit statistisch untersucht und damit einen globalen Vergleich von über 20 Millionen Menschen erstellt.[6] Das Ergebnis: Menschen, die nur bis zur unteren Sekundarstufe in die Schule gegangen sind, also bis zu einem Alter von etwa 15 Jahren, hatten als Erwachsene in jedem Alter eine um durchschnittlich 46 Prozent höhere Sterbewahrscheinlichkeit als jene, die länger eine Schule besucht haben.

In allen Ländern, für die entsprechende Daten verfügbar sind, leben die Menschen mit dem höchsten Bildungsstand (Hochschulabschluss) zwei bis zwölf Jahre länger als ihre Landsleute, die nur eine Grundschule oder gar keine Schule besucht haben. Noch länger scheinen jene Menschen zu leben, die noch mehr Bildung mitbekommen – Professoren, die zusätzlich Mitglieder einer Akademie der Wissenschaften sind. Das Wiener Institut für Demographie hat dazu die Sterbedaten von Mitgliedern verschiedener Akademien untersucht und mit der männlichen Gesamtbevölkerung verglichen (die bislang verstorbenen Akademiemitglieder sind fast ausschließlich Männer, weil sie zu einer Zeit ausgebildet wurden, in der Frauen in der Bildung noch benachteiligt waren).[7] Dabei zeigte sich zum Beispiel in Österreich, dass die Lebensjahre, die einem Menschen im Alter von 60 Jahren noch bleiben, bei der Gesamtbevölkerung bei 20 Jahren lagen, bei Männern mit Hochschulabschluss bei 23 und bei Akademiemitgliedern bei 26 Jahren. Die plausibelste Erklärung dafür ist, dass jene Menschen am ältesten werden, die bis ins hohe Alter geistig und sozial aktiv bleiben, weil sie weiter forschen, lesen und diskutieren, ihre Bildung also möglichst lange frisch halten.

Betrachtet man die Unterschiede bei der Lebenserwartung zwischen den wenig und den hoch gebildeten Gruppen in den verschiedenen Ländern, so zeigt sich, dass sie in den europäischen Mittelmeernationen mit zwei bis vier Jahren am geringsten sind. Das hängt vermutlich mit der gesunden mediterranen Ernährung zusammen, in deren Genuss auch die unteren Gesellschaftsschichten kommen. Am größten sind die Unterschiede bei Männern in Osteuropa. So leben hoch gebildete Russen heute im Schnitt mehr als zwölf Jahre länger als wenig gebildete.[8] Dies wiederum hängt mit dem tendenziell riskanten Lebenswandel von Männern mit einem niedrigen Bildungsstand zusammen, mit exzessivem Alkoholkonsum und den daraus resultierenden gesundheitlichen Schäden, Unfällen und Gewalteinwirkungen. Der ungesunde Lebenswandel trägt dazu bei, dass die Hälfte der russischen Männer stirbt, bevor sie das Rentenalter erreicht.[9]

In vielen Ländern haben sich die Unterschiede bei der Lebenserwartung in den verschiedenen Bildungsgruppen in den letzten Jahren sogar noch vergrößert, und das stärker bei Männern als bei Frauen. Das deutet auf eine Spaltung der Gesellschaft hin. Es sind vor allem die sozial schwachen Männer, denen ein kürzeres Leben beschieden ist. In den USA sind davon besonders häufig Schwarze betroffen, die in ihrer Bildungskarriere scheitern, schlecht bezahlte

Berufe ergreifen müssen oder arbeitslos bleiben und sich kaum für gesundheitliche Prävention interessieren. Menschen in den USA mit weniger als zwölf Jahren Schul- und Hochschulbildung haben heute eine Lebenserwartung, die mit jener der Gesamtbevölkerung vor einem halben Jahrhundert vergleichbar ist. Sie haben also kaum von der Verbesserung der Lebensqualität in den letzten 50 Jahren profitiert.[10]

Warum macht uns Bildung gesünder?

Die wichtigsten Gründe für den positiven Einfluss von Bildung auf die Gesundheit sind das bewusstere Leben und ein verändertes Risikoverhalten. Beides wirkt sich direkt im Alltag aus. Besser Gebildete treiben im Durchschnitt mehr Sport und sie rauchen weniger. Wenn sie rauchen, dann hören sie leichter aus Vernunftgründen auf. Sie trinken seltener Alkohol in gesundheitsgefährdenden Mengen und konsumieren weniger illegale Drogen. In der Regel ernähren sie sich auch gesünder, und die Wahrscheinlichkeit, an Fettleibigkeit zu erkranken, ist deutlich geringer. Sie haben im Schnitt mehr soziale Kontakte und eher das Gefühl, das eigene Leben kontrollieren zu können. Besser Gebildete finden leichter Zugang zu medizinisch relevanten Informationen und Leistungen und sind leichter von gesundheitlicher Vorsorge zu überzeugen.

Weniger Gebildete müssen deshalb mit mehr gesundheitlichen Einschränkungen im täglichen Leben rechnen. Diese treten in jedem Alter zwischen 30 und 75 Jahren bei der niedrigsten Bildungsgruppe im Durchschnitt drei- bis viermal häufiger auf als bei der höchsten Bildungsgruppe.[11] Dass sich dies auf das Wohlbefinden der Menschen auswirkt, zeigt sich auch bei der subjektiven Wahrnehmung des Gesundheitszustandes. So gaben bei der österreichischen Gesundheitsbefragung 88 Prozent der Frauen mit Abitur an, dass sie sich gesundheitlich sehr gut oder gut fühlen. Bei Frauen mit lediglich Pflichtschulbildung lag der Anteil bei nur 59 Prozent.[12]

Besser Gebildete nehmen auch eher neue Informationen zu gesundheitsrelevantem Verhalten auf. So war das Rauchen als gesellschaftliches Massenphänomen eine Modeerscheinung, die von den USA ausging und später auf der ganzen Welt kopiert wurde. In den 1950er Jahren hatten die Vereinigten Staaten den weltweit höchsten Zigarettenkonsum.[13] Es handelte sich um die Wohlhabenden und Bessergebildeten, die diesen Trend begründeten. Aber diese waren auch die Ersten, die ihr Verhalten aus rationalen Gründen änderten, als sich die gesundheitlichen Gefahren des Rauchens wissenschaftlich erklären ließen. Heute ist das Rauchen in den entwickelten Staaten überwiegend eine Angewohnheit der geringer Qualifizierten.

Wie sehr Bildung unser Risikoverhalten beeinflusst, lässt sich auch an der Verbreitung von Aids beobachten. Zunächst waren es eher die wohlhabenden und gut gebildeten Menschen der oberen Gesellschaftsschichten, die sich nach der Ausbreitung des HI-Virus über sein Entstehungsbiet in Afrika hinaus in den 1980er Jahren infizierten. Sie waren über Kontinente hinweg mobil und hatten eine höhere Wahrscheinlichkeit, mit dem Virus in Kontakt zu kommen. Aber sie waren nach dem Bekanntwerden der Übertragungsmechanismen auch schneller bereit, ihr riskantes Verhalten zu ändern als andere, und sind daher heute deutlich weniger betroffen als die Armen und weniger Gebildeten.[14]

Gesundheit ist natürlich auch eine Frage des Geldes. Tatsächlich leben etwa in Deutschland Menschen aus der niedrigsten Einkommensgruppe, die als Einzelperson weniger als 980 Euro netto im Monat verdienen, etwa zehn Jahre kürzer als jene, die auf mindestens 2 450 Euro kommen, also in die höchste Einkommensgruppe fallen. Arme Menschen können sich kein hochwertiges Essen leisten, sie müssen oft körperlich anstrengende Arbeit verrichten und haben trotz der gesetzlichen Krankenversicherung nicht den gleichen Zugang zu Gesundheitsdiensten wie Reiche. Arme machen sich auch mehr Sorgen um ihre Existenz – was sich wiederum auf ihre Gesundheit auswirkt. Zahlreiche internationale Studien belegen einen klaren Zusammenhang zwischen der sozialen Lage und der Gesundheit.

Doch leben arme Menschen wirklich kürzer, weil sie arm sind, oder sind andere Gründe für den schlechten Gesundheitszustand verantwortlich? Ein Forscherteam des Robert Koch-Instituts in Berlin hat herauszufinden versucht, welche die wirklichen Faktoren für Gesundheit oder Krankheit sind. Sie kamen zu dem Ergebnis, dass die finanzielle Situation eine untergeordnete Rolle spielt und dass Bildung einen weit größeren Einfluss hat.

Wichtig ist laut der Studie auch, wie viele wirkliche Freunde ein Mensch hat. Wie groß und verlässlich der Freundeskreis ist – und wie gering folglich das Risiko, im Alter zu vereinsamen –, hängt wiederum stark mit dem Bildungsstand zusammen. Selbst bei der Krebsmortalität, also der Frage, mit welcher Wahrscheinlichkeit ein Mensch an einem Tumor stirbt, spielt die Bildung eine herausragende Rolle. Dies liegt daran, dass besser Gebildete weniger rauchen, sportlich aktiver und seltener krankhaft übergewichtig sind.[15] Der enorme Zuwachs an Lebenserwartung – sie steigt in Ländern wie Deutschland seit vielen Jahren um zwei bis drei Jahre pro Jahrzehnt – gründet somit vor allem in dem massiv angewachsenen Bildungsniveau breiter Bevölkerungskreise.

Der Einfluss von Bildung auf die Gesundheit lässt sich auch mit einem einfachen medizinischen Test zeigen: Der sogenannte »Handgrip Test« misst die Kraft des Händedrucks beziehungsweise, wie kräftig eine Person im Laborversuch mit ihren Fingern einen Gegenstand zusammendrücken kann. Diese Handgriffstärke ist ein Zeichen von Vitalität und Gesundheit und gibt einen guten Ausblick auf die zukünftige Lebenserwartung und auf das Risiko, in den nächsten Jahren einen Herzinfarkt oder einen Schlaganfall zu erleiden.[16] Erstaunlich dabei ist, dass ab einem gewissen Alter bei dem Test oft eher schwächlich wirkende Intellektuelle besser abschneiden als einfache, aber in der Handarbeit gestählte Bauarbeiter gleichen Alters. Einer Untersuchung zufolge hat ein durchschnittlicher gering gebildeter 60-jähriger weißer Mann in den USA eine Handgriffstärke wie ein 66-jähriger besser Gebildeter.[17]

Kinder profitieren von gebildeten Müttern

Eine gute Bildung bedeutet also in den entwickelten Ländern einen enormen Vorteil für das persönliche Wohlbefinden. In den armen Ländern ist der Einfluss von Bildung auf die Gesundheit und die Dauer des Lebens noch größer. Dort sind Menschen ohne ausreichende Bildung besonders gefährdet, da die Lebensrisiken weitaus höher als in der entwickelten Welt sind. Die ärztliche Versorgung ist meist unzureichend und oft müssen die Menschen verunreinigtes Wasser trinken. Mancherorts herrschen Not, Hunger und Bürgerkrieg. Unter diesen Umständen tragen Wissen und Bildung nicht nur zu einer Verbesserung der Gesundheit bei – sie können über Leben und Tod entscheiden. Wenn Mütter wissen, dass abgekochtes Trinkwasser die Kleinsten vor tödlichen Durchfallerkrankungen schützt, rettet das ihren Kindern das Leben.

Bei Neugeborenen hängt die Überlebenswahrscheinlichkeit entscheidend davon ab, wie lange die Mütter zur Schule gegangen sind (der Bildungsstand des Vaters spielt bei dieser Frage eine geringere Rolle). Dies geht aus den »Demographic and Health Surveys« hervor, die in zahlreichen Entwicklungsländern durchgeführt werden. Dabei wird eine größere Zahl von Frauen nach der Zahl ihrer Geburten, nach ihrem Bildungsstand und dem Gesundheitszustand oder dem Tod ihrer Kinder befragt. In allen Ländern zeigt sich, dass die Kinder besser gebildeter Mütter deutlich seltener vor ihrem ersten oder fünften Lebensjahr versterben. In den meisten Ländern steigt die Überlebenswahrscheinlichkeit der Kleinen linear über die verschiedenen Bildungskategorien der Frauen an. Haben sie Abitur, dann haben ihre Kinder die niedrigste Sterblichkeit. Waren sie nie in der Schule, dann trifft die Kinder am häufigsten der frühe Tod.[18]

Untersuchen die Wissenschaftler in ähnlichen Analysen, welchen Einfluss das Einkommen beziehungsweise der Wohlstand der Familien auf die Kindersterblichkeit hat, dann finden sie einen deutlich geringeren Effekt. Besonders interessant sind dabei Untersuchungen, bei denen die Wissenschaftler die Frauen in vier Gruppen aufteilen: in »wenig gebildet/arm«, »wenig gebildet/reich«, »gebildet/arm« sowie »gebildet/reich«. Erwartungsgemäß haben die Kinder der wenig gebildeten und gleichzeitig armen Frauen die schlechtesten Chancen, während jene der gebildeten und reichen Frauen die besten haben. Dies sind auch wegen des üblichen positiven Zusammenhangs zwischen Bildung und Einkommen die beiden größten Gruppen in der Gesellschaft. Die beiden anderen, kleineren Gruppen liefern die überraschendsten Ergebnisse: In fast allen Ländern findet sich ein Muster ähnlich dem in Indonesien, wo die Kinder der reichen, aber schlecht gebildeten Frauen eine fast 50 Prozent niedrigere Überlebenswahrscheinlichkeit haben als die Kinder der armen, aber besser gebildeten Frauen. Das gleiche Ergebnis zeigt sich im ostafrikanischen Malawi, wo die Kindersterblichkeit insgesamt viel höher liegt als in Indonesien. In beiden Ländern trägt Bildung dazu bei, dass die Kinder selbst armer Mütter bessere Überlebenschancen haben.[19]

Egal mit welcher Methode oder mit welchem statistischen Aufwand solche Analysen auch durchgeführt werden,[20] ob man besser oder schlechter gebildete Frauen miteinander vergleicht, ob Dörfer mit unterschiedlichem Bildungsstand der Bevölkerung oder ganze Länder – immer zeigt sich das gleiche Resultat: Stets hat die Bildung der Mütter einen größeren Einfluss auf die Überlebenswahrscheinlichkeit der Kinder als das Einkommen oder der Wohlstand. Humankapital ist wertvoller als Finanzkapital.

Betrachtet man einzelne Dörfer, ist es sogar so, dass selbst Kinder von Frauen mit niedrigem Bildungsstand eine höhere Überlebenswahrscheinlichkeit haben, wenn in dem Ort viele Frauen mit höherer Bildung leben. Wissenschaftler nennen das einen Spill-over- oder Überschwapp-Effekt: Offenbar färbt das gesundheitsfördernde

Verhalten von besser gebildeten Frauen auch auf ihre schlechter gebildeten Geschlechtsgenossinnen ab. Was gut ist für die Kinder, spricht sich herum. Auch hier zeigt sich kein positiver Effekt des Einkommens auf die Gesundheit: Leben in einem Dorf besonders viele wohlhabende Familien, so hat dies keinen Einfluss auf die Kindersterblichkeit der Armen im gleichen Dorf. Der Reichtum der einen führt nicht zu einem Wohlergehen der anderen.

Warum ist das so? Weshalb sorgen schon ein paar Jahre Schulbesuch der zukünftigen Mütter dafür, dass deren Nachwuchs gesünder groß wird? Ganz sicher fördert bereits der Umgang mit der Schriftsprache, mit Zahlen und einfachen Lerninhalten das abstrakte Denken. Wenig greifbare Zusammenhänge wie »das Abkochen von Wasser tötet gefährliche Inhaltsstoffe darin« werden leichter verständlich. Irrationale Vorstellungen von Geistern und dunklen Mächten, die das Kind befallen könnten, rücken in den Hintergrund. Frauen mit einer Grundbildung können besser mit Ärzten und Krankenschwestern kommunizieren. Sie lesen und verstehen die Hinweise auf Arzneimittelpackungen. Kampagnen zur Sexualaufklärung und Familienplanung kommen bei ihnen eher an. Sie begreifen leichter, warum das Kind gesundheitliche Probleme hat, und halten sich eher an die Anweisungen des medizinischen Personals. Sie verstehen medizinische Zusammenhänge und machen sie sich im Sinne ihrer Kinder zunutze.

Aspekt Nr. 2: Bildung wirkt sich positiv auf das Einkommen aus

Jedes Jahr, das ein Mensch länger in Ausbildung verbringt, beschert ihm mehr Einkommen. Das gilt nicht in jedem Einzelfall, wie die taxifahrenden Sozialforscher oder Kunsthistoriker in jeder größeren Stadt der westlichen Welt beweisen. Es gibt Menschen, die durchlaufen zwar eine teure Ausbildung, finden in ihrem Feld aber keine Beschäftigung. Auch dort, wo viel Geld in Privatschulen oder Studiengebühren für zweitklassige Hochschulen fließt, lässt sich der Aufwand nicht immer durch einen höheren Verdienst wieder hereinholen.

Aber der Zusammenhang von Bildung und Einkommen gilt – und das ist für jede Analyse und für jede Strategie ausschlaggebend – im Durchschnitt. Statistiken aus allen Ländern zeigen, dass Bildung das persönliche Einkommen im Schnitt erhöht, und zwar sowohl in den ärmsten Entwicklungsländern wie in den reichsten Industriestaaten. Das trifft sogar für die Länder der südlichen EU-Krisenstaaten zu, in denen in letzter Zeit die Arbeitslosigkeit unter jungen Akademikern zugenommen hat. Auch dort zeigen die Statistiken, dass die höher Gebildeten besser vor einem Jobverlust geschützt sind und dass sie, wenn sie einen Job haben, auch mehr verdienen als jene mit weniger Bildung.[21]

Besonders stark ist diese sogenannte Bildungsrendite in den USA. Dort bringt heute im Durchschnitt jedes Jahr College 15 Prozent mehr Gehalt für den Rest des Lebens im Vergleich mit den Einkommen von jenen, die kein College besucht haben. Wer also vier Jahre lang studiert, kann auf ein Einkommensplus von 60 Prozent bauen.[22] Auch in Europa macht sich ein Studium deutlich in der Kasse bemerkbar. Studien der OECD zeigen, dass ein abgeschlossenes Studium im Vergleich zum Abitur in Deutschland ein um 20 Prozent höheres Einkommen bringt; in Frankreich und Italien sind es sogar fast 30 Prozent mehr.[23]

Noch größer wird der Unterschied, wenn man die Menschen ohne Berufsausbildung mit den Akademikern vergleicht. So zeigen Daten der deutschen Bundesagentur für Arbeit, dass Personen mit Hochschulabschluss bei durchgängiger Beschäftigung im Schnitt auf einen Lebensverdienst von 2,3 Millionen Euro kommen, diejenigen ohne Berufsabschluss aber nur auf 1,1 Millionen – und das, obwohl Akademiker wegen ihres Studiums im Mittel erst sieben Jahre später mit dem Geldverdienen beginnen können. In Wirklichkeit ist der Unterschied aber noch größer, denn Personen mit geringer Bildung treten früher in den Ruhestand ein als besser Qualifizierte, sie sind häufiger arbeitslos und deshalb seltener durchgängig beschäftigt, und sie haben dadurch auch geringere Rentenansprüche.[24]

Die Weltbank hat kürzlich an 140 Volkswirtschaften untersucht, ob sich der Bildungsaufwand überall auf der Welt in gleichem Ausmaß lohnt. Die Frage, ob es überall eine Bildungsrendite gibt, ist besonders für Regierungen und Privatpersonen in armen Staaten wichtig. Denn wenn die Bildung mehr Geld verschlingen würde, als sie einbringt, dann ließen sich die Mittel klüger in anderen für die Menschen wichtigen Bereichen einsetzen, etwa im Straßen- und Häuserbau, in der Landwirtschaft oder im Gesundheitswesen. Für Privatpersonen muss das für die Bildung aufgewandte Geld, ökonomisch gesprochen, eine höhere Rendite erbringen als andere Formen der Geldanlage, etwa in Aktienfonds oder Anleihen.

Das Ergebnis der Weltbank-Studie ist eindeutig: Im weltweiten Durchschnitt bringt ein einziges Jahr mehr Schul- oder Universitätsbildung 10 Prozent Rendite – so viel erreicht kaum ein Finanzinvestor. Vier Jahre mehr Schule bedeuten also bereits 40 Prozent mehr Lebenseinkommen. Am höchsten ist die Bildungsrendite mit durchschnittlich 13 Prozent pro Jahr zusätzlicher Ausbildung in den Ländern südlich der Sahara, also in den ärmsten Nationen der Welt. In Ruanda, Südafrika und Äthiopien liegt sie sogar zwischen 22 und 19 Prozent, bei Frauen generell höher als bei Männern. Auch hier zeigt sich ein überproportionaler Gewinn durch Bildungsinvestitionen bei Frauen.

Am niedrigsten ist die Bildungsrendite in Nordafrika und dem Mittleren Osten, in Ländern wie Afghanistan oder dem Irak, wo sie gerade einmal 2 bis 3 Prozent beträgt. In diesen Ländern hängt der gesellschaftliche Aufstieg mehr von Korruption und Vetternwirtschaft ab als von der Qualifikation, es mangelt aufgrund schlechter Regierungsführung und Verwaltung an Arbeitsplätzen für Qualifizierte, und Frauen werden trotz guter Bildung in vielen Bereichen des Arbeitsmarktes diskriminiert.

Interessanterweise wird die Bildungsrendite mit jedem zusätzlichen Jahr der Ausbildung höher. Das heißt, ein Jahr zusätzliche Hochschule bringt mehr für die eigene Brieftasche als ein Jahr zusätzliche Grundschule. Nicht die Ausbildung allein, sondern eine möglichst gute Ausbildung für möglichst viele Mitglieder der Gesellschaft ist also entscheidend für den wirtschaftlichen Erfolg. Allerdings sinkt die Rendite, wenn immer mehr Menschen eine gute Ausbildung haben: Tatsächlich hat sich die Schul- und Ausbildungszeit der über 15-jährigen Weltbevölkerung zwischen den Jahren 1980 und 2010 von fünf auf acht Jahre ausgeweitet. Die Bildung reagiert damit marktwirtschaftlich betrachtet auf das Preissignal: Je mehr gut Ausgebildete auf dem Markt sind, umso geringer ist der Gewinn für jeden Einzelnen. Trotzdem bleibt unterm Strich ein Gewinn: Während die Bildungswerte weltweit stark gestiegen sind, hat sich die Bildungsrendite nur leicht verschlechtert, sie bleibt aber deutlich positiv. Das kann nur bedeuten, dass sich weltweit die Nachfrage nach qualifizierten Arbeitskräften immer weiter erhöht hat, dass also der Markt noch längst nicht mit Qualifizierten übersättigt ist.[25]

Aspekt Nr. 3: Lebenszufriedenheit – Bildung bedeutet Glück

Die Tatsache, dass sich Bildung auf das Wohl von Individuen und ganzen Gesellschaften auswirkt, lässt sich überzeugend empirisch belegen. Dass Bildung die Menschen glücklich macht, ist schon schwieriger zu vermitteln; zumindest gilt das für Kinder und Jugendliche. Die meisten jungen Menschen erleben Schule als Pflichtveranstaltung und nicht als persönliche Bereicherung, als Gewinn oder gar Quelle für Glücksgefühle. Einer der beiden Autoren dieses Buches war in der österreichischen Volksschule so unglücklich, dass er später als 15-Jähriger einen zornigen Beitrag für die Schülerzeitung verfasste mit dem Titel: »Volksschule, ein Verbrechen am

Kind«, worin er gegen die allgemeine Schulpflicht zu Felde zog.[26] Der andere Autor zeigte sich jahrelang so desinteressiert am Unterricht, dass seine Versetzung in die nächste Klasse mitunter hochgradig gefährdet war. Rückblickend betrachtet lag der Widerstand gegen die Bildung eher an demotivierenden Lehrern, an langweiligen Lehrplänen und an einem Mangel an praktischen und lebensnahen Lerninhalten. Zum Glück der beiden Jugendlichen konnte die Schule kaum beitragen.

Die Vorstellung, dass Bildung unglücklich macht, ist sogar unter manchen Wissenschaftlern verbreitet. Der österreichische Philosoph Konrad Paul Liessmann etwa gibt dem Vorwort zu einem Buch über Bildung den Titel »Warum Bildung nicht glücklich macht«.[27] Darin beschreibt er drei Arten der Bildung, die seiner Ansicht nach allesamt ins Unglück führen. Erstens die klassisch humanistische Bildung, die angesichts des Unrechts und der Falschheiten dieser Welt täglich zur Verzweiflung führen muss. Zweitens die moderne utilitaristische Bildung, die verlangt, dass jedes vollwertige Mitglied der Gesellschaft ständig seine Fähigkeiten auf den neuesten Stand bringt, um im Wettbewerb zu bestehen, was aber letztlich zu der Erkenntnis führt, doch nur ein fremdbestimmtes Rädchen im Dienste des ökonomischen Profits zu sein. Und drittens die Bildung zu einem kritischen, verantwortungsbewussten und mündigen Bürger, der aber schlussendlich auch an der ständigen Erkenntnis seines Nichtwissens verzweifeln muss.

Diese Erwartungen mögen typisch für einen pessimistischen Philosophen sein. Mit der Realität haben sie nichts zu. Empirische Daten aus fast allen Ländern der Welt zeigen, dass Bildung entgegen diesen düsteren Erwartungen ein wahrer Glücksbringer ist. Es gibt zahlreiche internationale Umfragen, bei denen die Lebenszufriedenheit der Menschen ermittelt wird. Meist werden die Personen aufgefordert, auf einer Skala von »sehr unglücklich« bis »sehr glücklich« ihre allgemeine Lebenszufriedenheit einzuordnen. Diese Studien, die im Abstand von Monaten und Jahren wiederholt werden, zeigen, dass Menschen dabei in der Regel sehr konsistente Angaben machen und sich nicht von kurzfristigen Ereignissen und Gefühlen beeinflussen lassen. Wenn bei den Untersuchungen auch der Bildungsstand und das Einkommen abgefragt werden, lassen sich daraus interessante Rückschlüsse ziehen.

Praktisch weltweit ergibt sich dabei ein ganz klares Muster: Die besser ausgebildeten Teile der Bevölkerung bezeichnen sich zu einem wesentlich höheren Anteil als »sehr glücklich« oder »glücklich« als die weniger Gebildeten. In der Altersgruppe der 35- bis 45-Jährigen stufen sich Menschen mit höherer Bildung zu 90 Prozent in die beiden Klassen der Glücklichen ein. Personen mit mittlerer Bildung tun dies zu 85 Prozent und solche mit niedrigerer Bildung nur zu 78 Prozent. Umgekehrt ist der Anteil der subjektiv Unglücklichen bei den wenig Gebildeten deutlich höher als bei den besser Gebildeten.[28]

Interessanterweise macht Geld ab einem bestimmten Einkommensniveau nicht weiter glücklich. Solange die Menschen damit zu kämpfen haben, ihre Grundbedürfnisse über einen finanziellen Verdienst zu befriedigen, sind sie eindeutig glücklicher, wenn ihnen dies gelingt. Allerdings wird der Glückszuwachs mit jedem zusätzlich verdienten Euro oder Dollar geringer. Schon bald beginnt die Wachstumskurve des Glücks bei zusätzlichem Einkommen abzuflachen. Irgendwann bringt ein Mehrverdienst überhaupt keinen zusätzlichen Glücksgewinn mehr. Das gilt sowohl für einzelne Menschen innerhalb eines Landes als auch für den Vergleich zwischen armen und wohlhabenden Ländern.

Dieser Effekt ist nach dem amerikanischen Ökonomen Richard Easterlin als Easterlin-Paradox bekannt.[29] Der Wissenschaftler hatte diesen Zusammenhang in den 1970er Jahren erstmals international untersucht und später häufig bestätigen können. Stets machte noch mehr Geld ab einer bestimmten Menge nicht glücklicher. Bei der Bildung scheint es diesen Übersättigungseffekt nicht zu geben: Wächst ein hoher Bildungsstand noch weiter, erhöht sich im Durchschnitt auch das persönliche Glücksempfinden.

Der Zusammenhang zwischen Bildung und Glücksempfinden lässt sich relativ leicht erklären. Aus den internationalen Glückssurveys ist bekannt, welche Faktoren zum Glück beziehungsweise zum Unglück der Menschen beitragen: Erwerbstätige sind signifikant glücklicher als Arbeitslose, die oft von Ängsten und Depressionen geplagt werden. Menschen, die von sich sagen, es gehe ihnen körperlich und geistig gut, sind durchschnittlich glücklicher als die anderen. Freunde und soziale Bindungen tragen ebenfalls zum Glücksgefühl bei. Demokratie macht die Menschen glücklich, weil sie das Gefühl haben, mitbestimmen zu können und eine Kontrolle über ihr Umfeld auszuüben. Einen Arbeitsplatz haben, bis ins Alter gesund bleiben oder sich über einen aktiven Freundeskreis freuen – all dies hängt wesentlich vom Bildungsstand ab. Er entscheidet damit auch darüber, ob wir glücklich sind oder nicht.

Auch hier gilt: Menschen in desolaten Lebenslagen, in Krisenstaaten oder Bürgerkriegsgebieten, Menschen, die unzureichenden Zugang zu Bildung haben und geringe Chancen, ihr Leben selbst zu bestimmen oder ihren Kindern eine Zukunft zu bieten, sind häufig objektiv und subjektiv unglücklich. Diese Menschen haben oft wenig zu verlieren und kaum eine Hoffnung. Sie resignieren oder gehen Risiken ein, die anderswo unbegreiflich sind. Sie fallen eher auf die Versprechen von Ideologen herein, sie lassen sich leichter radikalisieren. Für einzelne Verzweifelte kann dann der Tod als direkter Weg ins Paradies attraktiver sein als ein Weiterleben im hoffnungslosen Alltag. Andere machen sich auf, um in einem anderen Land nach einem besseren Leben zu suchen. Für viele andere bedeutet die desolate Lebenslage ein lautloses Leiden. Dies sind die bedauernswertesten Verlierer im Kampf der Bildungskulturen.

Aspekt Nr. 4: Bevölkerungswachstum – welche Rolle die Bildung von Frauen spielt

Derzeit leben auf der Erde rund 7,3 Milliarden Menschen, Tendenz steigend. Wie schnell und wie lange die Weltbevölkerung noch weiter wachsen wird, ist eine offene Frage. Während einerseits in über 80 Ländern die Kinderzahlen bereits unter dem Niveau liegen, auf dem eine Bevölkerung ohne Zuwanderung mittelfristig überhaupt noch wachsen kann, und während in einzelnen Ländern, etwa in Japan oder in Osteuropa, bereits das Schrumpfen begonnen hat, werden die Bevölkerungen im weniger entwickelten Teil der Welt, in einigen Ländern Asiens, im Nahen Osten und vor allem in Afrika, weiter wachsen.

Viele Länder Afrikas haben bis Mitte des Jahrhunderts eine Verdopplung oder Verdreifachung ihrer Einwohnerzahlen zu erwarten. Das liegt an den dort immer noch sehr hohen Geburtenzahlen. In Niger bekommen die Frauen im Schnitt 7,6 Kinder, in Somalia 6,6, in Nigeria 5,5. In Zentralafrika beträgt das Wachstum 3 Prozent im Jahr. Ungebremst würde sich dort die Bevölkerung alle 23 Jahre verdoppeln. Unter diesen Bedingungen hätten die sechs Länder Angola, Kamerun, Tschad, Zentralafrikanische Republik, Kongo und Demokratische Republik Kongo im Jahr 2100 rund 1,7 Milliarden Einwohner. Heute sind es etwa 150 Millionen.

Weil in diesen Ländern immer mehr junge Menschen nachwachsen, ist die Bevölkerungsstruktur extrem jung, und das bedeutet, dass in Zukunft immer mehr Frauen ins gebärfähige Alter kommen. Die Bevölkerung wüchse dort also weiter, selbst wenn die Frauen künftig im Schnitt nur noch zwei Kinder bekämen. Dieser rasche Zuwachs macht jegliche Entwicklungsanstrengungen in den betroffenen Ländern immer schwieriger.

Auch wenn die Regierungen Schulen bauen und Lehrer ausbilden: Es wachsen mancherorts mehr Kinder nach, als unterrichtet werden können. Die Zahl der Menschen steigt schneller als die der

Krankenschwestern oder Ärzte. Neue Arbeitsplätze entstehen nicht annähernd in dem Tempo, in dem die Bevölkerung wächst, sodass Abertausende junger Erwachsener von einer sicheren Existenz nur träumen können. In vielen Ländern südlich der Sahara, wo die Hälfte der Bevölkerung noch unter 20 ist und die längste Phase ihrer potenziellen Elternschaft noch vor sich hat, drohen die Probleme unbeherrschbar zu werden.

In Mali, Uganda oder Senegal hat sich im Rahmen der Millenniums-Entwicklungs-Agenda zwischen 1990 und 2015 zwar der Anteil der armen Menschen halbiert, was zunächst wie ein großer Erfolg aussieht. Aber weil so viele neue Arme nachgewachsen sind, hat sich die absolute Zahl jener, die von der Hand in den Mund leben, kaum verändert. In Niger, dem Land mit dem stärksten relativen Zuwachs an Menschen weltweit, gibt es im Jahr 2015 rund 700 000 mehr extrem Arme als 1990.[30] Es ist sicher kein Zufall, dass diese Länder, in denen die Zahl der frustrierten jungen Menschen stark wächst, besonders anfällig sind für bewaffnete Konflikte, für eine Radikalisierung und für die Ausbreitung von religiösem Fanatismus.

Die Vereinten Nationen rechnen in der mittleren Variante ihrer Bevölkerungsvorausberechnungen damit, dass sich die Menschheit bis Mitte des Jahrhunderts auf über 9,5 Milliarden und bis 2100 auf knapp 11 Milliarden Personen vermehrt und das Wachstum auch danach noch nicht zum Stillstand kommt.[31] Dieser Zuwachs geht fast ausschließlich auf das Konto der am wenigsten entwickelten Länder. Das weltweite Wachstum könnte aber auch deutlich langsamer verlaufen und schon in wenigen Jahren zum Erliegen kommen – und zwar dann, wenn sich die Bildung in den Ländern mit hohem Wachstum insbesondere unter Frauen weiter deutlich ausbreitet.

In praktisch allen Ländern der Welt haben Frauen mit höherer Bildung weniger Kinder als ungebildete Frauen. Besonders stark ist dieser Unterschied in Regionen, die sich noch in der Frühphase der demografischen Transition befinden – also in der des Übergangs von hohen zu niedrigen Geburten- und Sterberaten. Zum Beispiel in Kenia: Dort hatten Frauen ganz ohne Schulbildung im Jahr 2010

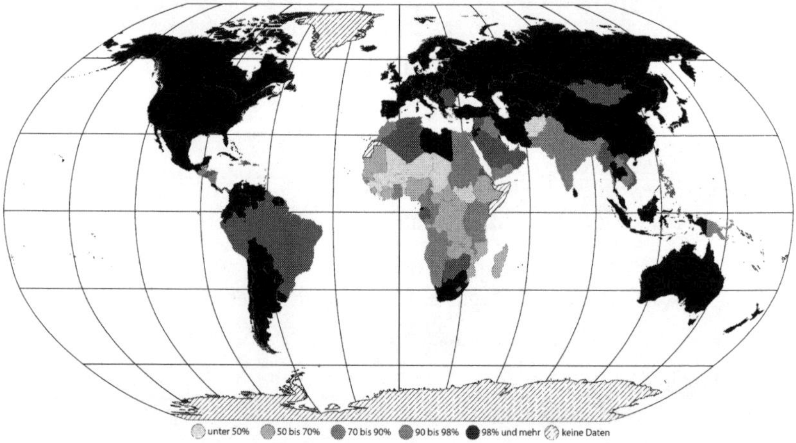

Karte 1: Alphabetisierungsrate der 15- bis 24-Jährigen, 2013

Noch immer können in vielen Ländern nicht alle Kinder zur Schule gehen, darunter deutlich mehr Mädchen als Jungen. (Quelle: UIS 2013)

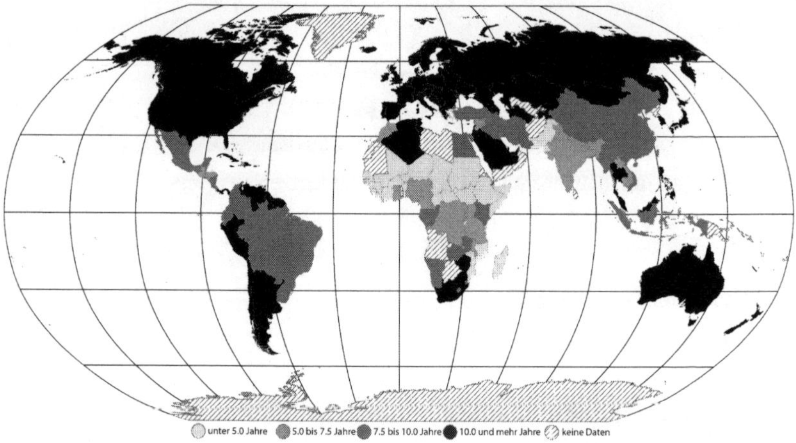

Karte 2: Mittlere Dauer der Ausbildung der 15- bis 44-Jährigen in Jahren, 2015

In den hochentwickelten Ländern bekommen die Menschen im Schnitt mehr als zehn Jahre Ausbildungszeit mit – in den ärmsten keine fünf Jahre. (Quelle: Wittgenstein Centre Data Explorer)

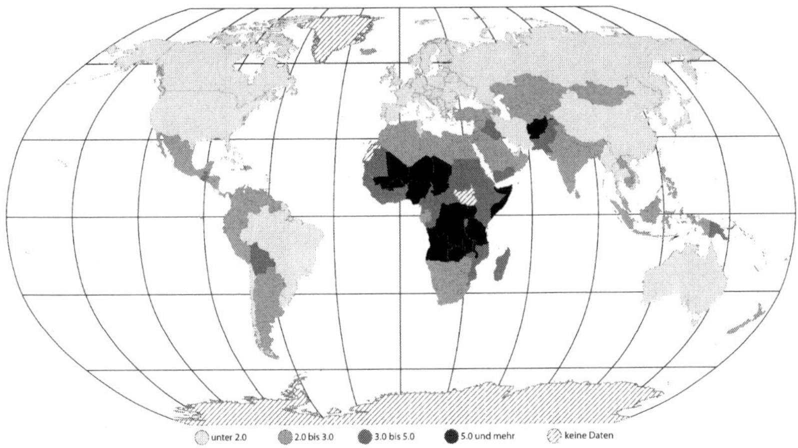

Karte 3: Kinderzahl je Frau (Gesamtfertilitätsrate) 2010–2015

Wo weltweit die größten Bildungsdefizite herrschen, vor allem in Afrika und in Teilen Westasiens, bekommen die Frauen im Mittel noch vier bis sieben Kinder. (Quelle: Wittgenstein Centre Data Explorer)

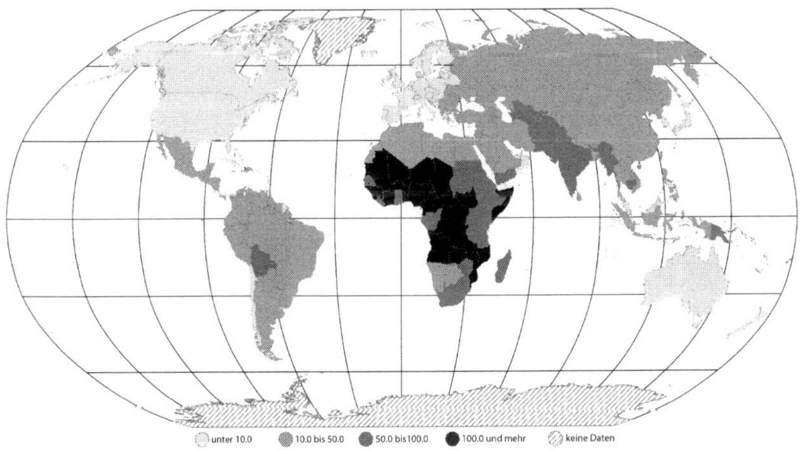

Karte 4: Anzahl der Kinder pro 1 000 Lebendgeburten, die vor ihrem fünften Geburtstag sterben, 2010–2015

In hoch entwickelten Ländern sterben von 1 000 Kindern lediglich drei bis vier, bevor sie fünf Jahre alt werden. In Angola, Nigeria oder Afghanistan gilt das für 157 respektive 109 respektive 91 von 1 000 Kindern. (Quelle: United Nations) im Durchschnitt über sechs Kinder. Frauen, die zumindest bis zum Sekundarabschluss die Schule besucht hatten, bekamen im Mittel nur 2,5 bis drei Kinder. In Äthiopien ist die Kinderzahl bei Frauen mit Abitur schon auf 1,2 gefallen, während Frauen ohne Schulbildung immer noch mehr als fünf Kinder bekommen. Ähnliche Muster gelten für die meisten Entwicklungsländer, und es gibt viele Gründe, anzunehmen, dass in Ländern mit hoher Geburtenrate die Bildung von Frauen kausal auf den Rückgang der Geburtenzahlen einwirkt.[32]

Ein wichtiger Grund dafür ist relativ banal: Gehen Mädchen nicht nur ein paar Jahre zur Schule, sondern haben die Chance auf eine Sekundarbildung, entziehen sie sich dadurch dem Heiratsmarkt, auf dem sie sonst in vielen armen Ländern schon im Alter von 14, 15 Jahren landen. In Tschad oder Niger etwa lebt rund ein Drittel aller 15-jährigen Mädchen bereits in einer Ehe oder eheähnlichen Gemeinschaft.[33] Auf die frühe Heirat oder das frühe Zusammenleben folgt dann schnell die erste Schwangerschaft. Schon als Teenager sind viele dieser Mädchen mehrfache Mütter. Komplikationen während Schwangerschaft und Geburt stellen für 15- bis 19-Jährige weltweit die häufigste Todesursache dar.

Längere Ausbildungszeiten haben überall auf der Welt für spätere Schwangerschaften gesorgt.[34] Blockiert also die Schule die (häufig illegale) Praxis der Verheiratung von Minderjährigen zumindest für ein paar Jahre, bekommen diese Frauen ihre Kinder später als Frauen ohne oder nur mit Grundschulbildung. Wenn sie mehrere Kinder haben, werden die Abstände zwischen den Geburten größer. Beides ist deutlich weniger verschleißend für die Mütter und wirkt sich direkt auf den Gesundheitszustand der Neugeborenen aus. Bildung hilft Mutter und Kind.

Daten der großen Gesundheitsbefragungen zeigen überdies, dass sich besser gebildete Frauen deutlich weniger Kinder wünschen, weil sie rationaler über ihre Familiengröße nachdenken, weil sie auch ihre eigene Gesundheit schützen wollen, weil sie häufiger außerhäuslich berufstätig sind und weil sie sich gegenüber ihrem Partner und ihrem familiären Umfeld besser durchsetzen können. Gerade in traditionellen patriarchalen Gesellschaften haben das Wort der Eltern und des Mannes mehr Gewicht als jenes der Frauen. Männer wünschen sich dort häufig mehr Kinder, als es den Frauen lieb ist. Generell sinken die Kinderzahlen, wo Frauen mehr Rechte erhalten.

Frauen mit besserer Bildung wollen auch ihren Kindern eine gute Ausbildung ermöglichen (auch in dieser Frage hat der Bildungsstand der Väter weniger Einfluss); das ist in der Regel mit Kosten verbunden und spricht tendenziell für weniger Kinder. Schlussendlich finden Frauen mit höherer Schulbildung leichteren Zugang zu sicheren Methoden der Empfängnisverhütung.

Weniger Nachwuchs bietet Entwicklungschancen

Sinkende Nachwuchszahlen würden den betroffenen Staaten einen demografischen Bonus eröffnen. Der entsteht, wenn durch die geburtenstarken Jahrgänge der Vergangenheit und weniger Kinder in der Gegenwart besonders viele Menschen im erwerbsfähigen Alter sind. Wenn es in dieser Phase gelingt, die große Zahl an jungen Menschen, die arbeiten können, auszubilden und mit Jobs zu versorgen, lässt sich eine wirtschaftliche Entwicklung gar nicht mehr aufhalten. Dann fahren die Gesellschaften eine demografische Dividende ein. Dieses Modell, das die asiatischen Tigerstaaten lehrbuchmäßig vorexerziert haben, kann in Afrika, Westasien und dem Nahen Osten aber nur Wirklichkeit werden, wenn über die Bildung sowohl das Bevölkerungswachstum reduziert als auch gleichzeitig das Humankapital für das Wirtschaftswachstum vergrößert wird. Beides scheint da unerreichbar, wo fundamentalistische Bildungsgegner am Werk sind oder wo das Interesse der Regierenden an einer Breitenbildung begrenzt ist.

Bildung ist also gerade in den wenig entwickelten Ländern, die angesichts des starken Bevölkerungswachstums unter hohem Entwicklungsstress stehen, eine wichtige Grundlage für den Aufstieg. Praktisch in allen Ländern, die diesen Entwicklungsweg bereits hinter sich haben, zeigt sich, dass Bildung der beste Weg ist, um zu persönlichem und gesellschaftlichem Wohlstand zu gelangen.

Aspekt Nr. 5: Klimawandel – Bildung schützt vor Umweltgefahren

Interessanterweise wirkt sich Bildung sogar in einem Bereich aus, in dem auf den ersten Blick nur der Zufall über die Frage von Leben und Tod entscheidet: bei Naturkatastrophen wie Hitzewellen, Tsunamis oder Wirbelstürmen. Diese lassen sich kaum vorhersagen, und sie treffen jene, die im falschen Moment am falschen Ort sind – sollte man meinen. Doch dies ist nur die halbe Wahrheit.

Am 26. Dezember 2004 ereignete sich im Indischen Ozean ein unterseeisches Beben mit einer Stärke von 9,3.[35] Das Epizentrum lag 85 Kilometer vor der Nordwestküste der indonesischen Insel Sumatra. Es war eines der stärksten jemals aufgezeichneten Beben und löste verheerende Tsunamis an vielen Küsten des Indischen Ozeans aus. Insgesamt starben dabei rund 230 000 Menschen, davon allein 165 000 in Indonesien. Geschätzte 110 000 Menschen wurden verletzt und über 1,7 Millionen Küstenbewohner verloren ihr Zuhause.

Zehn Monate vor der Katastrophe hatte das Statistische Amt Indonesiens in der betroffenen Region eine große repräsentative Befragung zur Entwicklung von Haushalten durchgeführt. So lagen durch Zufall gute Daten zu Familiengröße, Gesundheit, Einkommen und Bildungsstand vor. Rund ein Jahr nach dem Unglück ließ das Amt alle Haushalte im Katastrophengebiet, die zu identifizieren waren, nochmals befragen und vier Jahre später erneut.[36] Dadurch ließ sich die Lage von Tausenden von Haushalten, die von der Katastrophe direkt oder indirekt betroffen waren, vor und nach dem Tsunami vergleichen.

Das Ergebnis war verblüffend: Unter den männlichen Todesopfern waren die weniger Gebildeten anteilsmäßig häufiger vertreten. Noch stärker wog der Vorteil von Bildung bei den Überlebenden. Unabhängig von ihrem früheren Einkommen konnten besser gebildete Frauen und Männer deutlich schneller ins normale Leben zurückfinden, und sie fanden leichter wieder eine Beschäftigung. Fünf Jahre nach der Katastrophe waren die höher gebildeten Betroffenen in einer besseren psycho-sozialen Verfassung als die weniger Gebildeten. Bildung war offensichtlich ein wichtiger Faktor der Resilienz, der Fähigkeit, sich von einem Unglück zu erholen.

Ein anderes Beispiel für Resilienz bei Naturkatastrophen liefern die drei Länder Kuba, Dominikanische Republik und Haiti. Sie alle liegen im Durchzugsgebiet schwerer Wirbelstürme, die im Golf von Mexiko regelmäßig im Spätsommer und Frühherbst vom aufgewärmten Atlantik Richtung Westen gen Land peitschen. Diese Hurrikane dürften im Rahmen des Klimawandels an Zahl und Stärke zunehmen. Weil sie auf den genannten Inseln oft auf dicht besiedelte Küstenabschnitte treffen, sind die Schäden an der Infrastruktur meist hoch und es sind viele Opfer zu beklagen.

Doch die Verwundbarkeit durch Naturkatastrophen ist in den einzelnen karibischen Länder sehr unterschiedlich: In Kuba gibt es nur vereinzelt Tote, in der Dominikanischen Republik meist einige Dutzend, während in Haiti Hunderte, wenn nicht Tausende an den Folgen der Stürme zu Tode kommen. Die Erklärung für die Unterschiede liegt wieder in der Bildung: In Kuba ist die Bevölkerung aufgrund der Planwirtschaft zwar arm, aber sehr gut gebildet. Die Dominikanische Republik ist viel reicher, aber dort hat die Regierung weniger in die Bildung investiert. Haiti schließlich ist bettelarm und in Sachen Bildung ein völlig rückständiges Entwicklungsland.

Wieso sind die Opferzahlen bei Wirbelstürmen von vergleichbarem Ausmaß in direkt benachbarten Ländern so unterschiedlich?

Studien zu diesem Thema zeigen, dass die Bildung und damit zusammenhängende Faktoren wie die Effizienz sozialer Organisation, die in Kuba besonders stark ausgeprägt ist, eine wichtige Rolle spielen. Dies gilt vor, während und nach der Katastrophe:[37] Frühwarnsysteme funktionieren in besser gebildeten Gesellschaften deutlich effizienter. Menschen, die durch ihre Bildung besser in der Lage sind, sich potenzielle Gefahren vorzustellen, reagieren in der Regel vorausschauender und vorsichtiger.[38] Läuft ein Wirbelsturm dann tatsächlich auf die Küste zu, können diese Personen sich tendenziell besser schützen, und sie erholen sich auch schneller von einem erlittenen Schaden. Auch hier ist Bildung in der Regel wichtiger als das Einkommen.

Was für den Tsunami in Indonesien und für die Hurrikane in der Karibik gilt, zeigt sich weltweit im Zusammenhang zwischen Bildung und Resilienz gegenüber Naturkatastrophen. Eine große Studie, welche die Opferzahlen aller registrierten Naturkatastrophen zwischen 1970 und 2010 untersucht hat, kommt zu dem klaren Ergebnis, dass der Bildungsgrad der Bevölkerung der wichtigste schützende Faktor ist. Er beeinflusst stärker als die Wirtschaftsleistung oder kulturelle Faktoren die Fähigkeit, den durch unvermeidliche Naturereignisse verursachten Schaden zu minimieren.[39]

Weil davon auszugehen ist, dass durch den Klimawandel tropische Stürme, Überflutungen sowie extreme Hitzewellen und Dürreperioden in Zukunft nicht nur häufiger auftreten, sondern in ihren Auswirkungen auch stärker werden, hat diese wissenschaftliche Erkenntnis enorme politische Bedeutung. Investitionen in Bildung wären dann ein besonders wirkungsvolles Instrument zur Anpassung an die nicht mehr vermeidbaren Folgen des Klimawandels. Die Staatengemeinschaft hat bereits beschlossen, einen globalen Klimafonds von 100 Milliarden Dollar pro Jahr aufzulegen, um den armen Ländern bei der Bewältigung des Wandels zu helfen. Was genau mit dem Geld geschehen soll, ist noch nicht entschieden. Vermutlich wird ein Großteil davon in Dämme und andere technische Infrastrukturmaßnahmen fließen. Zumindest ein Teil des Geldes sollte jedoch zur Ausbreitung der Bildung in Entwicklungsländern genutzt werden. Sie würde den Menschen die Möglichkeit geben, sich selbst besser gegen zukünftige Klimakatastrophen zu schützen.

Aspekt Nr. 6:
Bildung fördert die Demokratisierung

Wenn besser gebildete Menschen im Schnitt gesünder sind, wenn sie ein längeres, erfülltes Leben führen können und dabei auch noch höhere Einkommen erzielen, sich also auch mehr leisten können, dann wäre anzunehmen, dass sie zu aktiveren Mitgliedern der Gesellschaft werden und sich mehr in öffentliche Belange einmischen. Tatsächlich zeigt die Geschichte der letzten 50 Jahre weltweit einen deutlichen Zusammenhang zwischen steigenden Bildungswerten und Demokratisierung.

Das liegt zum einen daran, dass Demokratien zumindest versuchen, möglichst allen Menschen unabhängig von ihrer Herkunft gleiche Bildungschancen zu bieten. Tatsächlich gelingt in Demokratien häufig der gesellschaftliche Aufstieg durch Bildung. Zum anderen macht eine auf breiter Basis gebildete Gesellschaft das Entstehen von Demokratien auch wahrscheinlicher. Menschen werden durch Bildung in erster Linie besser dazu befähigt, sich für ihre eigenen Rechte einzusetzen und diese auch durchzusetzen. Darüber hinaus sind gebildete Menschen offener für pluralistische Gesellschaften, toleranter gegenüber Minderheiten und Andersgläubigen, politisch aktiver und sie engagieren sich weitaus häufiger für die Allgemeinheit.

Sie haben ein größeres Verständnis für demokratische Errungenschaften wie freie Wahlen, Bürgerrechte und die Gleichstellung von Frauen und Männern. Der Nutzen von Demokratien leuchtet ihnen eher ein. Das wiederum liegt daran, dass sie leichter an politikrelevante Informationen kommen, diese besser kritisch analysieren können und einen Meinungsaustausch mit Argumenten einer gewalttätigen Auseinandersetzung vorziehen. Demokratische Gesellschaften haben ein Interesse daran, die Bildung ihrer Bürger auszubauen und dadurch ihre Staatsform zu festigen. Ein breites gesellschaftliches Humankapital ermöglicht es, eine Gemeinschaft friedlich zu organisieren und gemeinsam weiterzuentwickeln.[40]

Kaum ein Land mit schlechter Bildungslage hat es in den vergangenen 50 Jahren geschafft, sich nachhaltig zu demokratisieren. Umgekehrt ist praktisch jedes Land mit einer gut gebildeten Bevölkerung eine stabile Demokratie geblieben. Auch der relativ reibungslose Übergang der autokratisch regierten Länder im Einflussbereich der ehemaligen Sowjetunion zu selbstständigen Nationen lässt sich mit dem vergleichsweise hohen Bildungsstand der Bevölkerung erklären. Im Kommunismus galt die Bildung als Grundlage zur Befähigung der Massen. Von diesen vormals kommunistischen Ländern haben die baltischen Staaten, Polen und die Tschechische Republik den raschesten Übergang zu einer funktionierenden Marktwirtschaft und einer veritablen Demokratie geschafft. Diese Länder wiesen 1989 den höchsten Bildungsstand auf.

Dieser Zusammenhang erklärt auch, warum undemokratische Regime in der Bildung breiter Bevölkerungskreise häufig eine Bedrohung sehen. Diktaturen haben die Neigung, ihre Macht innerhalb einer kleinen Clique zu stabilisieren und das Volk ohne allzu große Fähigkeiten auf Distanz zu halten. Ob sie mit dieser Strategie langfristig eine Chance gegen die globale Bildungsexpansion haben, sei dahingestellt. Denn selbst in den meisten undemokratisch regierten Ländern steigen die Bildungswerte kontinuierlich an – auch als Folge der weltweiten Bildungskampagnen von Unesco und Unicef. Das gilt jedoch nicht überall: Länder wie Somalia und Afghanistan, Jemen oder Sudan – Staaten, in denen sich Fundamentalismus und religiöser Fanatismus ausbreiten und die Bildung eher erodiert als gedeiht – müssen sich auf einen langen, beschwerlichen Weg zu einer möglichen Demokratisierung vorbereiten. Diese Länder sind die größten Unsicherheitsfaktoren auf dem Weg zu einer friedlichen Entwicklung der Menschheit.

Eine Studie hat im Jahr 2010 den Einfluss des Bildungsstandes auf die Demokratisierung anhand von Daten aus 120 Ländern statistisch untersucht. Dabei haben die Forscher auch betrachtet, wie gut die unterschiedlichen Altersgruppen und die beiden Geschlechter qualifiziert waren. Auch hier zeigte sich deutlich, dass bessere Bildung der jüngeren Bevölkerungsschichten, insbesondere der Frauen, der entscheidende Faktor dafür ist, dass sich autoritäre Regime hin zu modernen Demokratien wandeln. Sie ist wichtiger als etwa die Wirtschaftsentwicklung oder der Grad der Urbanisierung. Und wie bei der Frage der Wirtschaftsentwicklung müssen die Investitionen in Bildung mindestens zwei Jahrzehnte vor einer möglichen Demokratisierung erfolgen.

Aus den Ergebnissen folgern die Autoren, dass ausgerechnet der häufig als fundamentalistisch eingestufte Iran beste Rahmenbedingungen dafür hat, sich zu einer Demokratie zu entwickeln. Das Land hat in den vergangenen drei Jahrzehnten viel in die Bildung investiert, wovon insbesondere die jungen Frauen profitiert haben. So lag in ländlichen Gebieten des Iran 1986 die Alphabetisierungsrate 25- bis 29-jähriger Frauen nur bei 22 Prozent und stieg bis 2006 auf 84 Prozent an.[41]

Die gesammelte Erfahrung aus anderen Ländern der Welt zeigt, dass ein so massiver Anstieg der Frauenbildung einen Übergang zur Demokratie sehr viel wahrscheinlicher macht, auch wenn sich aus den Daten nicht vorhersagen lässt, wann das geschieht. Bildung kann jedoch den entscheidenden Unterschied auf dem Weg zu einer friedlichen Entwicklung in Richtung Demokratie machen.

7

FORTSCHRITT ODER KATASTROPHE?

Szenarien für die Zukunft

Der Blick in die Zukunft ist immer schwierig. Sie ist definitionsgemäß offen und man kann sie nicht vorherbestimmen. Wer die Gegenwart einfach fortschreibt, nach dem Prinzip »Alles bleibt so, wie es gerade ist«, kommt meist zu falschen Ergebnissen. Denn erstens ändern sich die bekannten Einflussgrößen auf den Lauf der Dinge über die Zeit. Zweitens können unerwartete Ereignisse althergebrachte Gleichgewichte verschieben – so geschehen durch den Ausbruch der Aids-Epidemie oder das Ende des Kalten Krieges. Und drittens beeinflussen sich die einzelnen Komponenten der Entwicklung gegenseitig, und dies kann zu komplizierten, oft kaum vorhersehbaren Rückkopplungen führen.

Ein gutes Beispiel für den dritten Punkt ist die Bildung: Sie hat über die letzten Jahrhunderte in vielen Weltregionen die Menschen dazu befähigt, sich aus der Not zu befreien, sich wirtschaftlich zu entfalten und den Wohlstand zu mehren. Wachsender Wohlstand hat zu mehr Konsum, damit zu einem höheren Rohstoffverbrauch und zu den entsprechenden Umweltproblemen geführt, von der Gewässerverschmutzung bis zum Klimawandel. Bildung trägt aber auch dazu bei, dass die Menschen mehr Verständnis für Umweltprobleme aufbringen und eher bereit sind, ihr schädliches Verhalten zu ändern. Bildung hat auch das Bevölkerungswachstum gebremst, was die Lösung von Umweltproblemen erleichtert. Diese wiederum sind so groß geworden, dass sie sich nur mit wissenschaftlichem Verständnis und technischem Know-how, also von einer qualifizierten Bevölkerung bewältigen lassen. Es ist also gar nicht so einfach, in diesem Gewirr von Zusammenhängen ein Bild der Zukunft zu zeichnen und möglichst verlässliche Prognosen zu erstellen.

Dennoch braucht jedes Gemeinwesen, jedes Unternehmen, jede Politik eine gewisse Vorstellung von der Zukunft. Jeder Mensch benötigt eine Perspektive und Institutionen brauchen eine strategische Planungsgrundlage, denn das Morgen und das Übermorgen wollen organisiert sein. Ein privater Haushalt muss wissen, für wie viele Personen am nächsten Tag das Essen auf dem Tisch stehen muss. Ein Staat muss seine Infrastruktur planen, die Zahl der Krankenhäuser und Schulen an den Bedürfnissen der künftigen Bevölkerung ausrichten und die Altersversorgung sichern.

Die Wissenschaft liefert zu diesem Zweck Szenarien, das sind »bedingte« Vorhersagen, deren Ausgang von den jeweils zugrunde gelegten Annahmen abhängt. Damit lassen sich unterschiedliche und auf jeden Fall im Prinzip mögliche Entwicklungen der Zukunft zusammenhängend darstellen. Szenarien sind keine konkreten Vorhersagen, sondern Bündel von Annahmen, die verschiedene mögliche Wege in die Zukunft zeigen.

So kann es sein, dass eine Bevölkerung in ihrer Zahl konstant bleibt, wenn gleich viele Menschen sterben wie geboren werden. Sie kann wachsen, wenn die Menschen länger leben oder wenn viele Personen aus anderen Ländern zuwandern. Sie kann aber auch schrumpfen, wenn die Kinderzahlen sinken oder Menschen abwandern. Auf all diese möglichen Entwicklungswege oder Kombinationen davon muss ein geordneter Staat vorbereitet sein, und deshalb zieht er Szenarien zurate. Weil die unterschiedlichen Varianten von bestimmten Annahmen abhängen, zeigen sie, welche Einflussmöglichkeiten es in jedem Stadium der Entwicklung gibt, um den Weg in die Zukunft zu steuern. Sie eröffnen politische Optionen und sind deshalb wichtige Planungsinstrumente. Szenarien reichen meist von einem negativen (Worst Case) bis zu einem positiven Extremfall (Best Case).

In den 1970er Jahren hatte der Club of Rome die Szenarientechnik in seinem Bericht zu den »Grenzen des Wachstums« berühmt gemacht.[1] Die Wissenschaftler versuchten darin, nach dem »Was wäre wenn«-Prinzip zu analysieren, wie bestimmte Faktoren in rückgekoppelten Regelkreisen miteinander wechselwirken – wie sich beispielsweise die globale Ernährungslage und die Rohstoffvorräte verändern, wenn immer mehr Menschen immer mehr Ressourcen verbrauchen und dabei immer mehr Müll produzieren. Das Ergebnis ist bekannt: Die Forscher sagten in den meisten Szenarien einen Kollaps der Menschheit im 21. Jahrhundert voraus.

Ein solcher Zusammenbruch lässt sich zwar auch heute nicht ausschließen. Dennoch waren die Ergebnisse der Club-of-Rome-Szenarien weitgehend falsch, da die Wissenschaftler sowohl die Rohstoffreserven als auch technische Innovationen und Veränderungen im menschlichen Verhalten unterschätzt hatten. Selbst wenn die Menschheit im 21. Jahrhundert einen Kollaps erleiden würde, käme der aus anderen Gründen als den 1972 vorausgesagten. Heute ist klar, dass das Hauptumweltproblem der Menschheit nicht die Begrenztheit der Rohstoffe, sondern genau das Gegenteil, deren unerwartet große Verfügbarkeit, ist. Da es beispielsweise weit mehr Kohle-, Öl- und Gasvorkommen gibt als ursprünglich angenommen, entpuppt sich die Entsorgung der Abfallprodukte aller wirtschaftlichen Tätigkeit als eigentliches Problem: Das Kohlendioxid, das beim Verbrennen der fossilen Reserven entsteht, ist hauptverantwortlich für den Klimawandel, der bislang unbegrenzt an Fahrt aufnimmt und die Lebensbedingungen an vielen Orten des Planeten nachhaltig verändern dürfte.

Das Problem der »Systemanalytiker« war und ist, dass sie die tatsächlichen Vorgänge nicht vollständig modellieren können. Die Wissenschaftler des Club of Rome hatten alle möglichen Rückkopplungen unterschätzt, die in unterschiedlichen Teilen der Welt anders ausfallen können und sich zudem über längere Zeiträume gegenseitig verstärken. So kann es sein, dass eine Verknappung von Wasserreserven in manchen Regionen zu sparsameren Technologien und zur Suche nach Alternativen führt – in anderen jedoch zum Kollaps. Die Agrarforschung ist seit dem Bericht an den Club of Rome der Nahrungsknappheit mit der Züchtung von Hochertragssorten begegnet. Diese im Rahmen der »Grünen Revolution« neu geschaffenen Getreidesorten hatten mancherorts geringe Erfolge, an anderen Orten aber sehr große – Letzteres meist in jenen Dörfern, in denen der Bildungsstand der Bevölkerung höher war als in den Ortschaften, die kaum Vorteile aus den Neuzüchtungen ziehen konnten.[2] Die Welt war einfach zu komplex, um sie mit einem (damals noch extrem simplen) Modell beschreiben zu können.

Mittlerweile ist klar, dass man komplexe, sich selbst regelnde Systeme besser simulieren kann, wenn man sie regional unterteilt und sich auf jene Unterbereiche des Geschehens konzentriert, für die zuverlässige Daten vorliegen und die sich deshalb realistischer modellieren lassen. Besonders im Bereich des globalen Energie- und Klimasystems sind die Modelle in letzter Zeit deutlich besser geworden. In diesem Zusammenhang verwendet die Wissenschaft zur Zukunftsbewertung heute meist sogenannte »Integrated Assessment Models«, auf Deutsch: »Modelle zur integrierten Folgenabschätzung«. Dabei werden die komplexen Folgen möglicher unterschiedlicher Entwicklungen und politischer Entscheidungen simuliert. Integrated Assessment ist ein schrittweiser Prozess, an dessen Anfang eine konkrete politische Frage steht, etwa: »Was wären die Folgen einer bestimmten Veränderung bei der Energienutzung auf das Klimageschehen und dadurch auf die zukünftige Trinkwasserversorgung in bestimmten Weltregionen?«

Weil sich die möglichen zukünftigen Entwicklungen von Gesellschaft und Politik weniger gut durch exakte, durch Vorbedingungen bestimmte Modelle berechnen lassen, als dies bei naturwissenschaftlichen Zusammenhängen der Fall ist, versucht die Wissenschaft in diesem Fall, die Unsicherheiten der zukünftigen Entwicklung durch alternative »qualitative Geschichten« (sogenannte Narrative) zu »beschreiben«, also verschiedene, aber jeweils mögliche sozioökonomische Entwicklungspfade zu zeichnen. Am

Ende der Analyse steht dann die Darstellung unterschiedlicher politischer Handlungsoptionen, auf deren Basis Politiker und andere Akteure Entscheidungen treffen können.

Die Zukunft ist teilweise steuerbar

Die besten globalen Modelle und die derzeit prominentesten Szenarien zur integrierten Folgenabschätzung haben Wissenschaftler für den Weltklimarat erarbeitet.[3] Das ist naheliegend, denn der Klimawandel ist die komplexeste Folge menschlicher Aktivitäten, deren Bewältigung die umfassendsten Verhandlungen und Konsensprozesse auf internationaler Ebene voraussetzt, welche die Menschheit je zu leisten hatte. Die Szenarien beschreiben, in welche soziale und wirtschaftliche Richtung sich die Menschheit in den verschiedenen Ländern und Weltregionen bis zum Ende des 21. Jahrhunderts unter bestimmten Annahmen entwickeln kann. In Kombination mit weiteren Annahmen zu künftigen Emissionen an Treibhausgasen zeigen sie, wie sich deren Anreicherung in der Atmosphäre auf das künftige Klima auswirkt und was das für die Bewohner des Planeten bedeutet. Sie machen auch deutlich, wie die Folgen eines bereits zum Teil unvermeidbaren Klimawandels gelindert werden beziehungsweise, unter welchen Umständen sich die Menschen an den Wandel anpassen können – oder auch nicht.

Aus diesen Szenarien und den zugrunde liegenden Modellen geht klar hervor, welche Stellschrauben den Weg in die Zukunft am stärksten negativ oder positiv beeinflussen. Energiesparende Technologien, regenerative Energiequellen, weniger Fleischkonsum, aber auch ein reduziertes Bevölkerungswachstum sind solche Parameter für eine positive Entwicklung. Eine wirtschaftliche Entwicklung in den Schwellen- und Entwicklungsländern nach dem alten Muster der Industrienationen wäre dagegen die Stellschraube für den negativen Weg in die Zukunft. Ob sich diese Schrauben in die richtige Richtung drehen lassen, hängt ganz wesentlich von der Bildung der handelnden Personen ab. Die Fähigkeiten der Menschen, das gesammelte Humankapital und die daraus resultierende sozioökonomische Entwicklung, sind der Kern der Szenarien.

Diese unterschiedlichen Porträts der Welt von morgen heißen »Shared Socioeconomic Pathways«, kurz: SSP(s) oder auf Deutsch »gemeinsame sozioökonomische Pfade«. Eine Vielzahl wichtiger internationaler Forschergruppen aus der Klimawissenschaft, der Energieforschung, der langfristig orientierten Ökonomie, der Bevölkerungsforschung und der Land- und Wasserwirtschaft haben sich auf diese gemeinsamen sozioökonomischen Szenarien geeinigt, um ihre Analysen untereinander vergleichen zu können. Sie beschreiben, wie sich die Menschheit entwickeln wird, wenn sie sich auf diese oder jene Art und Weise verhält. Wie zu erwarten, müssen wir uns dabei auf eine gute oder auf eine weniger gute Zukunft einstellen. Die drei wichtigsten Wege in die Welt von morgen sind hier kurz skizziert.

SSP1 – Best Case: Der Weg zu einer raschen und nachhaltigen sozialen und wirtschaftlichen Entwicklung

Dieses Szenario beschreibt den besten aller denkbaren realistischen Wege in die Welt von morgen. Es setzt voraus, dass die Gesellschaften willig und in der Lage sind, ihren Rohstoffumschlag zu reduzieren und sich aus der Abhängigkeit von fossilen Brennstoffen zu befreien. Die heute armen Länder entwickeln sich aufgrund einer verbesserten internationalen Kooperation und holen gegenüber den reichen Ländern auf. In dem wenig entwickelten Teil der Welt sorgen deutlich verstärkte Investitionen in Bildung dafür, dass mehr Personen produktive Jobs übernehmen können, dass sie Unternehmen gründen und Arbeitsplätze schaffen, vor allem für die große Zahl der jungen Menschen. Die Gesundheit dieser Menschen verbessert sich und die Lebenserwartung steigt. Die Kinderzahlen sinken und das Bevölkerungswachstum verlangsamt sich.

Die bessere Bildung und eine solidarischere Grundeinstellung tragen in diesem Szenario dazu bei, dass die Menschen sich mehr für das Gemeinwohl engagieren, mehr politische Mitspracherechte verlangen und die Regierungen über die Wahlen wirksamer kontrollieren. Durch die Kontrolle und weil fähigere Menschen in Regierungsämter aufsteigen, übernimmt die Politik mehr Verantwortung, setzt sich konkrete Entwicklungsziele und ermöglicht den Menschen bessere Lebensbedingungen, etwa durch den Zugang zu sauberem Trinkwasser oder zu einer guten medizinischen Versorgung. Das Umweltbewusstsein wächst und innovative, ressourcensparende Technologien können rasch Einzug in Industrie und Landwirtschaft finden. Die heutigen Entwicklungsländer überspringen auf diesem Weg die umweltgefährdenden Phasen der Industrialisierung, die in der Alten Welt einst zu großen Problemen geführt haben. Das umweltschonendere Wirtschaftswachstum hat einen befriedenden Effekt auf die Gesellschaften. Das einträchtige Zusammenleben wird durch einen hohen Bildungsstand der Bürger erleichtert, durch ein gutes Zusammengehörigkeitsgefühl und effiziente soziale Sicherungssysteme.

In diesem Szenario löst sich der Kampf der Bildungskulturen durch Wohlstand, wissenschaftlichen Fortschritt und demokratische Gesellschaften auf, kurz: durch einen Sieg der globalen Aufklärung. Dieses Best-Case-Szenario ist nur möglich, wenn in den weniger entwickelten Ländern sofort, massiv und konsequent in hochwertige Bildung für alle investiert wird – nach dem Vorbild der erfolgreichen Bildungsmodelle in der westlichen Welt, aber auch in den Gesellschaften von Singapur oder Südkorea, die erst spät und aus einer schwierigen Lage heraus ihren Aufholprozess starten konnten. SSP1 bedeutet auch für die reichen Länder weitere Investitionen in die Bildung, vor allem, um benachteiligte Bevölkerungsgruppen an wirtschaftlichen Erfolgen teilhaben zu lassen, um die Alterung der Gesellschaften abzufedern und um Spitzenforschung und technologische Innovation zu ermöglichen, die für die Überwindung der großen globalen Probleme des 21. Jahrhunderts notwendig sind.

SSP2: Business as usual oder: Weiterwursteln wie bisher

Dieses Szenario ist in jeder Hinsicht der mittlere Weg in die Welt von morgen. Es geht davon aus, dass die Entwicklungen der vergangenen Jahrzehnte so weiterlaufen wie bisher. Die Industrienationen reduzieren kontinuierlich, aber schleppend ihren Ressourcen- und Rohstoffverbrauch. Der technologische Fortschritt setzt sich in bekannter Geschwindigkeit fort. Die Entwicklung in den armen Ländern verläuft so durchwachsen und uneinheitlich wie bisher. Einige dieser Regionen folgen dem Beispiel der erfolgreichen Schwellenländer, andere fallen weiter zurück und erleben politische Unruhen, die auch über die jeweiligen Landesgrenzen hinaus ihre Wirkung zeigen. Doch die meisten Staaten bleiben politisch stabil und die globalen Märkte ermöglichen einen regen Warenaustausch.

Daraus folgt ein moderates Wachstum der Weltwirtschaft und der Pro-Kopf-Einkommen, wobei die ärmeren Länder stärker wachsen als die reichen und sich ihnen in einem langsamen Aufholprozess annähern. Globale Institutionen zur Bewältigung der internationalen Herausforderungen gibt es weiterhin wenige und ihr Einfluss bleibt schwach. Die Bildung breitet sich in allen Weltregionen langsam weiter aus. In den ärmsten Ländern reicht dieser Fortschritt jedoch nicht aus, um das starke Bevölkerungswachstum wesentlich zu reduzieren. Dort können weder die Gesundheitssysteme noch die Arbeitsmärkte mit dem Zuwachs an Menschen Schritt halten.

SSP2 ist nicht nur das mittlere, sondern nach heutigem Stand auch das wahrscheinlichste Szenario. Unter diesen Bedingungen erlebt der größere Teil der Welt weitere Verbesserungen der Lebensbedingungen, eine wachsende Zahl von Ländern begibt sich auf einen positiven Entwicklungsweg und dort tritt der Kampf der Bildungskulturen langsam in den Hintergrund. Kritisch bleibt die Lage in jenen Weltregionen, in denen die Menschen weiterhin ohne ausreichende medizinische Versorgung und ohne auskömmliche Arbeitsplätze bleiben, wo der Zugang zu sicherem Trinkwasser fehlt und sich die Unzufriedenheit der Menschen in Konflikten und radikalen Lösungen entlädt. Weil der globale Umweltschutz in diesem Szenario nur langsam vorankommt, drohen gerade diesen Ländern zusätzliche Krisen durch den Klimawandel und andere globale Veränderungen.

SSP3 – Worst Case: Die Entwicklung stagniert und die Welt spaltet sich in Arm und Reich

In dieser pessimistischen Entwicklungsvariante zerfällt die Welt in zwei Teile – auf der einen Seite gibt es zahlreiche Regionen mit extremer Armut, starkem Bevölkerungswachstum, kollabierenden Gesundheitssystemen und politischem Chaos und auf der anderen Seite reiche Gebiete, die sich zusehends von dem Elend abschotten und ihre Zusammenarbeit mit den ärmeren Ländern zurückfahren. Nationalistische Egoismen verdrängen die Vorstellung einer globalen Zusammenarbeit. Die Abschottung und der Mangel an internationaler Kooperation führen zu einer De-Globalisierung, der internationale Handel geht zurück.

Selbst die reichen Länder untereinander kommen zu keinen Kompromissen bei der Bekämpfung des Klimawandels, weil sie sich nur von nationalen Interessen leiten lassen. Da auch diese Staaten unter dem Rückgang der Weltwirtschaft leiden, sinken überall die Investitionen in Bildung, in Forschung und technologischen Fortschritt, was die Lösung der anstehenden Probleme weiter verschärft. Die Bildungsexpansion, der Motor der gesellschaftlichen Entwicklung, kommt zum Erliegen. In den reichen Ländern wächst die Kluft zwischen den wohlhabenden Besserqualifizierten und einer größer werdenden Unterklasse von bildungsfernen Personen, die den Anschluss an die Wohlstandsgesellschaften verlieren.

In dieser fragmentierten Welt werden weder die Entwicklungsziele der armen Länder erreicht, noch gelingt es, die Abhängigkeit von fossilen Energieträgern zu reduzieren. Auch andere Umweltprobleme wie die Luft- und Wasserverschmutzung lassen sich nicht in den Griff bekommen. Für die Mehrheit der Erdenbürger bedeutet dieses Szenario einen brutalen Überlebenskampf. In den Ländern mit dem stärksten Bevölkerungswachstum nehmen die Pro-Kopf-Einkommen ab und die Armut breitet sich weiter aus. In den Städten der Entwicklungsländer wachsen die Slums, in denen das Leben von Gewalt, Verschmutzung und Hoffnungslosigkeit geprägt ist. Der Klimawandel, verursacht von den reichen Ländern, kann nicht gebremst werden und bedeutet gerade für die ärmsten Länder Wassermangel, die Überflutung meeresnaher Gebiete, andere Umweltkatastrophen und Verteilungskonflikte.

Die Zahl der Frustrierten wächst rapide, und insbesondere in den Ländern Afrikas, des Nahen Ostens und in Teilen Asiens entladen sich die Spannungen in verschärftem Kampf der Bildungskulturen, in Terror, religiösem Fanatismus und einem weiteren Niedergang der Bildung. In diesen Ländern entsteht eine Abwärtsspirale aus Not, Elend und anhaltendem Bevölkerungswachstum. Gewaltige Flüchtlingsströme belasten vor allem die Nachbarländer der Krisenstaaten, machen aber auch vor den letzten Inseln des Wohlstands und der Stabilität nicht halt.

Wer löst die großen Herausforderungen des 21. Jahrhunderts?

Es ist offensichtlich, dass sich die großen Herausforderungen des 21. Jahrhunderts, von denen das Wohlergehen der gesamten Menschheit abhängt, wenn überhaupt, dann nur innerhalb des ersten Szenarios erfolgreich bewältigen lassen. Aber welches sind diese globalen Herausforderungen und welche global wirksamen Maßnahmen wären für deren Bewältigung notwendig? Die Liste ist lang und, je nachdem, welche Institution sich dazu äußert, unterschiedlich gewichtet. Das World Economic Forum führt zehn Problembereiche auf, darunter die weltweite Korruption und die Zukunft des globalen Finanzsystems.[4] Das Millennium Project kommt auf 15 Punkte, vom organisierten Verbrechen bis zur Lage der Frauen.[5] Der G-7-Gipfel im bayerischen Elmau im Juni 2015 nahm noch den Meeresschutz und die Antibiotika-Resistenz mit auf die Agenda.[6]

Aber in allen Auflistungen der größten Herausforderungen für die Menschheit finden sich folgende Fragen, die dringend einer Antwort bedürfen: Wie lässt sich die wachsende Menschheit ernähren und mit ausreichend Arbeit beziehungsweise Einkommen versorgen? Wie können die Gesundheit verbessert, wie vorzeitige Todesfälle vermieden werden? Wie lassen sich die Trinkwasserreserven nachhaltig nutzen und ein verheerender Klimawandel verhindern? Wie lassen sich die soziale Ungerechtigkeit, die Armut und die Gewalt besiegen?

All diese Fragen haben miteinander zu tun, sie sind eng vernetzt. Sie hängen alle mit einer stetig wachsenden Menschheit zusammen, deren Ansprüche ebenfalls wachsen. Sie erfordern einen intelligenten, zusammen gedachten, also holistischen Ansatz, und sie lassen sich nur mit friedlichen Mitteln in einer gemeinsamen Anstrengung möglichst vieler Nationen lösen.

Die gute Nachricht lautet: Die Probleme sind lösbar. Die schlechte: Die Lösung erfordert eine rasche sozioökonomische Entwicklung der armen Länder, den weltweiten Einsatz der besten umweltfreundlichen Technologien und in den reichen Ländern die Bereitschaft, das Konsumverhalten zu ändern und auch auf Dinge zu verzichten, die uns heute selbstverständlich erscheinen – insgesamt ein Kraftakt ohnegleichen. Eine Bildung der gesamten Bevölkerung, insbesondere der häufig noch benachteiligten Frauen sowie aufgeklärte Gesellschaften, die ihr eigenes Handeln reflektieren, hinterfragen und verändern können, sind die Voraussetzung dafür, dass dies gelingen kann. Bildung breiter Bevölkerungskreise allein kann die Welt nicht retten, aber sie ist eine wichtige Voraussetzung dafür. Daneben müssten sich auch andere Rahmenbedingungen verändern, es müssten sehr viel mehr Arbeitsplätze entstehen, mehr politische Stabilität und verbindliche Rechtssysteme sind nötig. Anders ausgedrückt: Bildung ist nur eine notwendige, aber keine hinreichende Voraussetzung für diese Entwicklungen. Bildung ist nicht alles. Aber ohne Bildung ist alles nichts.

Bildung wirkt vor allem auf ein zentrales Problem der heutigen Menschheit ein: auf das nach wie vor starke Bevölkerungswachstum, das dort, wo es besonders hoch ist, für große Probleme sorgt. Der Effekt von Bildung auf die Fertilitätsrate ist, wie wir gesehen haben, wissenschaftlich gut untersucht, und deshalb lassen sich die Erkenntnisse über diese Zusammenhänge für Vorhersagen nutzen: Man weiß, dass Bildung in Ländern mit hohen Kinderzahlen geradezu wie ein Verhütungsmittel wirkt. Je höher der Bildungsstand von Frauen, umso weniger Kinder wünschen sie sich, umso besser finden sie Zugang zu Empfängnisverhütung und umso kleiner sind die Nachwuchszahlen.

Weil für praktisch alle Länder der Welt bekannt ist, wie viele Kinder die Frauen mit den unterschiedlichsten Bildungsständen bekommen, lässt sich gut berechnen, welchen demografischen Effekt weitere Investitionen in das Bildungssystem haben werden. Für jedes Land, für jede Weltregion und für die gesamte Menschheit ergeben sich daraus Szenarien der Bevölkerungszahl in Abhängigkeit von künftigen Bildungsanstrengungen. Da Bildung sich auch auf die Gesundheit auswirkt, lässt sich darüber hinaus vorhersagen, welchen Effekt ein Mehr an Bildung auf die Kindersterblichkeit und die Lebenserwartung insgesamt hat.

Der Einfluss von Bildung auf die Größe der Weltbevölkerung: drei unterschiedliche Pfade

Im ersten Szenario SSP1 (Best Case), dem Weg zu einer raschen und nachhaltigen sozialen und wirtschaftlichen Entwicklung, mit Bildungsinvestitionen nach dem Vorbild der erfolgreichsten asiatischen Tigerstaaten, hätte bis zur Mitte des 21. Jahrhunderts rund ein Drittel der erwachsenen Weltbevölkerung eine tertiäre Ausbildung genossen. Die Zahl der Menschen, die nie eine Schule besucht haben, würde vom heutigen Wert von etwa 800 Millionen auf knapp die Hälfte zurückgehen. Auf null kann sie in wenigen Jahrzehnten nicht sinken, denn in Afrika und Teilen Asiens gehen bis heute viele Kinder nicht zur Schule. Dieser Missstand lässt sich nicht von heute auf morgen beseitigen, und wer nicht in jungen Jahren lesen und schreiben lernt, bleibt meist ein Leben lang Analphabet. Bis Ende des Jahrhunderts hätte dann fast die Hälfte der Weltbevölkerung eine tertiäre Bildung.

Unter den Bedingungen von SSP1 würde das globale Bevölkerungswachstum rasch abflauen und bereits Mitte des Jahrhunderts zum Erliegen kommen, um danach einen befreienden Rückgang der Weltbevölkerung einzuleiten. Die Zahl der Menschen von derzeit 7,3 Milliarden würde bis 2050 auf rund 8,5 Milliarden zunehmen und bis 2100 in etwa wieder das heutige Niveau erreichen.

Im zweiten, dem »Weiter wie bisher«-Szenario SSP2, bei dem sich die globale Bildungslandschaft unverändert weiterentwickelt, wüchse die Weltbevölkerung bis 2050 auf über 9 Milliarden, würde ihren Gipfel um das Jahr 2075 bei etwa 9,4 Milliarden erreichen und dann bis Ende des Jahrhunderts leicht auf 9 Milliarden zurückfallen. Gleichzeitig würde sich der durchschnittliche Bildungsstand der Weltbevölkerung weiter verbessern. Das liegt vor allem daran, dass über die Zeit die älteren Jahrgänge, die nie eine Schule besucht haben, das Zeitliche segnen und jüngere, bereits besser gebildete Jahrgänge nachrücken. Besonders ins Gewicht fallen dabei die Mil-

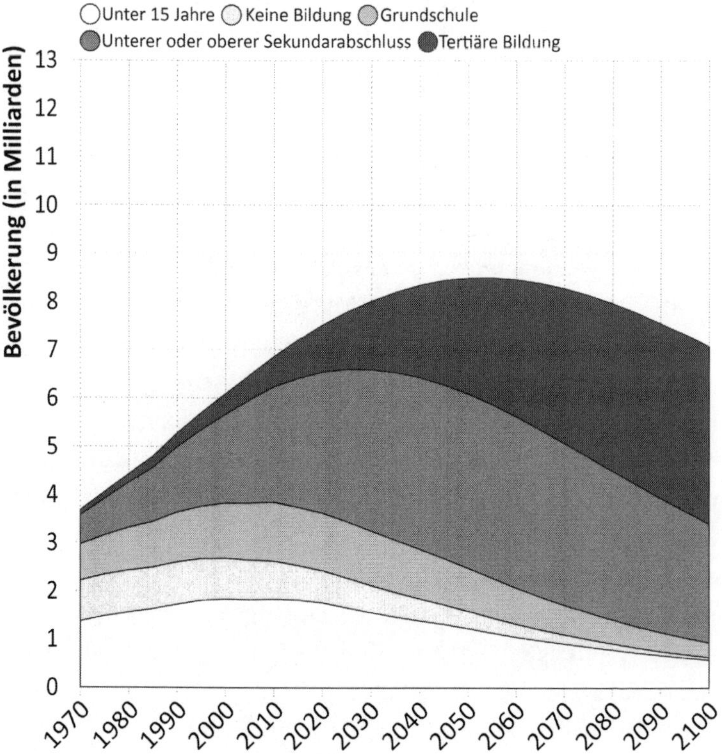

Abb. 1: Bevölkerungs- und Bildungsentwicklung Welt 1970–2100, SSP1

Die Welt im Best-Case-Szenario: Würden die Länder mit dem größten Nachholbedarf in Sachen Bildung in das Humanvermögen investieren, wie einst die asiatischen Tigerstaaten Südkorea oder Singapur, dann hätte bis Ende des laufenden Jahrhunderts rund ein Drittel aller Menschen einen Bildungsabschluss, der über das Abitur hinausgeht. Weil bessere Bildung und rasche soziale Entwicklung die Kinderzahlen unter das Niveau des Bestandserhalts sinken lassen, würde die Weltbevölkerung bis 2050 von heute 7,3 auf lediglich 8,5 Milliarden wachsen und danach schrumpfen.

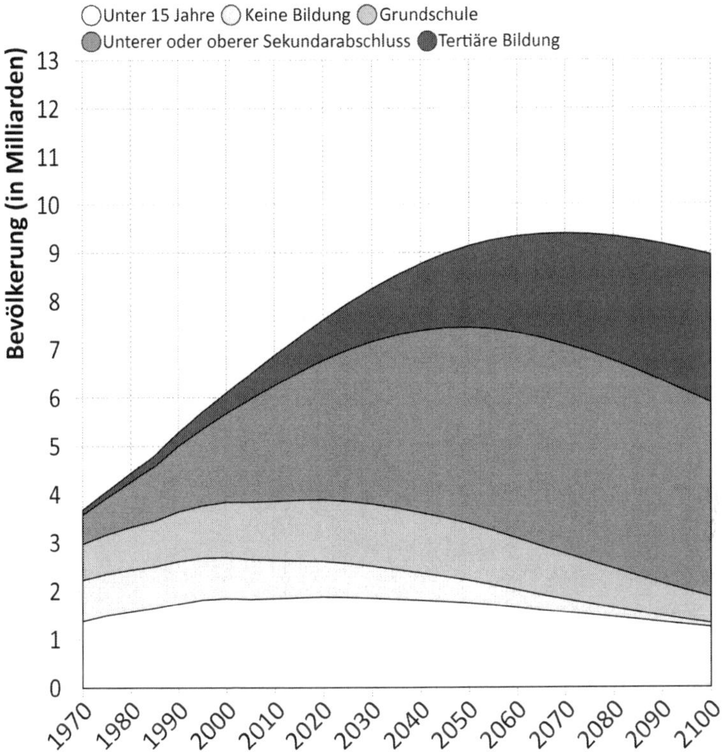

Abb. 2: Bevölkerungs- und Bildungsentwicklung Welt 1970–2100, SSP2

Weiter wie bisher: Angenommen, die weltweite Bildungsexpansion der vergangenen Jahre hielte an, würde sich die Qualifikation der Menschen lange Zeit kontinuierlich verbessern. In diesem Szenario, das den Entwicklungsländern bereits große Anstrengungen abverlangt, würde die Weltbevölkerung erst bei 9,4 Milliarden ihr Maximum erreichen und gegen Ende des Jahrhunderts mit einem leichten Schrumpfen beginnen.

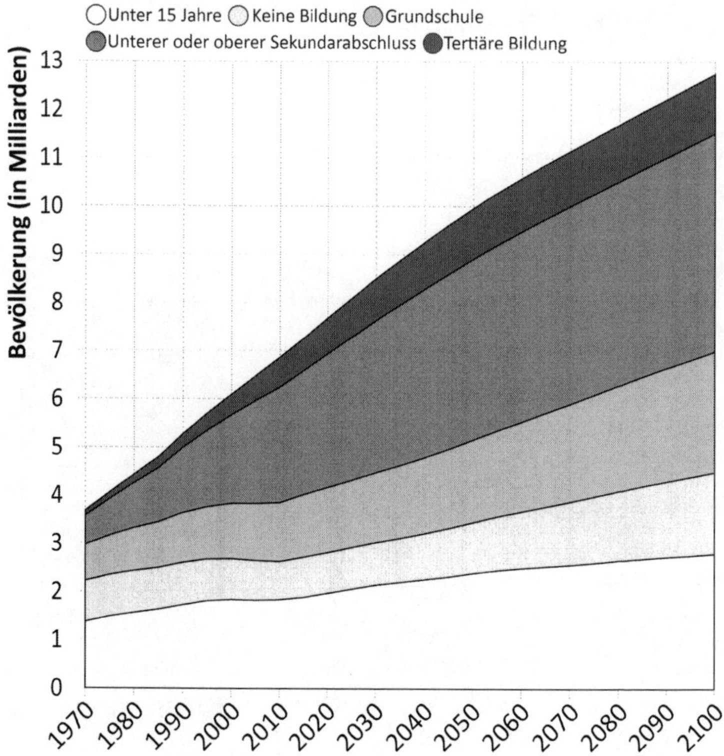

Abb. 3: Bevölkerungs- und Bildungsentwicklung Welt 1970–2100, SSP3

Der schlimmste aller Fälle: Scheitern die weltweiten Bildungsanstrengungen, wie es heute in Krisenländern wie Somalia oder Afghanistan der Fall ist, würde nicht nur die Zahl der Analphabeten auf der Welt wachsen. Weil Bildungsmangel Entwicklung verhindert und das Bevölkerungswachstum schürt, stiege die Zahl der Menschen bis 2100 auf fast 13 Milliarden – fast ein Drittel davon würde in Afrika leben. (Quelle Abb. 1–3: Wittgenstein Centre Data Explorer. http://www.oeaw.ac.at/vid/dataexplorer/)

liardenstaaten Indien und China, in denen die jungen Menschen bereits heute eine deutlich bessere Bildung mit ins Erwachsenenleben nehmen als ihre Eltern. In fast allen Ländern der Welt sind die Jungen heute besser gebildet als die Älteren, und dieser Trend wird bei einer weiteren Bildungsexpansion anhalten.

Das Stagnationsszenario SSP3 (Worst Case) schließlich bedeutet, dass die Zahl der jungen Menschen ohne Schulbildung entgegen dem Trend der letzten Jahre wieder deutlich zunähme. Die Bevölkerung würde weltweit dramatisch wachsen, in den armen Ländern schneller als die Bildungsinfrastruktur. Schon Mitte des 21. Jahrhunderts hätte die Menschheit die 10-Milliarden-Grenze erreicht. Bis 2100 gäbe es fast 13 Milliarden Menschen, und auch danach fände das Wachstum kein Ende. Allein Afrika würde von heute 1,2 Milliarden auf fast 4 Milliarden anwachsen.[7] Die meisten dieser Menschen hätten kaum Chancen auf ein gesundes und langes Leben, eine auskömmliche Arbeit und ein angemessenes Einkommen – also letztlich auf ein menschenwürdiges Dasein.

Je nach Szenario würde sich die Größe der Weltbevölkerung also höchst unterschiedlich entwickeln: Bis Mitte des Jahrhunderts lägen zwischen dem Best- und dem Worst-Case-Szenario 1,5 Milliarden, bis 2100 sogar 5,7 Milliarden Menschen. Interessanterweise rechnet die neueste, im Sommer 2015 veröffentlichte Vorausberechnung der Vereinten Nationen damit, dass sich die Weltbevölkerung bis 2050 auf 9,7 Milliarden vermehrt und 2100 die Zahl von 11,2 Millionen erreicht. Die Bevölkerungsexperten der UN sehen die Welt also tendenziell in Richtung des SSP-3-Szenarios treiben und damit in äußerst schwieriges Fahrwasser. Sie gehen offensichtlich davon aus, dass es nicht möglich sein wird, der wachsenden Zahl an jungen Menschen ausreichende Bildungsmöglichkeiten mitzugeben.

Weit über die Frage des Bevölkerungswachstums hinaus beschreiben die drei Szenarien ganz unterschiedliche Veränderungen in zukünftigen Welten. Weil sich Bildung beispielsweise auf die Gesundheit der Menschen auswirkt, liegen die Sterberaten für Kinder und Erwachsene unter SSP3 weit höher als unter SSP1. Der Unterschied zwischen beiden Szenarien, bezogen auf die durchschnittliche Lebenserwartung, beträgt zu Ende des Jahrhunderts rund 25 Jahre. Ebenso bedeutet SSP1 in allen Weltregionen ein Vielfaches an Wirtschaftswachstum gegenüber dem Stagnationsszenario SSP3, und im besten Fall werden die politische Stabilität und die internationale Kooperation begünstigt. Auch die Folgen des Klimawandels werden in beiden Szenarien sehr unterschiedlich zu spüren sein. Im Szenario mit der besten Bildung sterben viermal weniger Menschen durch klimabedingte Umweltkatastrophen wie Wirbelstürme, Dürren und Fluten als unter SSP3-Bedingungen.[8] Hieraus wird deutlich, dass Bildung im wahrsten Sinne des Wortes eine Voraussetzung für das Überleben im 21. Jahrhundert ist.

Drei große Staaten am Scheideweg: Äthiopien, Nigeria und Pakistan

Angesichts dieser Zahlen wird deutlich, welches massive entwicklungspolitische Steuerungsinstrument die Bildung sein könnte. Allerdings bleiben globale Zahlen im Milliardenmaßstab zwangsläufig abstrakt und helfen einzelnen Ländern wenig, um daraus Schlüsse für ihre eigene Politik zu ziehen. Deshalb hat das in Wien angesiedelte Wittgenstein Centre for Demography and Global Human Capital die gleichen Berechnungen für alle Länder der Welt durchgeführt.[9] Dadurch erfahren die national Verantwortlichen, aber auch die Experten für internationale Entwicklungszusammenarbeit, welche Effekte sich durch eine geeignete Bildungspolitik erzielen ließen.

Wir zeigen hier die Best- und Worst-Case-Szenarien für drei ausgewählte Länder: für Äthiopien und Nigeria sowie für Pakistan, also für die beiden bevölkerungsstärksten afrikanischen Staaten und für das asiatische Land, das von seiner Größe, von seinem Bevölkerungswachstum und seiner geografischen und politischen Lage als besonders kritisch anzusehen ist. Alle drei Länder werden über die kommenden Jahrzehnte maßgeblich die Zukunft und die Stabilität ganzer Weltregionen prägen.

Äthiopien – vom Hungerleider zum Hoffnungskandidaten

Noch 1970 war Äthiopien ein feudal regiertes Land mit 29 Millionen Einwohnern, in dem eine kleine Elite über ein Heer von armen Bauern dominierte. Von 1930 bis 1974 herrschte der einstige König Haile Selassie als Kaiser über Äthiopien. Fast die Hälfte aller Äthiopier war 1970 jünger als 16 Jahre, was an der hohen Fertilitätsrate von etwa sieben Kindern je Frau lag, aber auch daran, dass ein durchschnittliches Leben gerade einmal 43 Jahre währte. Kaum eine der erwachsenen Frauen hatte je eine Schule besucht. Nur unter den damals jüngsten Jahrgängen, bei den 15- bis 19-Jährigen, waren etwa 5 Prozent zumindest zeitweilig in eine Grundschule gegangen. Die Männer hatten schon etwas länger von den ersten öffentlichen Schulen des Landes profitiert: Unter den 30- bis 34-Jährigen hatten 7 Prozent und unter den 15- bis 19-Jährigen bereits 28 Prozent zumindest eine angefangene Grundschulbildung.

Angesichts des extrem niedrigen Bildungsstandes, der Ineffizienz der Verwaltung und der politischen Lage war es kein Wunder, dass Äthiopien lange Zeit ein bettelarmes Land blieb und zum Sinnbild für das Scheitern Afrikas wurde: Schon die Startbedingungen nach dem Sturz von Kaiser Haile Selassie im Jahr 1974 waren schwierig, denn Äthiopien besteht zu weiten Teilen aus Wüste und kargem Gebirgsland, es hat praktisch keine Rohstoffe und wird regelmäßig von verheerenden Dürren heimgesucht. Unter der sozialistischen Diktatur und den Nachfolgeregimen war Äthiopien über viele Jahre von ethnischen Konflikten, Grenzstreitigkeiten mit den Nachbarn und einem fast 30 Jahre langen Unabhängigkeitskrieg mit der Provinz Eritrea geplagt. Nach deren Selbstständigkeit im Jahr 1993 verlor Äthiopien auch noch den wichtigen Handelszugang zum Roten Meer.

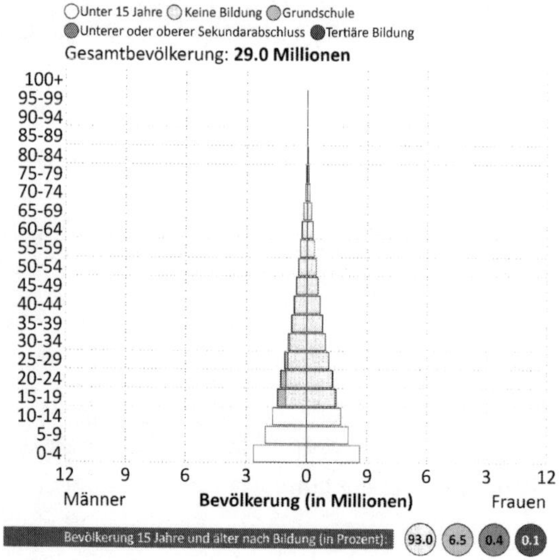

Abb. 4a: Alters- und Bildungspyramide Äthiopien 1970

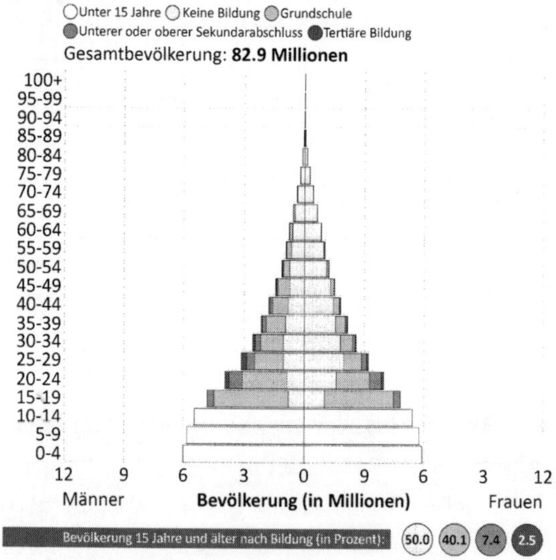

Abb. 4b: Alters- und Bildungspyramide Äthiopien 2010

Von den 29 Millionen Menschen, die 1970 in Äthiopien lebten, waren gerade einmal 7 Prozent der über 15-Jährigen je zur Schule gegangen, meist nur zur Grundschule. Das Land war entsprechend arm, und die Bevölkerung wuchs enorm. 2010 gab es bereits 83 Millionen Äthiopier, von denen immerhin die Hälfte der über 15-Jährigen eine Schule besucht hatte.

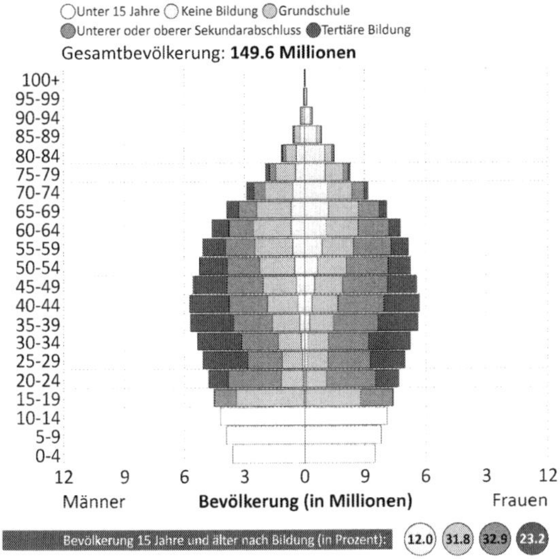

Abb. 5a: Alters- und Bildungspyramide Äthiopien 2060, SSP1

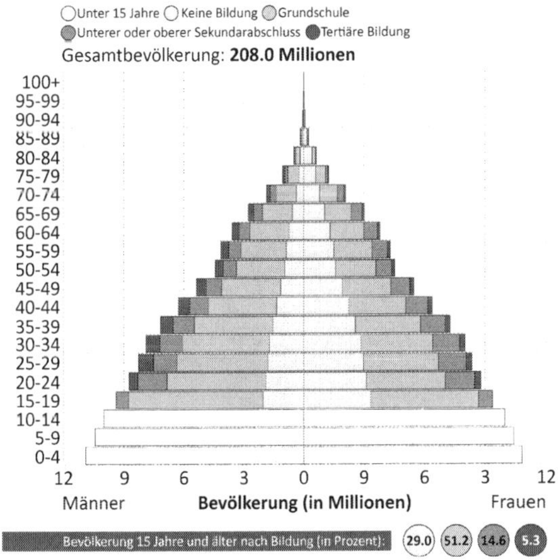

Abb. 5b: Alters- und Bildungspyramide Äthiopien 2060, SSP3

Im besten Fall gehen im Jahr 2060 alle Kinder zur Schule und gut die Hälfte der über 15-jährigen Äthiopier hat einen Sekundarabschluss erreicht. Im Worst-Case-Szenario (unten) bliebe einem Teil der Kinder weiterhin die Schule vorenthalten. Im ersten Fall wüchse die Bevölkerung auf 150 Millionen – im zwiten auf 208 Millionen. (Quelle Abb 4a, 4b, 5a, 5b: Wittgenstein Data Explorer)

Bis zum Jahr 2010, also innerhalb von 40 Jahren, war die Bevölkerung auf 83 Millionen angestiegen und hatte sich somit fast verdreifacht. Das jährliche Pro-Kopf-Einkommen hingegen hatte gerade erst eine Höhe von umgerechnet 350 US-Dollar erreicht. Der Durchschnitts-Äthiopier musste also von weniger als einem Dollar am Tag leben, und sein Land war immer noch eines der ärmsten der Welt. Was sich aus diesen Daten nicht ablesen ließ, waren die ersten Verbesserungen in der Bildungslandschaft: Obwohl die Zahl vor allem der jungen Menschen dramatisch angewachsen war, hatte bereits die Hälfte von ihnen, und zwar Männer wie Frauen, zumindest eine Grundschule besucht, ein gewisser Teil auch eine Sekundarschule und einige Prozent sogar eine Hochschule.

Besonders der Aufholprozess der Frauen war für die Verhältnisse eines so schlecht entwickelten afrikanischen Landes beeindruckend. Ein klarer Effekt dieser Bildungserfolge lässt sich an den Kinderzahlen je Frau ablesen, die mittlerweile bereits auf durchschnittlich 4,1 gesunken sind. Dabei gibt es jedoch enorme Unterschiede zwischen den Bildungskategorien. Während Frauen ohne jegliche Bildung immer noch im Durchschnitt fünf Kinder haben, bekommen die wenigen Frauen mit Hochschulbildung nur 1,1 Kinder (siehe Abb. 6). Ebenso überzeugend ist die wirtschaftliche Entwicklung: Äthiopien, das einstige Hungerland, exportiert heute mehr Lebensmittel, als es einführt, und vor allem die Region um die Hauptstadt Addis Abeba wird zunehmend industrialisiert – überwiegend mit chinesischer Hilfe. Unter diesen Bedingungen können immer mehr Menschen ihren gestiegenen Bildungsstand in höhere Einkommen umsetzen.

Doch was bedeutet dieser Trend für die weitere Entwicklung Äthiopiens? Auch hier zeichnen sich zwei unterschiedliche Szenarien ab: Weil die jüngeren Generationen heute bereits wesentlich besser gebildet sind als die älteren, werden die Erwachsenen von morgen eine deutlich höhere Qualifikation haben als die heutigen, während die Analphabeten der Vergangenheit langsam aus der Bevölkerungspyramide herauswachsen. Die Gesellschaft erneuert sich mit jedem Kind, das zusätzlich zur Schule geht. Hält die Bildungsexpansion der jüngeren Vergangenheit an, verbessern sich die Aussichten für die Zukunft deutlich. Doch aufgrund der nach wie vor relativ hohen Kinderzahlen gibt es für diesen Trend keine Garantie.

Genau dies zeigen die beiden Szenarien für Äthiopien (Abb. 5a/b). Im besten Fall erhielten bis 2030 alle Kinder die Chance, eine Schule zu besuchen, und eine wachsende Zahl von jungen Menschen würde auch eine Sekundarschule beziehungsweise ein Universitätsstudium absolvieren. Die Äthiopier wären dann in einem halben Jahrhundert etwa so gut gebildet wie heute die Europäer. Zwar würde auch in diesem Szenario die Bevölkerung weiter wachsen, denn bei einer heute noch sehr jungen Einwohnerschaft benötigt der demografische Übergang seine Zeit. Aber es wären 2060 »nur« 150 Millionen Äthiopier zu versorgen. Auch die Kinderzahlen je Frau wären bis zu diesem Zeitpunkt auf das heutige Niveau in Europa gesunken, sodass ein Ende des Bevölkerungswachstums im Äthiopien bis 2075 erreicht werden könnte.

Im anderen, deutlich schlechteren Szenario SSP3 gingen die Erfolge der zurückliegenden Bildungsexpansion für die betroffenen Geburtenjahrgänge zwar nicht verloren. Aber für die nachwachsenden, immer größer werdenden Jahrgänge gäbe es keine Verbesserungen mehr. Dadurch wüchse die absolute Zahl der jungen Menschen ohne jegliche Schulbildung. Unter diesen Bedingungen würde die Fertilitätsrate bis 2060 nur sehr langsam auf rund drei Kinder pro Frau sinken und die Bevölkerung auf 208 Millionen anwachsen. Zum Ende des Jahrhunderts wäre die Bevölkerung Äthiopiens in diesem Szenario mit 284 Millionen genau doppelt so groß wie im Fall von SSP1 mit 142 Millionen.

Einen deutlichen Einfluss hätte die Verbreitung der Bildung auch im Gesundheitsbereich. Heute sterben in Äthiopien rund 5 Prozent aller Kinder eines Geburtsjahrgangs, bevor sie ihren fünften Geburtstag feiern können; das sind 144 000 Kinder pro Jahr. Aller Voraussicht nach wird die Kindersterblichkeit in Zukunft weiter abnehmen, aber wie viele dieser Todesfälle sich künftig vermeiden

Gesamtfertilitätsrate, 2010-15: - unterste Bildungsgruppe: **5.0** Kinder pro Frau
- höchste Bildungsgruppe: **1.1** Kinder pro Frau

Jahr	SSP1	SSP3
Anteil der Frauen im Alter von 20 bis 39 Jahren mit unterer Sekundärbildung und höher (in Prozent)		
2010	11	11
2050	69	20
2100	93	20
Bevölkerungszahl (in Millionen)		
2010	83	83
2050	143	183
2100	142	284
Bevölkerung nach höchster abgeschlossener Schulbildung (in Millionen)		

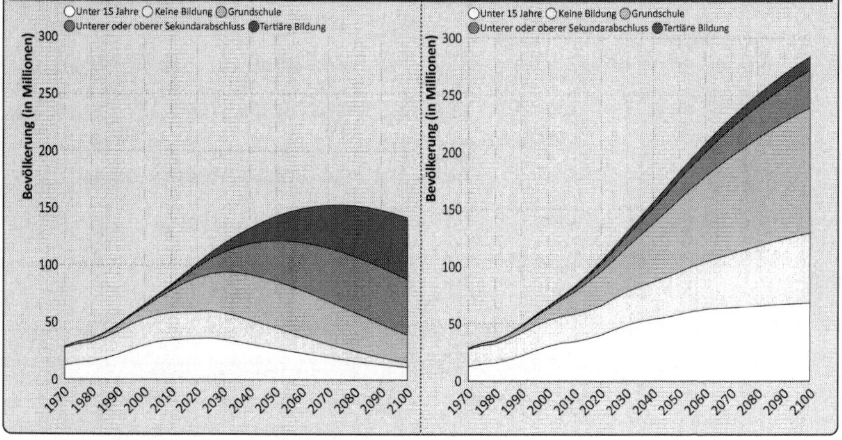

Abb. 6: Äthiopien am Scheideweg

Quelle: Wittgenstein Centre Data Explorer

lassen, hängt ganz entscheidend von der Bildung ab. Einer neuen Studie zufolge würde, unter sonst gleichen Annahmen zur Entwicklung, eine sehr schnelle Expansion der Bildung, wie sie etwa die einst sehr schlecht entwickelten Länder Singapur oder Südkorea erlebt haben, dazu führen, dass im Jahr 2060 nur noch 24 000 Kinder stürben.[10] Unter der entgegengesetzten Annahme, dass in Äthiopien ab dem nächsten Jahr keine neuen Schulen mehr gebaut würden, wäre mit über 80 000 prinzipiell vermeidbaren Todesfällen von Kindern zu rechnen. Beides sind zugegebenermaßen extreme Szenarien, aber sie liegen im Bereich des Möglichen.

Weil sich die Kindersterblichkeit besonders auf die Lebenserwartung auswirkt, zeigen auch hier die beiden Szenarien für Äthiopien eine große Differenz. Im Falle von SSP1 würde sie von derzeit 60 Jahren bis 2060 auf 84 Jahre ansteigen und läge damit etwas höher als derzeit in Deutschland. Würde sich Äthiopien nach SSP3 entwickeln, bliebe die Lebenserwartung praktisch unverändert auf heutigem Niveau.

Ähnliche Unterschiede zeigen sich in der wirtschaftlichen Entwicklung. Unter dem günstigen Szenario eines raschen sozioökonomischen Fortschritts könnte das kaufkraftbereinigte Bruttoinlandsprodukt Äthiopiens bis 2060 um den Faktor 12,5 zunehmen. Berücksichtigt man die wachsende Bevölkerung, so bliebe jedem Äthiopier im Jahr 2060 im Schnitt das siebenfache Einkommen von heute.[11] Die Wirtschaft wüchse zwar auch unter den Bedingungen des Stagnationsszenarios SSP3 – jedoch bis 2060 nur um den Faktor 3,7. Doch weil die Bevölkerung gleichzeitig viel stärker wächst, nähme das reale Pro-Kopf-Einkommen innerhalb eines halben Jahrhunderts nur in sehr geringem Umfang zu. Noch dramatischer sind die Unterschiede, wenn man die Entwicklungen bis zum Ende des Jahrhunderts fortschreibt.

Wie die Zukunft aussieht, ist natürlich trotz aller Szenarien unsicher. Sicher aber ist, dass sich das Leben der Äthiopier unter den SSP3-Bedingungen tendenziell verschlechtern würde. Die langsame beziehungsweise stockende Entwicklung dürfte die enorm wachsende Bevölkerung zunehmend frustrieren, zumal sich in Zeiten des Internets nicht verbergen lässt, wie sich andere Regionen der Welt entwickeln. Politische Krisen, Probleme bei der Anpassung an den Klimawandel, religiöse und ethnische Konflikte, Gewalt, Vertreibung und Flüchtlingsströme wären wahrscheinliche Folgen.

Nigeria – Ölriese auf tönernen Füßen

Das mit Abstand bevölkerungsreichste Land Afrikas hatte 1960, im Jahr seiner Unabhängigkeit von Großbritannien, geschätzte 45 Millionen Einwohner. In Nigeria lebten über 300 Volksgruppen und ethnische Minderheiten, die wenig gemeinsam hatten, außer dass sie einmal unter britische Kolonialherrschaft geraten waren. Das junge Land war ein typisches postkoloniales Konstrukt; es galt in den Anfangsjahren als mehr oder weniger unregierbar, weil verschiedene Völker um die Vorherrschaft stritten. Bald wollte sich die im ölreichen Nigerdelta gelegene südöstliche Provinz Biafra abspalten. 1967 gipfelte die Sezessionsbewegung im Biafra-Krieg, bei dem das Ausland beide Seiten massiv mit Waffen unterstützte. Im Laufe der blutigen Auseinandersetzung verhungerten geschätzte 500 000 bis 2 Millionen Menschen, 100 000 starben im Krieg und bei den Massakern, bevor die Abtrünnigen 1970 kapitulierten und Biafra wieder Teil Nigerias wurde.[12]

Seither hat Nigeria seinen Frieden nicht gefunden. Bis heute leidet das Staatsgefüge unter verschiedenen ethnisch und religiös motivierten bewaffneten Konflikten. Das Land ist wirtschaftlich, politisch, sozial und religiös gespalten wie kaum ein zweites: Einerseits ist Nigeria inzwischen die größte Volkswirtschaft Afrikas, von deren Reichtum eine kleine, extrem wohlhabende Oberschicht profitiert. Andererseits hat weniger als die Hälfte der Landbevölkerung Zugang zu sauberem Trinkwasser. Während 80 Prozent der Einnahmen aus dem Ölgeschäft bei 1 Prozent der Bevölkerung landen, dessen Kinder meist auf teure Privatschulen im Ausland gehen, erodiert das landeseigene Bildungssystem. Schulgebäude verfallen, Lehrer sind unterbezahlt und Lehrpläne veraltet. Ähnlich marode wie das Bildungswesen ist das Gesundheitssystem, mit der Folge, dass die Lebenserwartung nigerianischer Männer nur bei 52 und die der Frauen bei 53 Jahren liegt und damit sechs, respektive sieben Jahre unter dem ohnehin schon niedrigen afrikanischen Mittelwert. Weltweit leben die Menschen im Schnitt sogar 19 Jahre länger als in Nigeria.

Obwohl die Nation über 700 000 Quadratkilometer nutzbares Ackerland besitzt und zwei Drittel der Nigerianer in der Landwirtschaft arbeiten, ist die Produktivität so niedrig, dass Nigeria pro Jahr 4 Millionen Tonnen Weizen einführen muss und der zweitgrößte Reisimporteuer der Welt ist.[13] Nigeria ist außerdem der zehntgrößte Ölproduzent der Welt. Einkünfte aus dem Ölgeschäft machen über 90 Prozent seines Exportgeschäftes und über 70 Prozent der Staatseinnahmen aus. Damit ist das Land extrem abhängig vom Ölpreis, der in der jüngeren Vergangenheit deutlich gefallen ist. Ohnehin beträgt das Wirtschaftswachstum über die letzten Jahre im Mittel nur 5 Prozent: sehr wenig für ein stark wachsendes Entwicklungsland.[14]

Die schwierige wirtschaftliche und soziale Lage ist ein Spiegelbild der Bildungslandschaft und der Bevölkerungsentwicklung. Zu Zeiten des Biafra-Krieges lag die Kinderzahl je Frau landesweit bei 6,6 und 90 Prozent der erwachsenen Frauen hatten keinerlei Schulbildung. Heute bekommen die Nigerianerinnen im Schnitt immer noch 5,5 Kinder. Allein der sehr langsame Rückgang der Fertilität ist ein Beleg für die schwache sozioökonomische Entwicklung des Landes, das mittlerweile 182 Millionen Menschen zu versorgen hat – ungefähr so viele wie Deutschland, Frankreich und Polen zusammen.

Während Frauen ohne Schulbildung auch heute noch im Durchschnitt 6,7 Kinder bekommen, haben besser gebildete Frauen 3,0 Kinder. Das hohe Bevölkerungswachstum wird mit Sicherheit noch einige Zeit anhalten, denn von den erwachsenen Frauen haben auch heute noch 43 Prozent nie eine Schule besucht. Bei den jungen Frauen zwischen 20 und 24 Jahren ist dieser Anteil zwar gesunken, er liegt aber immer noch bei 21 Prozent. Auch hier zeigt sich eine gespaltene Gesellschaft, denn 38 Prozent der Frauen in dieser Altersklasse haben mittlerweile einen höheren Sekundarabschluss und 8 Prozent ein Hochschulstudium.

Wie geht es längerfristig in einem Land mit so dynamischem Bevölkerungswachstum weiter? Auch hier lassen die unterschiedlichen SSP-Szenarien einen Blick in die Zukunft zu (siehe Abb. 7): Angesichts der nach wie vor sehr hohen Kinderzahlen und der ungewöhnlich jungen Bevölkerung weisen sämtliche Szenarien auf einen anhaltend hohen Bevölkerungszuwachs hin. Selbst im optimistischen SSP1-Szenario würde die Bevölkerung bis 2050 auf 333 Millionen und bis zum Ende des Jahrhunderts auf 439 Millionen anwachsen. Das wären rund zweieinhalbmal so viele Menschen wie heute.

Dass diese Zukunftsperspektive eher unwahrscheinlich ist, lassen die dafür notwendigen Voraussetzungen erahnen: Die Bildung müsste sich sehr schnell auf allen Ebenen ausbreiten und die Wirtschaftspolitik müsste innovative Branchen fördern, denn ein massenhafter Verkauf von Erdöl ist im klimafreundlichen SSP1-Szenario gar nicht möglich. Das Land müsste sich politisch stabilisieren und von guten internationalen Beziehungen profitieren. Nichts von alldem zeichnet sich bisher ab. Doch gelänge es der Regierung tatsächlich, ihr Land auf diesen Weg zu bringen, dann würde Nigeria mit einer viel besser ausgebildeten Bevölkerung und einer um das Elffache gewachsenen Wirtschaft bis Mitte des Jahrhunderts zu einer global wichtigen Kraft aufgestiegen sein.

Ganz anders sieht die Zukunft Nigerias unter den Annahmen von SSP3 aus. Die Bildung würde sich kaum weiter verbreiten, die Zahl der Menschen ganz ohne Schulbesuch aufgrund der hohen Fertilität sogar deutlich wachsen. Die soziale und wirtschaftliche Entwicklung käme zum Erliegen und die Bevölkerungszahl würde sich bis 2050 auf 435 (Nigeria hätte dann nach China und Indien die drittgrößte Bevölkerung der Welt) und bis Ende des Jahrhunderts auf 879 Millionen erhöhen. Das wären mehr, als heute in der EU und in den USA zusammen leben.

Die Zahlen zeugen von den Grenzen der Modellierung. Denn in diesem Fall käme es zu einer Reihe verheerender Rückkopplungen, die ein solches Wachstum auf schreckliche Weise unterbinden würden. Eine solche Menschenzahl wäre unter den dann bestehenden ökonomischen Bedingungen gar nicht zu versorgen – weder

Gesamtfertilitätsrate, 2010-15: - unterste Bildungsgruppe: **6.7** Kinder pro Frau
- höchste Bildungsgruppe: **3.0** Kinder pro Frau

Jahr	SSP1	SSP3
Anteil der Frauen im Alter von 20 bis 39 Jahren mit unterer Sekundärbildung und höher (in Prozent)		
2010	42	42
2050	94	50
2100	100	50
Bevölkerungszahl (in Millionen)		
2010	159	159
2050	333	435
2100	439	879
Bevölkerung nach höchster abgeschlossener Schulbildung (in Millionen)		

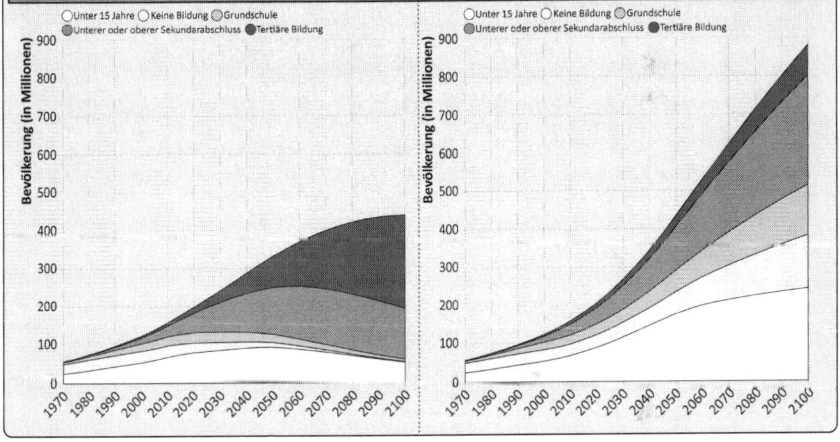

Abb. 7: Nigeria auf dem Weg zum Milliardenvolk?

Quelle: Wittgenstein Centre Data Explorer

mit Nahrung noch mit Energie, Trinkwasser oder medizinischer Betreuung. Der globale Klimawandel, der bis Ende des Jahrhunderts erhebliche Folgen zeigen wird, würde die Lebensbedingungen weiter verschlechtern. Millionen Nigerianer würden einfach sterben. Eine Minderheit, die es sich leisten kann, würde ihr Glück woanders suchen, in besser entwickelten afrikanischen Ländern oder in den letzten wohlhabenden Oasen in Europa, Asien oder Amerika. Doch diese Länder hätten sich bis dahin im SSP3-Szenario längst abgeschottet und überlassen die Armen der Welt weitgehend ihrem eigenen Schicksal.

Auch die heute schon massiven Konflikte zwischen dem überwiegend christlichen Süden und dem weitgehend muslimischen Norden Nigerias würden vermutlich eskalieren. Der Norden ist deutlich ärmer als der Süden und schlechter mit jeder Art von Infrastruktur versorgt, und dazu zählen auch Schulen. Mädchen lernen dort noch seltener lesen und schreiben als im Süden, sie heiraten früher beziehungsweise werden verheiratet und bekommen mehr Kinder. Das Bevölkerungswachstum im Norden (bei gleichzeitig schlechten Einkommensmöglichkeiten) schafft den Nährboden für Unzufriedenheit und für eine Radikalisierung der Bevölkerung. Auf diesem Boden ist die islamistische Terrorgruppe Boko Haram entstanden. Das Worst-Case-Szenario böte den religiösen Fundamentalisten die besten denkbaren Ausbreitungsbedingungen. Sie gehörten zu den wenigen Profiteuren dieses Horrorweges in die Zukunft und könnten halb Afrika in den Abgrund reißen.

Pakistan – Pulverfass am Hindukusch

Die Heimat der Nobelpreisträgerin Malala Yousafzai hat eines der schlechtesten Bildungssysteme der Welt. Dieses harte Urteil fällt niemand anderes als die UN-Bildungsorganisation Unesco. In Pakistan lebt weltweit die zweitgrößte Zahl an Kindern, die nicht zur Schule gehen; zwei Drittel davon sind Mädchen. Eigentlich müsste die Islamische Republik für rund ein Viertel ihrer Gesamtbevölkerung – das sind 52 Millionen Kinder zwischen 5 und 16 Jahren – eine angemessene Bildung anbieten. Davon kann jedoch nicht im Ansatz die Rede sein. Im Education for All Development Index der Unesco belegt Pakistan Platz 113 von 120 untersuchten Ländern.[15]

Auch ein einheimischer Bildungsbericht zeichnet ein schreckliches Bild: Ungefähr die Hälfte der Zehnjährigen verfügt über eine

Lese- und Schreibkompetenz in der Nationalsprache Urdu, die der eines Sechsjährigen entspricht. In der Amtssprache Englisch sind die Ergebnisse noch schlechter. Bei den Rechenfähigkeiten kommt die Hälfte der Zehnjährigen auf das Leistungsniveau von Siebenjährigen. Die Hälfte aller staatlichen Schulen verfügt über keinen Stromanschluss, 36 Prozent haben kein Trinkwasser auf dem Schulgelände, 42 Prozent keine funktionierenden Toiletten.[16]

Besonders alarmierend, so die Unesco, sei die Lage in ländlichen Regionen, vor allem in den nördlichen Provinzen, wo die kulturellen und sozialen Hürden für Bildung besonders hoch sind. Vielfach ist es dort aus »religiösen« Gründen strikt verboten, dass Mädchen zur Schule gehen. In diesen Gebieten haben extremistische Gruppen wie die Taliban das Sagen. Dort sind zwischen 92 und 97 Prozent aller Frauen Analphabetinnen. Bildungsdefizite von Mädchen sind landesweit verbreitet, und die Folgen dieser Diskriminierung finden sich auch in der erwachsenen Bevölkerung: Rund die Hälfte aller Erwachsenen können weder lesen noch schreiben, und auch davon sind zwei Drittel Frauen. Unter anderem deshalb und weil sie im öffentlichen Leben oft nicht geduldet werden, können sie zu 69 Prozent nicht am Erwerbsleben teilhaben. Bei Männern liegt dieser Wert bei lediglich 8 Prozent.

Die katastrophale Lage der Bildung ist mit schuld daran, dass Pakistan fast das höchste Bevölkerungswachstum in Asien hat. Seit seiner Unabhängigkeit im Jahr 1947 hat sich die Zahl der Menschen von 38 auf 190 Millionen erhöht, also verfünffacht. Nicht mitgerechnet ist hier das ehemalige Ostpakistan, das 1971 nach einem mörderischen Bürgerkrieg als Bangladesch unabhängig wurde. Pakistan selbst hat seither immer wieder kurze demokratische Phasen erlebt, die meist in Korruptionsskandalen und mit Militärputschen endeten. Bis heute ist die politische Lage höchst fragil. Nach Schätzungen sind zwischen 2004 und 2013 mehr als 80 000 Pakistaner Opfer von kriegerischen Auseinandersetzungen, von Terror und Gewalt geworden.[17] Vor allem in den nördlichen Provinzen, wo auch der Anschlag auf Malala Yousafzai stattfand und der Bildungsstand am schlechtesten ist, ereignen sich immer wieder Attentate und Massaker an der Zivilbevölkerung.

Zwar hat sich der Bildungsstand der Bevölkerung wie fast in allen Ländern über die Jahre kontinuierlich verbessert und es gibt auch in Pakistan intellektuelle Eliten: Unter den erwachsenen Männern haben heute 8 Prozent und unter den Frauen immerhin 4 Prozent einen Hochschulabschluss. Doch generell sind die Bildungswerte im internationalen Vergleich überaus dürftig. Selbst unter den jungen Frauen zwischen 20 und 24 Jahren haben immer noch 42 Prozent nie eine Schule besucht. Das ist der schlechteste Wert in ganz Asien, soweit Daten bekannt sind. Für Länder wie Afghanistan, wo die Lage noch schlimmer sein dürfte, gibt es keine gesicherten Angaben. Damit schneidet Pakistan selbst gegenüber Afrika schlecht ab.

Gleichzeitig sind die Geburtenraten in Pakistan im Durchschnitt mit 3,3 Kindern pro Frau für asiatische Verhältnisse noch recht hoch. Ungebildete Frauen haben im Schnitt 3,8 Kinder, Frauen mit Hochschulabschluss nur halb so viele. Die Zukunft Pakistans hängt deshalb wie in allen wenig entwickelten Ländern in hohem Maße von der weiteren Expansion der Bildung ab. Im optimistischen Szenario einer raschen sozioökonomischen Entwicklung SSP1 dürfte die Zahl der Pakistaner bis 2050 von heute 190 Millionen auf lediglich 249 Millionen anwachsen. Unter den Bedingungen von SSP3 wären es 344, bis 2100 sogar 550 Millionen, das wären mehr Menschen, als heute in der gesamten EU leben. Bei diesem Wachstum könnte die Bildungsinfrastruktur nicht mithalten, weshalb bis zum Jahr 2100 das Heer der gänzlich ungebildeten Erwachsenen, die nie eine Schule besucht haben, von heute 36 Millionen Frauen und 24 Millionen Männern auf 116 respektive 71 Millionen ansteigen würde. Wie im Fall des SSP3-Szenarios für Nigeria ist allerdings auch für Pakistan nicht vorstellbar, wie über eine halbe Milliarde in weiten Teilen kaum gebildete Menschen überhaupt überleben können.

Gesamtfertilitätsrate, 2010-15: - unterste Bildungsgruppe: **3.8** Kinder pro Frau
- höchste Bildungsgruppe: **1.9** Kinder pro Frau

Jahr	SSP1	SSP3
Anteil der Frauen im Alter von 20 bis 39 Jahren mit unterer Sekundärbildung und höher (in Prozent)		
2010	30	30
2050	85	28
2100	98	28
Bevölkerungszahl (in Millionen)		
2010	174	174
2050	249	344
2100	212	550
Bevölkerung nach höchster abgeschlossener Schulbildung (in Millionen)		

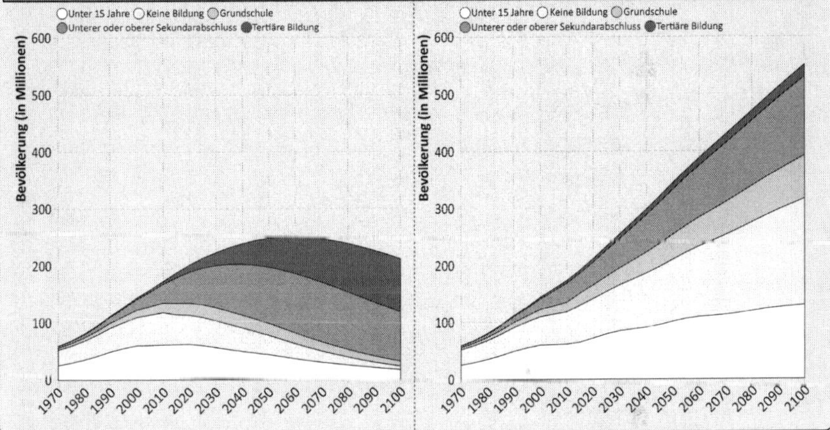

Abb. 8: Pakistan vor der Beruhigung oder auf dem Weg ins Desaster?

Quelle: Wittgenstein Centre Data Explorer

8

WAS TUN?

Bildungsagenda für das 21. Jahrhundert

Die Menschheit von 7,3 Milliarden – bald schon werden es 8, 9 oder 10 Milliarden sein – hat im angehenden 21. Jahrhundert titanische Aufgaben vor sich: Sie muss die Armut und den Hunger überwinden, den Rohstoffbedarf einer global wachsenden Mittelschicht befriedigen, sie muss den Klimawandel bewältigen und den Kampf gegen den Terror gewinnen, um nur ein paar der großen Herausforderungen zu nennen. All dies wird nicht gelingen, solange 58 Millionen Kinder im Grundschulalter nicht zur Schule gehen, über 200 Millionen Menschen arbeitslos sind und 780 Millionen Erwachsene als Analphabeten von jeder Teilhabe an der globalen Wissensgesellschaft ausgeschlossen bleiben.

Solange sich die Bildungslücke zwischen dem entwickelten und dem abgehängten Teil der Welt nicht schließt, droht Abermillionen von Menschen eine Zukunft in Not und Elend. Und diese Zukunft wird schrecklicher sein als das, was heutzutage als schrecklich bezeichnet wird. Sie birgt auch große Gefahren für jenen Teil der Menschheit, dem es besser geht. Bildung für die ganze Weltbevölkerung ist die zentrale Aufgabe für die kommenden Jahre. Ob sie angemessen erledigt werden kann oder nicht, wird gravierende Folgen für das 21. Jahrhundert haben.

Es ist nicht so, als hätten die Weltgemeinschaft, internationale Organisationen oder einzelne Regierungen dieses Problem nicht erkannt. Weltweit ist das Grund- und Menschenrecht auf Bildung in Gesetzen und Verträgen verankert. Allenfalls Terrorregime wie der

Islamische Staat, die Taliban oder Boko Haram haben Unbildung und die Unmündigkeit ihrer Bürger zum politischen Konzept gemacht. Im Jahr 2000 haben die Vereinten Nationen eine abgeschlossene, je nach Land vier- bis sechsjährige Grundschulbildung für alle Kinder als eines ihrer Millenniums-Entwicklungsziele (MDGs) ausgerufen.

Doch 2015, im Zieljahr der großen Vorsätze, ist das Ergebnis so ernüchternd, dass Unicef, Unesco und andere internationale Organisationen von einem »gebrochenen Versprechen« schreiben.[1] Obwohl viele Länder nach dem Beschluss der MDGs zunächst gute Fortschritte erzielt hatten und die Zahl der nicht eingeschulten Kinder im Grundschulalter bis 2007 von rund 100 auf 60 Millionen gesunken war, gab es danach global gesehen keinen Fortschritt mehr. Die Erfolge gingen vor allem auf Verbesserungen in Asien zurück, während sich die Lage in Afrika nur wenig veränderte. Seit 2010 hat die Zahl der Kinder, die keine Schule besuchen, sogar wieder zugenommen. Mehrheitlich waren es Mädchen.[2]

Deshalb mahnen die Vereinten Nationen jetzt – wieder einmal – Verbesserungen an, die in den Nachfolgezielen der MDGs, den sogenannten Nachhaltigen Entwicklungszielen (Sustainable Development Goals, kurz SDGs) verankert sind und noch deutlich ambitionierter ausfallen: Demnach sollen weltweit alle Mädchen und Jungen bis 2030 bereits in der Vorschule lernen, ihre Neugier zu schärfen, um sich damit auf die Aufnahme von Schulwissen vorzubereiten. Sie sollen alle in einer Grundschule eine hochwertige Basisbildung erlangen, also Lesen, Schreiben und Rechnen lernen, sowie anschließend auch eine Sekundarschule absolvieren. Dies soll den Erwerb wichtiger Kompetenzen ermöglichen, die dann im Rahmen einer technischen Weiterbildung beziehungsweise einer für alle zugänglichen Hochschulbildung auf das Berufsleben vorbereiten. Alle Menschen sollen darüber hinaus die Chance zum lebenslangen Lernen erhalten, damit sie ihre Fähigkeiten auf dem Stand der sich schnell wandelnden Wissensgesellschaft halten können.

Ob es sinnvoll ist, die Ziele derart hoch zu stecken, wird sich zeigen, denn je unrealistischer sie sind, umso schneller verlieren sie ihre Glaubwürdigkeit. Ohnehin stehen die Nachhaltigen Entwicklungsziele massiv in der Kritik, weil sie in endlosen Verhandlungen auf 169 Unterziele in 17 Themenfeldern angewachsen sind, die von der Geschlechtergerechtigkeit bis zum Kampf gegen illegale Finanzströme reichen. Die Ziele wurden in Hunderten von Foren in allen Teilen der Welt diskutiert und letztlich in dem vermutlich größten Konsultationsprozess der Menschheitsgeschichte definiert. Zwangsläufig ist so ein sehr langer Wunschzettel entstanden, in dem alle Interessengruppen ihre jeweiligen Lieblingsthemen wiederfinden.

Wie sich die Nachhaltigen Entwicklungsziele in der Praxis umsetzen lassen, müssen die nächsten Jahre zeigen, zumal die Entscheidung, welche Ziele prioritär behandelt werden, bei den nationalen Regierungen liegt. Vor allem im Bereich der Bildung sind die Ziele nach Auffassung vieler Experten viel zu hoch gesteckt: Bis 2030 allen Jugendlichen weltweit einen hochwertigen etwa zwölfjährigen Schulbesuch zu ermöglichen scheint zumindest mit konventionellen Methoden ausgeschlossen. Gerade die am wenigsten entwickelten Länder können die dafür notwendigen Lehrer gar nicht schnell genug ausbilden, sie müssten Lehrkräfte importieren oder neue, elektronische Medien für den Unterricht einsetzen. Wie wir in den vorangegangenen Kapiteln gezeigt haben, ist aber schon ein universeller Schulbesuch bis zum Alter von 15 bis 16 Jahren, also eine abgeschlossene untere Sekundarstufe, ein sehr gutes Rüstzeug für die Entwicklung. Um bis 2030 wirkliche Erfolgsergebnisse verbuchen zu können, wäre es sinnvoller, zunächst dieses Ziel anzupeilen, was für die am wenigsten entwickelten Länder ohnehin einen enormen Kraftakt bedeutet. Ohne internationale Unterstützung werden sie das Ziel kaum erreichen.

Hilft Hilfe überhaupt?

Die entscheidenden Fragen bei all diesen guten Vorsätzen lauten: Wie lassen sich diese Forderungen, die im Vergleich zu den ursprünglichen Zielen erheblich ausgeweitet wurden, in der Praxis und gegen alle in diesem Buch beschrieben Widrigkeiten umsetzen? Was kostet das und wer soll die dafür notwendigen Finanzmittel aufbringen? Und ist es überhaupt sinnvoll, wenn die armen Nationen dabei Hilfe von außen, also von den sogenannten Geberländern, erhalten?

Zu letzterem Punkt gibt es in der Entwicklungszusammenarbeit eine grundsätzliche Diskussion: Es war in den letzten Jahren durchaus umstritten, ob die entwickelte Welt die Not leidenden Staaten beraten sowie finanziell und technisch unterstützen soll – oder ob sich die betroffenen Länder aus eigener Kraft und mit eigenen Ideen aus der Armut befreien sollen und dabei einen auf ihre speziellen Verhältnisse zugeschnittenen Weg finden und ihre Identität bewahren können.

Stellvertretend für die erste Option in diesem Streit steht der amerikanische Ökonom Jeffrey Sachs, der Direktor des Earth Institute an der Columbia University, der als Sonderberater der Vereinten Nationen eine Schlüsselrolle bei der Formulierung der Millenniums- wie auch der Nachhaltigen Entwicklungsziele gespielt hat. Er argumentiert, dass die Entwicklungszusammenarbeit in den letzten Jahren sehr viel erreicht habe und dass sie mit mehr Geld und verbesserten Methoden noch viel mehr erreichen könnte.

Den Gegenpol zu Sachs vertritt am prominentesten William Easterly, ebenfalls amerikanischer Ökonom, der an der New York University lehrt und seine Erfahrung in diesen Fragen über viele Jahre als Wissenschaftler bei der Weltbank gesammelt hat. Easterly hält nichts von der wohlgemeinten Hilfe der reichen Länder, da sie den armen Staaten ihre Ideen und Konzepte aufdränge, dabei aber teilweise eigennützig und oft sogar schädlich sei. Ebenso wenig hält er von Musikern wie Bob Geldof oder Bono, die Millionen mit Live-

Aid-Konzerten einsammelten und das Geld dann ohne Konzept in Hilfsprojekten verpulverten. Dies sei eine moderne Fortsetzung des Von-oben-herab-Kolonialismus. Die Hilfe fördere nur die Abhängigkeit und die Korruption. Das größte Problem der unterentwickelten Länder sei, so Easterly, dass die Armen keine Rechte hätten. Der Titel eines seiner Bücher drückt radikal und deutlich aus, was er damit meint: »Die Tyrannei der Experten: Ökonomen, Diktatoren und die vergessenen Rechte der Armen«.[3]

Tatsächlich belegt Easterly mit umfangreichen Statistiken, dass viele der erfolgreichen Schwellenländer ihren Aufstieg ohne Hilfe von außen und, wie er schreibt, gerade deshalb bewältigt haben – allen voran China, das in nur zwei Jahrzehnten 300 Millionen Menschen aus der extremen Armut befreit hat. Demgegenüber seien viele afrikanische Länder von einem Tropf der Entwicklungshilfe an den nächsten weitergereicht worden und hätten sich trotzdem nicht weiterentwickelt.

Unsere Position in diesem Buch liegt irgendwo zwischen den beiden amerikanischen Ökonomen. Wir glauben mit William Easterly, dass es besser ist, die Menschen als Individuen zu fördern, statt Regierungen oder Bürokratien zu unterstützen. Wir glauben aber mit Jeffrey Sachs, dass zur Lösung der großen globalen Herausforderungen globale Lösungen notwendig sind und schon deshalb die reichen Staaten den armen beim Aufbau ihrer Leistungsfähigkeit, volkswirtschaftlich ausgedrückt: ihres Humankapitals, helfen müssen. Nur so lassen sich die Menschen überhaupt erst befähigen, die Probleme ihrer Länder aus eigener Kraft und unter Wahrung ihrer Identität zu lösen.

Die Hilfe von außen kann somit für manche Länder eine Lösung sein, für andere aber nicht. In Ländern wie Finnland, Japan oder Singapur haben die verantwortlichen Eliten einst die Bildung breiter Bevölkerungsschichten aktiv und mit großem Erfolg vorangetrieben. War hier eine fremde Unterstützung unnötig, so ist sie in anderen Ländern oder Teilen davon geradezu unmöglich: dort, wo die Machthabenden eine Verbreitung der Bildung dezidiert ablehnen. Dies war beispielsweise in Afghanistan unter den Taliban der Fall, und es gilt heute in jenen Teilen von Syrien, Irak, Libyen, Nigeria, Somalia, Pakistan oder Jemen, die unter dem Einfluss radikaler, bildungsfeindlicher Terrorregime stehen.

Doch neben diesen beiden Gruppen von Ländern gibt es zwei weitere, bei denen eine internationale Unterstützung beim Aufbau einer Breitenbildung den entscheidenden Unterschied machen könnte. Das sind einerseits Länder wie Äthiopien oder Mosambik, welche den Wert von Bildung erkannt haben, denen aber die Mittel für einen raschen und hochwertigen Ausbau der Bildungsinfrastruktur fehlen. Und es ist die große Zahl jener Länder, deren Regierungen der Bildung zwar prinzipiell offen gegenüberstehen, die jedoch andere Investitionen wie Straßen, Kraftwerke oder Verbesserungen in der Landwirtschaft kurzfristig als wichtiger erachten. Sie würden sich internationaler Hilfe nicht verschließen und könnten von einer Bildungsexpansion mit allen ihren positiven Folgen früher profitieren, als wenn sie diese aus eigener Kraft, aber deutlich später organisieren würden.

Es gibt zwei gute Gründe, warum der wohlhabende Teil der Welt der Entwicklung in den armen Ländern nicht einfach zuschauen, sondern aktiv eingreifen sollte. Sie sind erstens humanitärer oder ethischer Art: Wem es, aus welchen Gründen auch immer, besser geht und wem die Menschenrechte etwas bedeuten, der hat die Pflicht, jene zu unterstützen, die in einer schlechteren Lage gefangen sind. Zweitens sprechen auch eigennützige Gründe dafür, dem armen Teil der Welt aus der Not zu helfen. In einer globalisierten Welt halten sich die großen Probleme nicht an nationale Grenzen. Gerade die Industrienationen müssen ein massives Interesse an politischer Stabilität in den wenig entwickelten Ländern haben, an möglichst geringen Flüchtlingsströmen und an einer Kontrolle über die sich ausbreitenden Terrorbanden.

Der Kampf der Bildungskulturen ist längst nicht entschieden. Stagniert die Bildungsexpansion in den am wenigsten entwickelten Ländern oder hindern radikale Kräfte die Mädchen am Schulbesuch, dann bleiben die Geburtenraten hoch und die Länder in einem Kreislauf aus Bevölkerungswachstum, Armut und Unbildung gefangen. Die reichen Länder tun also im eigenen Interesse gut daran, zu verhindern, dass die armen Länder in eine noch schwierigere Lage treiben.

Sola schola et sanitate oder: zuerst Bildung und Gesundheit

Wir glauben, dass dies am besten über Investitionen in Basisbildung und Basisgesundheit gelingen kann. Eine solche Hilfe schreibt den Menschen nicht vor, was sie tun sollen. Sie zwingt ihnen kein westliches oder sonst wie geartetes System auf. Die Menschen werden durch die Aneignung von Basiskompetenzen und ein Zurückdrängen von Krankheiten, die sie in ihrer Leistungsfähigkeit einschränken, lediglich dazu befähigt, ihr Schicksal selbst in die Hand zu nehmen und sich aus eigener Kraft zu entwickeln (was William Easterly fordert). Wenn Regierungen die hierfür notwendigen öffentlichen Mittel nicht aufbringen können oder wenn sie Bildung und Gesundheit nicht die notwendige Priorität geben, muss die internationale Gemeinschaft unterstützend einspringen (wie es Jeffrey Sachs fordert).

Dass eine Bildungsrevolution prinzipiell ohne Hilfe von außen funktionieren kann, ist seit Martin Luthers (Bildungs-)Reformation bekannt. Auch wenn die Bedingungen in den mittelalterlichen deutschen Landen nicht mit jenen der heutigen Welt vergleichbar sind: Luther hatte damals allein mit seiner Überzeugungskraft den Anstoß zur Ausbreitung der bis dahin den Eliten vorbehaltenen Bildung auf die breite Masse der Bevölkerung gegeben. Er begründete seine Erneuerungsforderungen an die Kirche markant und in spätmittelalterlichem Latein in seinen *Sola*-Prinzipien: Mit der Formel *sola scriptura,* »nur durch die Schrift« meinte er, dass nur die Bibel und nicht die auf Irrwege geratene kirchliche Lehrmeinung Richtschnur für die Gläubigen sein könne. *Sola fide* bedeutete, dass die Menschen »nur durch den Glauben« den Zugang zum Heil finden könnten. Und *sola gratia* besagte, dass »nur durch die Gnade« Gottes eine Erlösung möglich sei und nicht etwa durch den Kauf von Ablassbriefen.

Um diese reformatorischen Prinzipien in die moderne Zeit zu übertragen, um Luther gewissermaßen die Idee einer neuen Bildungsrevolution in den Mund zu legen, wäre die Formel *sola schola et sanitate* angebracht.[4] Sie bedeutet, dass »nur durch Bildung und Gesundheit« eine faire Teilhabe für alle Menschen an der Welt des 21. Jahrhunderts möglich ist.

Notwendig für diese zweite Bildungsrevolution wäre eine zügige globale konzertierte Aktion von Regierungen, Unternehmen und Philanthropen, die ihre Mittel in einer weltweiten Stiftung für Bildung bündeln müssten. Das Ziel dieser Stiftung sollte weniger umfangreich sein als der überambitionierte UN-Wunschzettel der Nachhaltigen Entwicklungsziele und sich darauf konzentrieren, allen Kindern der Welt eine gute Bildung zumindest bis zum unteren Sekundarabschluss, also bis zum Alter von 15 bis 16 Jahren, zu ermöglichen.

Dieser Weg einer globalen Ad-hoc-Initiative ist keineswegs neu: So hat die Weltgemeinschaft in den letzten 15 Jahren nach diesem Vorbild im Bereich der Gesundheit große Fortschritte gemacht und Infektionskrankheiten wie Malaria oder Aids zumindest eingedämmt. Einige Staaten, darunter die USA, Großbritannien, Norwegen und Schweden, haben sich mit der Bill und Melinda Gates-Stiftung und großen Firmen wie dem Pharmariesen Novartis oder der schwedischen Telekommunikationsfirma Ericsson zusammengetan und dafür gesorgt, dass die Menschen in armen Ländern Zugang zu lebensrettenden Impfstoffen und Medikamenten erlangen. Die Aktion hat Hunderttausenden das Leben gerettet und sie wieder zu produktiven Mitgliedern der Gesellschaft gemacht.

Wo bleibt die große globale Bildungsallianz?

Eine vergleichbare globale Initiative im Bereich der Basisbildung gibt es noch nicht, aber sie wird dringend gebraucht. Anders als bei ihrem massiven Einsatz für Gesundheit in den Entwicklungsländern engagagiert sich die Gates-Stiftung in Sachen Bildung nur innerhalb der USA. Andere potente Stiftungen, die sich für eine weltweite Bildungsrevolution einsetzen würden, sind nicht in Sicht. Es gibt keine multinationalen Konzerne, die ein unmittelbares kommerzielles Interesse an Bildung haben wie die Pharmaunternehmen am Thema Gesundheit. Auch den großen Hilfsorganisationen und den Experten der internationalen Entwicklungszusammenarbeit liegt eine Verbesserung der medizinischen Versorgung meist näher als ein Engagement für die Bildung. Der Einsatz für die Gesundheit lässt sich aus humanitären Gründen besser verkaufen, zumal die Wirkung solcher Hilfen meist unmittelbar sichtbar wird. Die Menschen aus den reichen Ländern spenden gerne und viel im Katastrophenfall, für Hungernde, Flüchtlinge oder Kranke, aber kaum für eine funktionierende Bildungsinfrastruktur. Ein Großeinsatz wie 2014/2015 bei der Bekämpfung der Ebola-Epidemie in Westafrika, die über 11 000 Opfer gefordert und wofür allein die Weltbank 1,6 Milliarden US-Dollar aufgewendet hat, ist im Bildungssektor kaum zu erwarten.

So notwendig die Ebola-Soforthilfe war, es ist kurzsichtig, nicht die gleichen Anstrengungen im Bereich der Bildung zu unternehmen, denn diese ist die Voraussetzung für praktisch alle Aspekte der Entwicklung, einschließlich der Gesundheit. Bei der Bekämpfung von Ebola ist es beispielsweise das Wichtigste, infizierte Personen rasch zu isolieren und zu behandeln. Die Menschen müssen wissen, wie sie sich zu verhalten haben, dass sie kranke Angehörige nicht verstecken oder einen Toten nicht berühren dürfen; sie müssen Zusammenhänge begreifen, sie brauchen funktionierende Gesundheitsdienste und gut ausgebildetes medizinisches Personal. Kurz: Sie brauchen eine gebildete Gesellschaft, um eine Epidemie möglichst rasch einzudämmen. Dieses Wissen war der Grund dafür, dass sich Ebola in den Industrienationen nicht ausbreiten konnte, obwohl es auch dort Fälle eingeschleppter Infektionen gab. Diese Staaten konnten eine Infektion weiter Bevölkerungskreise allein durch ihren hohen Bildungsstand verhindern.

Für eine globale Bildungsallianz müssten private Stiftungen und die Regierungen sowohl in den armen wie in den reichen Ländern mobilisiert werden. Es geht dabei nicht nur um Geld, sondern vor allem um die Überzeugung, dass Bildung die entscheidende Stellschraube für Entwicklung ist. Auch große Konzerne im Informationsbereich wie Google, Apple, Oracle, SAP, Microsoft oder Samsung sollten ein massives Interesse daran haben, dass möglichst viele Menschen auf der Welt Lesen und Schreiben lernen. Schließlich können diese erst dann zu möglichen Nutzern und Kunden ihrer Produkte und Dienste werden.

Doch die Hoffnung, dass es zu einer großen Koalition jener kommt, die an den Erfolg von Bildung glauben und die dafür auch signifikante Geldsummen in die Hand nehmen,[5] hat sich gerade erst wieder zerschlagen: Auf der globalen Konferenz zur »Finanzierung der Entwicklung«, die im Juli 2015 im äthiopischen Addis Abeba stattfand, haben die Delegierten über so ziemlich alles verhandelt, aber nicht über die zentrale Bedeutung von Bildung für die Entwicklung. Im Schlussdokument der Konferenz taucht Bildung nur unter ferner liefen auf – als einer von verschiedenen Aspekten des sozialen Fortschritts. Anders als die Experten von Unicef oder Unesco, die sich seit vielen Jahren bemühen, der Bildung einen höheren Stellenwert zu verschaffen, sind die Menschen an den Schalthebeln der Entwicklungszusammenarbeit davon bisher weniger überzeugt. Das »*Sola schola et sanitate*«-Prinzip hat sich in der internationalen Diskussion noch nicht durchgesetzt.

Um das zu ändern, bedarf es einer öffentlichen nationalen und internationalen Debatte. An dieser müssen sich nicht nur die Vertreter der Entwicklungs- und Bildungspolitik beteiligen, sondern auch Repräsentanten der Außen-, Wirtschafts- und Sicherheitspolitik. Sie alle sind davon betroffen, wenn die armen Länder arm bleiben, wenn sich radikale bildungsfeindliche Gruppen ausbreiten und ganze Staaten zerfallen. Auch Wissenschaft, Unternehmen und Zivilgesellschaft müssen sich in dieser Frage engagieren, denn sie ist zentral für die Zukunft der Menschheit.

Die für eine neue globale Bildungsrevolution notwendigen Mittel sind geradezu bescheiden: Die Unesco hat kürzlich eine Finanzierungslücke von jährlich 22 Milliarden US-Dollar ermittelt. Diese Summe wäre notwendig, um allen jungen Menschen in den Ländern mit niedrigen und mittleren Einkommen eine qualitativ hochwertige Bildung in der Vorschule, Grundschule und der unteren Sekundarstufe zu ermöglichen. Verglichen mit den Militärausgaben vieler Länder sind das geradezu Kleckerbeträge. Der US-Ökonomie-Nobelpreisträger Joseph E. Stiglitz schätzt allein die innerhalb der USA angefallenen Kosten der amerikanischen Militärintervention im Irak auf 3 000 Milliarden Dollar.[6] Mit einem Zehntel dieser Summe hätten sich die kumulierten Bildungskosten der Entwicklungsländer bis zum Jahr 2030 finanzieren lassen. Selbst in Sportereignisse fließt mehr Geld, als für die globale Basisbildung nötig wäre. So steckt das Ölscheichtum Katar geschätzte 200 Milliarden US-Dollar in die Infrastruktur rund um die Fußball-WM 2022, die in zwölf Stadien in der Wüste Arabiens ausgetragen werden soll.[7] 150 Millionen soll das Land in die Bestechung von Fifa-Funktionären investiert haben.[8]

Bei einer globalen Bildungsrevolution geht es nicht darum, die Einschulungsraten nur auf dem Papier zu verbessern, um den Ansprüchen internationaler Geldgeber Genüge zu tun; es geht vielmehr um die Qualität der Bildung. Dies müssen vor allem die Verantwortlichen der wenig entwickelten Länder begreifen, denn nur wenn die Schulen und Hochschulen dieser Länder die Menschen wirklich fit für die Aufgaben des 21. Jahrhunderts machen, werden sie sich aus dem Kreislauf von Unbildung und Armut befreien können. Die ostasiatischen Schwellenländer sind jenen in Afrika südlich der Sahara wirtschaftlich nicht nur voraus, weil sie ihre Kinder länger zur Schule schicken, sondern weil diese dabei so viel lernen, dass sie bei gleicher Schulbesuchsdauer afrikanischen Kindern in den Bildungsergebnissen vier Jahre voraus sind. Dies zeigen vergleichende Kompetenzstudien, die das Basiswissen in Mathematik und Naturwissenschaften messen.[9]

Schlussendlich brauchen die Verantwortlichen in der Politik eine Eigenschaft, die dort höchst selten anzutreffen ist: Geduld. Bildung kostet Geld, ist überaus sinnvoll, trägt aber nur langfristige Erfolge. Es vergehen viele Jahre, bis die besser gebildeten Kinder ins Haupterwerbsalter kommen und sich die Investitionen in Bildung volkswirtschaftlich bemerkbar machen, bis sie die Lebensbedingungen der Menschen verbessern oder zur Demokratisierung beitragen. Aber dieser Zeitverzug zwischen Investition und Gewinn lässt sich nun einmal nicht verhindern.

Dennoch: sofort handeln

Doch gerade weil sich die Erfolge von Bildungsanstrengungen nicht über Nacht zeigen, ist Eile geboten. Mit jedem Tag, an dem Menschen wegen mangelnder Bildung scheitern und an dem sich die Lage ganzer Länder verschlechtert, wächst die Gefahr von Krisen aller Art. Im Folgenden beschreiben wir deshalb in zwölf Punkten, wo die Politik die richtigen Prioritäten setzen muss und wie sich der allgemeine Diskussionsprozess in eine Richtung lenken lässt, die der Bedeutung von Bildung mehr Gewicht verleiht.

1. Bildung beginnt vor der Schule
   Alle Länder der Welt sollten die wissenschaftlichen Erkenntnisse aus Neurobiologie, Psychologie, Linguistik, Soziologie und Ökonomie zur Kenntnis nehmen, wonach die Lernerfahrungen der frühen Kindheit den weiteren Entwicklungsweg eines Menschen nachhaltig beeinflussen. Die ersten Lebensjahre, in de-

nen das Gehirn der Kinder reift, sind entscheidend für den späteren Nutzen, den dieses Organ seinen Besitzern bringen kann. Defizite in der frühkindlichen Entwicklung lassen sich in späteren Lebensphasen auch durch intensives Training kaum ausgleichen. Die deutsche Akademie der Wissenschaften Leopoldina zieht daraus den Schluss, dass die Investitionen in qualitativ hochwertige frühkindliche Bildungs- und Betreuungsangebote sowohl für das einzelne Kind als auch für die gesamte Gesellschaft wichtig und rentabel sind.[10] Investitionen am Anfang der Bildungskarriere erbringen die höchsten fiskalischen Renditen. Generell geht es bei dem Bildungsengagement für Kinder nicht nur um die Vorbereitung auf die schulische Bildung, sondern auch um den Erwerb von sozialen und emotionalen Kompetenzen und die persönliche Verhaltenssteuerung, die sogenannte Selbstregulationskompetenz. Diese beschreibt die Fähigkeit, Gefühle zu verarbeiten, eine Frustrationstoleranz zu entwickeln, zielgerichtet zu handeln und kurzfristige Befriedigungen gegenüber langfristigen Zielen zurückzustecken.

In den meisten Entwicklungsländern herrschen massive Defizite in Bezug auf fast alle Aspekte der frühkindlichen Förderung. Das gilt für die kognitive Förderung in Vorschulen und Kindergärten. Häufig sind die Kinder auch medizinisch schlecht versorgt oder es mangelt ihnen an ausreichender und hochwertiger Nahrung, wodurch sich ihr junger Körper und besonders das Gehirn nicht optimal entwickeln kann. Aber selbst in den reichsten Ländern ist die Frühpädagogik oft mangelhaft. Viele Kinder sind dort mit Konsumgütern überversorgt, haben zu wenig Bewegung und keine Gelegenheit, ihren Gleichgewichtssinn und ihre Körperwahrnehmung zu trainieren, was wiederum eine wichtige Voraussetzung für die geistige Entwicklung ist.

Ein Problem in den entwickelten Ländern besteht darin, dass die medizinischen Aspekte der frühkindlichen Entwicklung häufig von den sozialen, emotionalen und kognitiven getrennt betrachtet werden. Während für Erstere meist ein effizientes

System der Frühuntersuchungen besteht, gibt es für Letztere keine flächendeckende Unterstützung und Förderung durch öffentliche Stellen. In Deutschland etwa findet eine mehr oder weniger gute Prüfung der kognitiven Fähigkeiten erst kurz vor der Einschulung statt.

Wegweisend in diesem Punkt ist das in Kapitel 3 beschriebene finnische *Neuvola*-System, was nichts anderes als »Beratungs«-System bedeutet. Es bietet vom Beginn der Schwangerschaft bis zum Schuleintritt der Kinder kostenfreie medizinische Betreuung, Erziehungsberatung und Kontrolle der geistigen Entwicklung und wird von Fachpersonal in kommunalen Gesundheitszentren geleistet. *Neuvola* ist ein Garant für Chancengleichheit und letztlich für wirtschaftlichen Erfolg. Finnland hat das System bereits 1944 flächendeckend eingeführt.

Frühkindliche Betreuungs- und Bildungsangebote helfen vor allem dem Nachwuchs, der es von Haus aus schwerer hat, also Kindern aus armen, benachteiligten und sogenannten bildungsfernen Haushalten. Dies gilt nicht nur im reichen Finnland, sondern auch in wenig entwickelten Ländern, beispielsweise im ländlichen Bangladesch: Dort haben lokale Nichtregierungsorganisationen 1800 Vorschulen eingerichtet. Die betreuten Kinder können, wenn sie in der zweiten Klasse der Grundschule sind, im Schnitt besser sprechen, lesen, schreiben und rechnen als ihre Altersgenossen, die keine Vorschule besucht hatten.[11]

2. Mindestens zehn Jahre Schule für alle

Solange die grundsätzliche Forderung der im Jahr 2000 beschlossenen Millenniums-Entwicklungsziele nicht erfüllt ist, bleibt sie aktuell: Alle Kinder der Welt müssen eine Grundschulbildung erhalten. An diesem zentralen Punkt sind vor allem die Regierungen der betroffenen Länder gefordert. Sie sind verpflichtet, ihrem Nachwuchs, und zwar Jungen wie Mädchen, zumindest diese Chance zu bieten, und zwar auch in den entlegenen, hauptstadtfernen Gebieten. Gleichzeitig sollten Eltern ermutigt werden, ihre Kinder in der Schule lernen zu lassen, anstatt sie zu Hause, in der Landwirtschaft, in Bergwerken oder Fabriken zur Arbeit zu schicken. Hier haben sich »an Bedingungen geknüpfte Geldleistungen« *(conditional cash transfers)* bewährt. Diese mittlerweile weltweit verbreiteten Programme geben Lebensmittelhilfen oder Bargeld an arme Familien, wenn ihre Kinder eine Schule besuchen oder geimpft werden. Die Programme sind vor allem in ländlichen Gebieten erfolgreich. Sie kosten wenig, sind an klare Regeln gebunden und bedeuten eine gute Investition in kommende Generationen.[12]

Gleichzeitig mit der Einlösung des Versprechens, allen Kindern der Welt die Tür zur Grundschule zu öffnen, muss die Einsicht reifen, dass damit lediglich eine Basis für ihre weitere Entwicklung gelegt ist. Alphabetisierung allein reicht nicht aus, um global wettbewerbsfähig zu sein. Ein junger Mensch in Afrika muss sich wirtschaftlich nicht nur in seinem regionalen afrikanischen Umfeld behaupten können, sondern auch auf den hoch vernetzten Märkten der globalen Wissensgesellschaft. Ziel jeder Entwicklung muss es sein, dass sich die Wirtschafts-, Einkommens- und Wohlstandsunterschiede auf der Welt verringern.

Um die intellektuellen Fähigkeiten, die jedem Kind gegeben sind, ausreichend zu entwickeln, ist zumindest eine untere Sekundarbildung notwendig. Der »Bildung für alle«-Report der UN-Bildungsorganisation Unesco fordert deshalb, dass Kinder und Jugendliche nicht nur Basisfertigkeiten wie Lesen, Schreiben und Rechnen erwerben, sondern auch Schlüsselkompetenzen wie die Fähigkeit zu kritischem Denken, zur Lösung von Problemen und Konflikten sowie zur Entwicklung zu verantwortungsvollen Weltbürgern.[13] Dies entspräche einer ganzheitlichen und praxisnahen Bildung, von der die meisten Kinder in Entwicklungsländern nur träumen können. Dazu müssten vor allem in ländlichen Gebieten, wo die meisten der armen Menschen in großen Familien leben, Sekundarschulen errichtet und mit neuen Lehrern und modernen Lehrplänen ausgestattet werden. Eine ebenso große Herausforderung besteht darin, die Eltern von Sinn und Zweck dieser Schulen zu überzeugen.

Aus gutem Grund gibt es in praktisch allen entwickelten Ländern eine Schul- beziehungsweise Bildungspflicht von mindestens zehn Jahren. Eltern, die dieser Verpflichtung nicht nachkommen, machen sich strafbar. Warum sollte das, was in den reichen Ländern als gut und wichtig erkannt wurde, nicht auch für alle anderen Länder der Welt gelten?

3. Mehr und bessere Lehrer ausbilden

Kein Faktor erhöht den Lernerfolg von Kindern stärker als gute, motivierte und motivierende Lehrer. Doch in den armen Ländern hat das Lehrpersonal im Schnitt Klassen von 43 Kindern vor sich. Die Bezahlung und die Kontrolle der Lehrer sind meist so schlecht, dass diese oft gar nicht erst zum Dienst erscheinen. Viele Lehrer haben selbst keinen höheren Schulabschluss, geschweige denn ein Pädagogikstudium absolviert. In 48 Ländern der Welt benötigen Lehrer der unteren Sekundarstufe selbst nur einen unteren Sekundarabschluss als Ausbildung. Sie sind also im besten Fall so gut qualifiziert, wie es ihre Schüler einmal werden sollen. Zudem fehlen in diesen Ländern weibliche Lehrer, die den Schülerinnen als Rollenmodell dienen könnten. Die verantwortlichen Regierungen müssen deshalb deutlich mehr Anstrengungen unternehmen, um qualifiziertes Lehrpersonal zu rekrutieren und auszubilden.[14]

4. Bildungsverlierern eine zweite Chance geben

Viele Kinder in den armen Ländern gehen entweder gar nicht zur Schule oder brechen diese schon vor dem Abschluss der Grundschule ab. Sie werden in jungen Jahren zur Arbeit gezwungen, ihre familiären Verhältnisse lassen einen Schulbesuch nicht zu oder sie werden mit Gewalt daran gehindert. Solche Kinder brauchen eine zweite Chance. Zu diesem Zweck existieren in verschiedenen lateinamerikanischen und asiatischen Ländern spezielle Programme: Jugendliche erhalten eine dreijährige Nachqualifikation, an die sich eine berufliche Ausbildung anschließt. Dadurch entkommen sie häufig der Gefahr, auf ihrem späteren Lebensweg in die wirtschaftliche Bedeutungslosigkeit abgeschoben zu werden. Diese Programme sollten vor allem auf jene Länder ausgeweitet werden, in denen es viele Bildungsverlierer gibt.

5. Marginalisierte Gruppen mitnehmen

Während bestimmte Länder und Weltregionen in Sachen Bildung klar benachteiligt sind, gilt das Gleiche auch innerhalb vieler Länder für bestimmte Teile der Bevölkerung. Diese marginalisierten Gruppen können selbst in einem Umfeld, das eigentlich gute Startchancen bietet, zu Bildungsverlierern werden. Das gilt beispielsweise in vielen arabischen Staaten für Kinder aus armen Familien. Im Oman etwa, einem der reichsten Länder der Welt, erreichen arme Kinder im Schnitt nur denselben Lernstandard wie ihre Altersgenossen im westafrikanischen Entwicklungsland Ghana. In Osteuropa sind Romakinder die Bildungsverlierer, und in den größten EU-Staaten Deutschland, Frankreich und Großbritannien schneiden Kinder aus Zuwandererfamilien deutlich schlechter ab als solche der Mehrheitsgesellschaft. In Frankreich etwa erreichen Migrantenkinder lediglich das Leistungsniveau von gleichaltrigen Schülern in Mexiko. Dass es auch anders geht, zeigen vor allem ostasiatische Länder wie Südkorea, Japan oder Singapur: Dort ist es möglich, Kinder und Jugendliche unabhängig von ihrer sozialen Herkunft in gleicher Qualität auszubilden.[15] In allen Fällen hat der Staat aktiv die soziale Unterstützung benachteiligter Kinder betrieben und bewiesen, dass eine Inklusion möglich ist.

6. Diskriminierung von Mädchen beenden

Weltweit am stärksten benachteiligt sind Mädchen, die in vielen Ländern aus gesellschaftlichen oder vermeintlich religiösen

Gründen an einem gleichberechtigten Schulbesuch gehindert werden. Die Diskriminierung von Mädchen und Frauen und damit in manchen Ländern die Marginalisierung der halben Bevölkerung ist vermutlich das größte Entwicklungshemmnis der Menschheit. Die Entwicklungszusammenarbeit muss den betroffenen Ländern auf allen Ebenen den volkswirtschaftlichen Nutzen eines gleichberechtigten Bildungszugangs beider Geschlechter deutlich machen. Finanzhilfen sind zwingend an diese Gleichberechtigung zu koppeln. Frauen ohne Bildung bleibt der Arbeitsmarkt weitgehend verschlossen, wohingegen die Chance auf eine Beschäftigung und ein angemessenes Einkommen mit der Qualifikation steigt. Besonders benachteiligt sind jene fast 3 Millionen Mädchen in Afrika südlich der Sahara, in West- und Südasien, die schon mit 15 Jahren verheiratet sind. Dieses Los trifft vor allem Mädchen, die nie eine Schule besucht haben. Weil Bildung die beste Versicherung gegen Zwangsheiraten ist, ließe sich nach Schätzungen der Unesco allein durch den Besuch einer Sekundarschule die Zahl der Kinderehen auf weltweit 1 Million reduzieren.[16]

7. Zeitgemäße Möglichkeiten nutzen

Genau wie Martin Luthers erste Bildungsrevolution nur mit der neuen Technologie des Buchdrucks möglich wurde, kann heute das Internet Wissen nahezu kostenfrei in jeden entlegenen Winkel der Erde bringen und so die endgültige Demokratisierung von Bildung einleiten. Die Digitalisierung, welche die gesamte Industriekultur ohnehin revolutioniert, bietet für die Ausbreitung von Bildung enorme, bislang weitgehend ungenutzte Chancen. Warum sollen die Menschen in den entlegenen und wirtschaftlich abgehängten Gebieten Afrikas warten, bis ihre Regierungen die Schulen bauen und die Lehrer ausbilden, die für den Unterricht der vielen Kinder nötig sind, wenn ein Mobilfunknetz das Gleiche viel schneller und billiger erledigen kann? Viele Kinder würden die Grundrechenarten oder die Rechtschreibung ohnehin lieber mit einem kreativen Computerspiel lernen als mit einem unfähigen Lehrer. Der Microsoft-Gründer und Philanthrop Bill Gates glaubt, dass Bildungssoftware in den nächsten 15 Jahren so gut und billig wird, dass ein Unterricht für Grundschüler praktisch ohne Lehrer möglich ist.[17]

Diese technische Lösung macht gute Lehrer nicht überflüssig, aber sie würde bedeuten, dass auch Lehrkräfte ohne ausreichende fachliche Fähigkeiten Online-Bildungsdienste im Unterricht einsetzen können. Haben die Kinder dann erst einmal eine Basisbildung erhalten, könnten sie online an jedem Bildungskurs teilnehmen, der in ihrer Sprache verfügbar ist. Bildungsministerien und IT-Unternehmen sollten solche Angebote rasch entwickeln und die notwendige Hardware kostenfrei zur Verfügung stellen. Beherrschen die Kinder dann Englisch oder eine andere weit verbreitete Sprache gut genug, können sie zahlreiche, heute schon verfügbare Open-Source-Angebote zu allen erdenklichen Lerninhalten nutzen.

Für die weitere Bildung ist der Zugang zum Wissen sogar noch einfacher geworden: So sind praktisch alle Vorlesungen in sämtlichen Disziplinen selbst amerikanischer Top-Universitäten wie Yale, Harvard oder Berkeley längst online verfügbar. Ein mit einer guten Schulbildung ausgerüsteter Jugendlicher in einem armen afrikanischen Land kann auf diesem Weg ein Wissen erwerben, das anderswo mit Zehntausenden von Dollar zu bezahlen ist. Selbst fundamentalistische Religionsfanatiker mit mittelalterlichen Vorstellungen von einer Gesellschaft können den Zugang zum globalen Bildungsschatz des 21. Jahrhunderts nicht komplett blockieren. Gerade dort, wo die Bedingungen des Lernens bewusst erschwert werden, bietet das Internet oft die einzige Quelle der Aufklärung.

Aber auch der Umgang mit diesen vielversprechenden neuen Möglichkeiten erfordert ein gewisses Maß an Basisbildung und etwas kritisches Denken. Um das Internet nutzen zu können, müssen die Kinder lesen können. Um wertvolle von unsinniger

Information zu unterscheiden, brauchen sie etwas Urteilsvermögen. Und schließlich hat gerade bei Kindern das Lernen eine starke Beziehungskomponente. Diese kann nur ein Lehrer, aber kein Computer übernehmen.

8. Lebenslang lernen

In den entwickelten Ländern setzt sich langsam, aber sicher die Erkenntnis durch, dass Bildung nicht nur in der Schul- und Ausbildungszeit stattfindet, sondern eine lebenslange Notwendigkeit ist. Die starren Lebensphasen Ausbildung – Erwerbstätigkeit – Ruhestand lösen sich auf. Was ein Mensch einmal in seinen jungen Jahren gelernt hat, reicht heutzutage in den seltensten Fällen für ein ganzes Berufsleben. Wissen und Techniken veralten schnell und müssen über eine fortwährende Weiterbildung aufgefrischt werden. Nur so lässt sich sicherstellen, dass die Erwerbstätigen länger produktiv bleiben können, was angesichts einer stetig steigenden Lebenserwartung immer notwendiger wird. Das lebenslange Lernen ist zudem die beste Grundlage für ein gesundes und fittes Leben im Alter.

Hier schließt sich ein Kreislauf, den alle modernen Gesellschaften erleben: Die Bildung von Frauen und deren zunehmende Berufstätigkeit führt zwangsläufig von einer Gesellschaft mit hohen zu einer mit niedrigen Kinderzahlen. Bildung verlängert zudem das Leben und ist damit die Hauptursache für die Alterung der Gesellschaften. Aber sie ist auch das wichtigste Instrument, um die Folgen dieser Alterung abzufedern, denn besser gebildete Menschen leben nicht nur länger, sondern sind im Durchschnitt auch länger körperlich, geistig und wirtschaftlich aktiv.

Noch wichtiger als in den Industrienationen ist dieses Instrument in den Schwellen- und Entwicklungsländern, wo die Lebenserwartung zwar ebenfalls steigt, es bislang jedoch kaum eine soziale Absicherung im Alter gibt. Dort sind die Menschen besonders auf eine am Anfang ihres Lebens erworbene gute

Qualifikation angewiesen, die ihnen in Kombination mit lebenslangem Weiterlernen möglichst lange ein Einkommen sichert. Auch hier bedingt das eine das andere: Menschen mit einer besseren Ausgangsbildung tun sich auch beim Weiterlernen leichter.

9. Bildung als gesellschaftliches Steuerungsinstrument nutzen

Die bisher genannten Punkte machen deutlich, dass demografische und gesellschaftliche Entwicklungen kein Schicksal sind, sondern in weiten Teilen steuerbar. Im politischen Alltag teilen deshalb in den Ländern verschiedene Ministerien die unterschiedlichen Aufgaben unter sich auf: Das Gesundheitsministerium ist für die Gesundheit zuständig, das Arbeitsministerium für die Beschäftigungspolitik und so weiter. Es gibt jedoch Faktoren, die übergeordnet auf all diese Arbeitsgebiete einwirken und die einen größeren Einfluss auf einzelne Entwicklungen haben als spezifische Eingriffe, die nur auf ein Ressort zugeschnitten sind. Die Bildung ist einer der wichtigsten dieser übergeordneten Faktoren, denn sie wirkt sich auf den Erfolg nahezu aller Ressorts aus. Bildung sollte deshalb viel stärker als wirtschafts- und sozialpolitisches Steuerungsinstrument genutzt werden.

Das gilt besonders im Bereich der demografischen Entwicklung. Dort sind direkte Interventionen aus moralischen und politischen Gründen meist verpönt. Den Menschen vorzuschreiben, wie viele Kinder sie bekommen sollen, ist politisch hochproblematisch. Es lässt sich praktisch ohnehin kaum durchsetzen, weshalb dieser Ansatz nur sehr selten erfolgreich war, etwa in autoritären Regimen wie in China. Bildungsangebote zu machen, Aufklärung zu betreiben und Familienplanung anzubieten ist hingegen eher unproblematisch und löst allenfalls in fundamentalistischen Kreisen Proteste aus. Über die Bildung lässt sich der Wohlstand erhöhen, die Gesundheit verbessern, die Zahl der Teenagerschwangerschaften senken – alles erstrebenswerte Entwicklungen – und nebenbei das Bevölkerungswachstum beeinflussen.

10. Regierungen der armen Länder in die Verantwortung nehmen

Selten war die Not der Menschen in den Krisengebieten der Welt so groß wie heute. Die größte Flüchtlingswelle seit Ende des Zweiten Weltkriegs beunruhigt viele Menschen in Europa und löst trotz mancher Vorbehalte eine enorme Hilfsbereitschaft aus. Doch interessanterweise ist aus den Regionen, denen die Menschen den Rücken kehren, kaum eine Regung zu vernehmen. Weder die Afrikanische Union noch die Arabischen Liga empören sich über das Elend ihrer eigenen Leute. Die Bereitschaft der reichen Ölstaaten, Flüchtlingen aus arabischen »Bruderstaaten« Asyl zu gewähren, geht gegen null. Keiner der einflussreichen Präsidenten Afrikas, nicht einmal ein Staatssekretär, habe sich bisher in Lampedusa oder Malta gezeigt, um seine ertrunkenen Landsleute zu betrauern, schreibt Rupert Neudeck, der Mitbegründer der seit Jahren auf dem Weltmeeren tätigen Hilfsorganisation Cap Anamur. Und sie hätten auch nichts unternommen, damit die Menschen gar nicht erst hätten flüchten müssen.[18]

Die Menschen, um die es geht, fliehen vor Krieg und Gewalt, es treibt sie aus der Armut in den (potenziellen) Wohlstand, sie suchen Sicherheit statt Chaos. Sie fliehen aus Regionen, in denen ein Staat nach dem anderen zerfällt, vor einem Totalversagen ihrer Regierungen. Und sie fliehen aus Regionen, in denen die Bildung keine Wertschätzung erfährt oder gar bekämpft wird, hin zu Wissensgesellschaften. Den Regierenden der Herkunftsländer scheint dies nicht bewusst zu sein oder sie wollen es nicht wahrhaben. Würden sie sich den Fakten stellen und im Interesse ihrer Länder handeln, müssten sie daraus die richtigen Schlüsse ziehen und die Rechte der Menschen auf Sicherheit, auf einen Job und auf Bildung fortan ernst nehmen. Jede Hilfe an diese Länder muss deshalb an Bedingung geknüpft werden, damit dies endlich geschieht.

11. Aufklärung innerhalb der Religionen fördern

In vielen islamischen Ländern, vor allem im arabischen Raum, wird die Religion missbraucht, um Frauen zu diskriminieren, um Andersdenkende zu bekämpfen und zu unterdrücken, um historische Zeugnisse anderer Religionen zu zerstören und um eine vermeintliche Überlegenheit der eigenen Kultur gegenüber einer »westlichen« Bildungskultur zu erklären. In den Krisenstaaten Westasiens, des Nahen Ostens und vieler Teile Afrikas ist der Islam geradezu synonym mit Armut, mangelnder Bildung und extremer Benachteiligung von Frauen.[19] An sieben der elf gegenwärtig geführten Kriege sind islamistische Extremisten beteiligt. Zahllose Interventionsversuche ausländischer Mächte haben immer wieder bewiesen, dass sich dieser Terror mit Gegengewalt zwar bekämpfen, aber nicht besiegen lässt. Eine Lösung muss aus dem Inneren des Islam selbst kommen. Muslime müssen davon überzeugt sein, dass nur sie und ihresgleichen ihre Religion reformieren können – wie es die Christen in der Finsternis des Mittelalters getan haben. Auch ihnen hat die Bildung seinerzeit bei ihrer Erneuerung geholfen. Es besteht die berechtigte Hoffnung, dass eine sich ausbreitende Bildung in den muslimischen Ländern irgendwann auch den Islam reformiert und dass der Koran eine historisch-kritische Interpretation erfährt (so wie die Bücher der anderen Religionen auch).

Die Bildung breiter Bevölkerungsschichten hat die großen muslimischen Staaten Malaysia und Indonesien auf diesem Weg einer friedlichen Entwicklung begleitet. Im Nahen Osten könnte der Iran mit seinem hohen Bildungsstand der nächste Kandidat für eine befriedende Säkularisierung sein. Aber auch der Westen kann zu einer Modernisierung des Islam beitragen: Er muss die religiöse Toleranz gegenüber seinen Zuwanderungsgesellschaften vorleben, sich mit dem Islam auseinandersetzen und säkulare Kräfte stärken. Das friedliche Zusammenleben mit Zugewanderten und der Aufstieg von Migranten durch Bildung müssen Vorbildcharakter bekommen. Die Nachrichten darüber müssen sich über die Landesgrenzen bis in die Herkunftsländer der Migranten verbreiten.

Fundamentalisten gibt es nicht nur im Islam. Bildungs- und wissenschaftsfeindliche Strömungen und Gegner von Aufklärung gibt es in allen großen Religionen, vom Christentum über das Judentum bis zum Hinduismus. Wenn Fundamentalisten ihre Botschaften verabsolutieren und Andersdenkenden statt mit Argumenten mit Gewalt begegnen, dann sind sie wie Al Kaida oder Boko Haram eine Gefahr für den Frieden. Bildung allein kann diese Gefahr nicht bannen, zumal die geistigen Anführer dieser Gruppen häufig gut gebildet sind. Aber sie lassen sich am besten zurückdrängen, wenn die Völker, die sie tyrannisieren, selbst möglichst gut gebildet sind und den fundamentalistischen Ideologien ein kritisches Bewusstsein entgegensetzen können.

12. Wissenschaftliche Bildungskultur als Grundlage für staatliches Handeln akzeptieren

Die anstehenden sozialen, wirtschaftlichen und ökologischen Herausforderungen zu Beginn des 21. Jahrhunderts lassen sich nicht durch Ideologen oder Fundamentalisten lösen. Weder christliche Kreationisten, die einen erheblichen Einfluss auf die US-amerikanische Politik ausüben, noch Islamisten, die ihre Religion zum primitiven Machterhalt missbrauchen, oder Hindu-Extremisten, die versuchen, auf dem indischen Subkontinent die Zeit zurückzudrehen, haben irgendeine Lösungskompetenz für die akuten Probleme der Menschheit. Diese Probleme sind zum Teil neuer Natur, und sie werden im Rahmen der Globalisierung noch verstärkt.

Die Politik muss sich daher mehr als bisher dafür öffnen, sich durch fachkundige Experten aus den »Interventionswissenschaften« beraten zu lassen: durch Klimaexperten, Demografen, Agrarwissenschaftler oder Konfliktforscher. Die Politik muss lernen, zu verstehen, wie Systeme und Gesellschaften funktionieren und welche Konsequenzen bestimmte Eingriffe haben beziehungsweise wohin das Nichthandeln führt. Großbritannien hat zu diesem Zweck das Government Office for Science etabliert, das dazu dienen soll, die Regierung mit den besten wissenschaftlichen Argumenten zu beraten und Beschlüsse auf Basis von langfristigem strategischem Denken zu fassen.[20] Entscheiden muss am Ende natürlich immer noch die Politik, denn Wissenschaftler sind in der Regel keine guten Politiker. Im Idealfall wird sie dabei durch das Votum der Bevölkerung gestützt.

Diese zwölf Punkte zur Überwindung der weltweiten Bildungsarmut haben keinen Anspruch auf Vollständigkeit. Sie bauen auf den in diesem Buch dargestellten Analysen auf und fassen die sich daraus ergebenden Handlungsprioritäten zusammen. Sie sollen die Dringlichkeit einer neuen Bildungsrevolution untermauern, denn die heute vielerorts spürbaren Negativentwicklungen, vom Klimawandel über die Ausbreitung des Terrors bis zu den weltweiten Flüchtlingsströmen, haben eine große Eigendynamik und lassen sich nicht von heute auf morgen stoppen. Wird die Bildungsrevolution nicht rasch angegangen, wird eine Lösung der Probleme immer schwieriger.

Wer überlebt? Die Weichen werden jetzt gestellt

Dieses Buch handelt von der Bedeutung von Bildung für das Überleben der Menschen, ja der gesamten Menschheit. Schon immer haben sich Wissen und die Fähigkeit, mit Wissen umzugehen, auf das Wohlergehen, den Erfolg und letztlich die Überlebensfähigkeit jedes Einzelnen und seiner Angehörigen ausgewirkt. Heute werden in allen Ländern der Welt neu geborene Kinder mit einer deutlich höheren Wahrscheinlichkeit die kritischen ersten Lebensjahre überleben, wenn ihre Mütter zumindest eine Basisbildung haben. Auch wie lange das Leben eines jeden Einzelnen dauert, ist stark von seiner Bildung abhängig. Je nach Gesellschaft und Lebensstil haben die höchsten Bildungsgruppen eine vier bis zwölf Jahre höhere Lebenserwartung als die niedrigen Bildungsgruppen.

Auch ganze Länder und Gesellschaften haben so etwas wie eine »Lebens«- beziehungsweise Zukunftserwartung. Ob sie prosperieren, ob sie sich gut entwickeln oder untergehen, ob sie ihren Bürgern ein sicheres und gutes Leben bieten können oder ob sie Unzufriedene und Frustrierte gegen die Regierenden aufbringen, das alles hängt direkt vom Bildungsstand ihrer Bevölkerung ab. Nur Staaten mit einer ausreichend qualifizierten Bevölkerung sind in der Lage, die öffentliche Gesundheit, die Verwaltung, Sicherheit und Infrastruktur sowie die Rahmenbedingungen für die Wirtschaft an den Anforderungen des 21. Jahrhunderts auszurichten. Nur diese Länder können den Menschen persönliche Entfaltung, Wohlergehen und ein gesundes Leben ermöglichen, also Bedingungen für ein friedliches Zusammenleben schaffen. Auch im Wettstreit um Anteile am Weltmarkt und um Einfluss auf die Gestaltung der internationalen Ordnung werden die besser gebildeten Nationen eine deutlich stärkere Position haben.

Auf globaler Ebene freilich sitzen alle Menschen im selben Boot. Kein Land kann sich heute isolieren und von den wichtigen Entwicklungen im Rest der Welt abkoppeln. Das gilt insbesondere für den Klimawandel, der keine nationalen Grenzen kennt. Es gilt aber auch für die globalisierte Wirtschaft, für größere Konflikte und deren Folgen, zu denen die internationale Migration gehört. Ob die Menschen in Pakistan oder Nigeria künftig von der globalen Bildungsrevolution profitieren können, ist deshalb auch im Interesse von Ländern wie Deutschland oder den USA, die Tausende Kilometer von diesen Krisenherden entfernt sind.

Der Kampf der Bildungskulturen ist deshalb ein Ringen um die Zukunft der Menschheit – und das ist für viele Menschen gar nicht so offenkundig erkennbar. Es findet jenseits der Tagespolitik und der täglichen Nachrichten statt, deren Inhalte sich lediglich mit den Auswirkungen dieses Kampfes beschäftigen: mit dem Hunger und der Armut auf der Welt, mit dem um sich greifenden Terror, mit den aufflammenden Konflikten, Bürgerkriegen und anschwellenden Flüchtlingsströmen.

Der Kampf der Bildungskulturen vergrößert die Entwicklungskluft zwischen dem besser und dem schlechter qualifizierten Teil der Weltbevölkerung immer weiter, denn die Unbildung produziert ihre eigenen Kinder. Deren Chancen werden immer geringer, während die Bildungskulturen von den Erkenntnissen der Wissenschaft profitieren und ihr Leben weiter verbessern können. Dieses Auseinandertreiben ist vermutlich die größte Gefahr für die Zukunft der Weltgemeinschaft. Unbildung ist der ärgste Feind der Menschheit.

DANK

Dieses Buch haben wir zu weiten Teilen im südafrikanischen Stellenbosch geschrieben. Beide Autoren waren dort Ende 2014 und Anfang 2015 eingeladen, als Fellows am Stellenbosch Institute for Advanced Study (STIAS) zu arbeiten. Die gesamte Mannschaft des STIAS, besonders Direktor Hendrik Geyer, sowie alle anderen Fellows aus den verschiedensten Disziplinen und Ländern haben uns mit ihren täglichen Diskussionen immer wieder inspiriert. Die Natur Südafrikas, die Verpflegung und der Wein des Instituts haben das Ihre für das Gedeihen dieses Buches getan.

Besonderer Dank gilt dem Historiker Gerald Stourzh sowie dem Medizinhistoriker und Theologen Richard Toellner für wichtige Hinweise zu einzelnen Kapiteln. Für Unterstützung bei der Erstellung der Grafiken bedanken wir uns bei Markus Speringer und Samir KC. Die Forschungen und Szenarien, die diesem Buch zugrunde liegen, wurden zum Teil vom Internationalen Institut für Angewandte Systemanalyse (IIASA), dem Österreichischen Fonds zur Förderung der Wissenschaftlichen Forschung (FWF – Wittgenstein Preis 2010) und dem European Research Council (ERC – 2008-AdG 230195-FutureSoc) finanziell unterstützt.

Die Lektorin Sabine Rock hat wieder einmal sorgfältigste Arbeit geleistet und uns an vielen Stellen mit den richtigen Fragen konfrontiert. Vielen herzlichen Dank dafür.

ANMERKUNGEN

Alle Bevölkerungsdaten stammen, wenn nicht anderes vermerkt, von der UN Population Division http://esa.un.org/unpd/wpp/DVD/

1 Der Kampf der Bildungskulturen

1 Yousafzai, M., und Lamb, C. (2013): Ich bin Malala: Das Mädchen, das die Taliban erschießen wollten, weil es für das Recht auf Bildung kämpft. München
2 BBC News (19.01.2009): Diary of a Pakistani Schoolgirl. http://news.bbc.co.uk/2/hi/south_asia/7834402.stm (abgerufen am 20.07.2015)
3 Die Rede ist dokumentiert auf: https://www.youtube.com/watch?v=3rNhZu3ttIU (abgerufen am 20.07.2015)
4 Human Rights Council (2015): Report of the Office of the United Nations High Commissioner for Human Rights on the human rights situation in Iraq in the light of abuses committed by the so called Islamic State in Iraq and the Levant and associated groups. http://docs.dpaq.de/8711-ohchr_report_iraq_-_18.03.2015_embargoed.pdf (abgerufen am 20.07.2015)
5 Boom, M. (2015): Cubs of the Caliphate. The Children of the ISIS. Foreign Affairs, 21.07.2015
6 Global Coalition to Protect Education from Attack (2014): Education under Attack. http://protectingeducation.org/sites/default/files/documents/eua_2014_full_0.pdf (abgerufen am 20.07.2015)
7 United Nations (2015): Background Paper on Attacks Against Girls Seeking to Access Education. http://www.ohchr.org/Documents/HRBodies/CEDAW/Report_attacks_on_girls_Feb2015.pdf (abgerufen am 20.07.2015)
8 Human Rights Watch (2014): World Report 2014: Nigeria. http://www.hrw.org/world-report/2014/country-chapters/nigeria (abgerufen am 22.07.2015)

9 The Long War Journal (2015): Boko Haram. http://www.longwarjournal.org/boko-haram (abgerufen am 22.07.2015)
10 Solomon, H. (2015): Terrorism and Counter-Terrorism in Africa. Fighting Insurgency from Al Shabaab, Ansar Dine and Boko Haram. Basingstoke
11 Krüger, K. (2012): Es war einmal Timbuktu. Frankfurter Allgemeine Zeitung, 10.07.2012 http://www.faz.net/aktuell/feuilleton/zerstoerung-in-mali-es-war-einmal-timbuktu-11813564-p3.html (abgerufen am 22.07.2015)
12 Schiermeier, Q. (2015): Attempts to predict terrorist attacks hits limits. Nature, 20.01.2015. http://www.nature.com/news/attempts-to-predict-terrorist-attacks-hit-limits-1.16755 (abgerufen am 22.07.2015)
13 Unesco Institute for Statistics and Unicef (2015): Fixing the Broken Promise of Education for All: Findings from the Global Initiative on Out-of-School Children. Montreal
14 Unicef Statistics Pakistan (2015): http://www.unicef.org/infobycountry/pakistan_pakistan_statistics.html (abgerufen am 22.07.2015)
15 Lutz, W., et al. (2014): World Population & Human Capital in the Twenty-First Century. Oxford
16 World Intellectual Property Organization (2013): http://www.wipo.int (abgerufen am 22.07.2015) Hinter der Zahl der anerkannten Patente verbergen sich Mehrfachzählungen, denn ein und dasselbe Patent kann in verschiedenen Ländern angemeldet werden
17 Winkler, H.A. (2014): Geschichte des Westens, Band 3. Die Zeit der Gegenwart. München
18 Lutz, W., et al. (2014): World Population & Human Capital in the Twenty-First Century. Oxford
19 Ebda.
20 United Nations Population Division (2012): World Population Prospect, the 2012 Revision, high variant. New York

2 Der unbewusste Wegbereiter der Moderne

1 Dilba, E. (2008): Typographielexikon. Norderstedt
2 Kästner, I. (1978): Ausbreitung des Buchdrucks und historische Bedeutung der Erfindung Gutenbergs. Wiesbaden

3 Schofield, R. (1986): Did Mothers Really Die? Three Centuries of Maternal Mortality in the ›World We Have Lost‹. In: Bonfield, L., et al. (Hrsg.): The World We Have Gained. Oxford

4 Schilling, H. (2012): Martin Luther. Rebell in einer Zeit des Umbruchs. München, S. 241

5 Aland, K. (Hrsg.) (1990): Luther Deutsch, Band 5. Die Schriftauslegung. Göttingen, S. 70

6 Schilling, H. (2012): Martin Luther. Rebell in einer Zeit des Umbruchs. München, S. 435

7 Scheible, H. (2010): Aufsätze zu Melanchthon. Tübingen

8 Jesse, H. (2005): Leben und Wirken des Philipp Melanchthon: Dr. Martin Luthers theologischer Weggefährte. München, S. 150

9 Ebda., S. 139 ff.

10 Schilling, H. (2012): Martin Luther. Rebell in einer Zeit des Umbruchs. München, S. 443

11 Sehling, E. (2009): Die Evangelischen Kirchenordnungen des XVI. Jahrhunderts, Band 17, Teil 2

12 Stout, D. (2011): Stone toolmaking and the evolution of human culture and cognition. Philosophical Transactions of the Royal Society. Series B, Bd. 366, S. 1050–1059

13 LeVine, R. A., et al. (2012): Literacy and Mothering. How Women's Schooling Changes the Lives of the World's Children. Oxford

14 Piaget, J. und Inhälder, B. (1993): Die Psychologie des Kindes, München

15 China Education Center: History of Education in China. http://www.chinaeducenter.com/en/chistory.php (abgerufen am 02.08.2015)

16 Monroe, P. (1907): A Brief Course in the History of Education. New York

17 Ebda.

18 Asia for Educators: Issues and Trends in China's Demographic History (2009). http://afe.easia.columbia.edu/special/china_1950_population.htm

19 Chaudhary L. (2012): Caste, Colonialism and Schooling: Education in British India. Social Science Research Council, working paper, Mai 2012. http://papers.ssrn.com/sol3/papers.cfm?abstract_id=2087140 (abgerufen am 24.07.2015)

20 Monroe, P. (1907): A Brief Course in the History of Education. New York

21 Bleicken, J. (1995): Die athenische Demokratie. Paderborn

22 Harris, W. (1989): Ancient Literacy. Cambridge

23 Blindermann, A. (1969): Medieval Correspondence Education. History of Education Quarterly 9, Nr. 4, S. 471–474

24 Black, R. (2007): Education and Society in Florentine Tuscany: Teachers, Pupils and Schools. Leiden
25 Graff, H. (2005): On Literacy in the Renaissance. Overview and Reflections. In: The Routledge Falmer Reader in History of Education. London
26 Schilling, H. (2012): Martin Luther. Rebell in einer Zeit des Umbruchs. München, S. 174
27 Frago, V. (1990): The history of literacy in Spain: Evolutions, Traits and Questions. History of Education Quarterly, Vol. 30, Nr. 4, S. 573–599
28 Broadberry, S., und Roake, O. (2010): The Cambrigde Economic History of Modern Europe, Vol. 1. 1700–1870. Cambridge
29 Weber, M. (1904/1905): Die protestantische Ethik und der Geist des Kapitalismus. Tübingen. Neuauflage 2013: München
30 Becker, S.O., und Wößmann, L. (2009): Was Weber Wrong? A Human Capital Theory of Protestant Economic History. The Quarterly Journal of Economics, Vol. 124, Nr. 2, S. 531–596
31 Die Zeit (13.05.2009): Bildet Euch! Interview mit Ludger Wößmann. http://www.zeit.de/2009/01/C-Interview-Woessmann/seite-2 (abgerufen am 22.07.2015)
32 Becker, S.O., und Wößmann, L. (2009): Was Weber Wrong? A Human Capital Theory of Protestant Economic History. The Quarterly Journal of Economics, Vol. 124, Nr. 2, S. 531–596
33 Goldin, C., und Katz, L.F. (2008): The Race between Education and Technology. Cambridge
34 Ebda.

3 Aus bitterster Armut an die Spitze

1 Alsan, M. (2015): The Effect of the Tsetse Fly on African Development. American Economic Review, Vol. 105 (1), S. 385–410
2 Diamond, J. (1997): Arm und Reich. Die Schicksale menschlicher Gesellschaften. Frankfurt
3 Goldstone, J. (2008): Why Europe? The Rise of the West in World History 1500–1850. New York
4 Huntington, S.P. (1998): Kampf der Kulturen. Die Neugestaltung der Weltpolitik im 21. Jahrhundert. München

5 Lutz, W. (1984): Finnish Fertility since 1722. Helsinki.
6 Ebda.
7 Botschaft von Finnland (06.04.2006): 100 Jahre Parlament und Frauenwahlrecht in Finnland. http://www.finnland.de/public/default.aspx?contentid=121123& (abgerufen am 14.02.2015)
8 OECD: Pisa 2009 results. Executive summary. http://www.oecd.org/pisa/46643496.pdf (abgerufen am 14.02.2015)
9 Easterly, W. (2013): The Tyranny of Experts: Economists, Dictators, and the Forgotten Rights of the Poor. New York
10 Angaben von Nokia: http://www.networks.nokia.com/about-us/sustainability/employees (abgerufen am 01.08.2015)
11 Ministry of Education (2015): Education Statistics Digest 2014. Singapur
12 Auswärtiges Amt (2015): Singapur. Kultur- und Bildungspolitik. http://www.auswaertiges-amt.de/sid_9F9AFF0FD16A131163A8D5F630C9806C/DE/Aussenpolitik/Laender/Laenderinfos/Singapur/Kultur-UndBildungspolitik_node.html#doc400140bodyText3 (abgerufen am 05.05.2015)
13 The Atlantic (12.05.2012): Singapore: Miracle at the Center of the World. http://www.theatlantic.com/business/archive/2012/05/singapore-miracle-at-the-center-of-the-world/257082/ (abgerufen am 01.08.2015)
14 Lutz, W. (2012): Demographic metabolism: A predictive theory of socioeconomic change. Population and Development Review, Vol. 38 (Supplement), S. 283–301
15 The World Bank: World Development Indicators, GDP per capita in current US$. http://data.worldbank.org/indicator/NY.GDP.PCAP.CD (abgerufen am 01.08.2015)
16 Lutz, W. (Hrsg.) (1994): Population – Development – Environment. Understanding Their Interactions in Mauritius. Heidelberg
17 Der Vatikan: Text der Enzyklika Humanae Vitae. http://www.vatican.va/holy_father/paul_vi/encyclicals/documents/hf_p-vi_enc_25071968_humanae-vitae_ge.html. (abgerufen am 01.08.2015)
18 Xenos, C. (1977): Mauritius. Family Planning, Maternal & Child Health Services. Port Louis
19 Lutz, W., und Toth, F.L. (Hrsg) (1991): Population, Economy, and Environment in Mauritius. International Institute for Applied Systems Analysis (IIASA), Collaborative Paper CP-91–01, S. 331. Wien
20 Dirooven, V. (2013): Overview of the ICT Sector and Software Industry in Mauritius. http://www.ncb.mu/English/Documents/News/World%20IP%20Day%202013/session%201/Overview%20ICT%20Sector%202013.pdf (abgerufen am 01.02.2015)

21 IDG Connect (2013): Mauritius: The IT Island Paradise. http://www.idgconnect.com/abstract/3270/mauritius-the-it-island-paradise (abgerufen am 01.02.2015)

22 African Economic Outlook (2015): Mauritius. http://www.africaneconomicoutlook.org/en/countries/southern-africa/mauritius/ (abgerufen am 01.02.2015)

23 Moneyweb (2014): Mauritius: Africa'a next financial service hub? http://www.moneyweb.co.za/moneyweb-financial/mauritius-africas-next-financial-services-hub (abgerufen am 01.02.2015)

24 The World Bank (2014): Doing Business 2015. Going Beyond Efficiency. http://www.doingbusiness.org/~/media/GIAWB/Doing%20Business/Documents/Annual-Reports/English/DB15-Chapters/DB15-Report-Overview.pdf (abgerufen am 01.02.2015)

25 Freedom House: Mauritius. Freedom in the World 2014. https://freedomhouse.org/report/freedom-world/2014/mauritius-0#.VIV0asnIckI (abgerufen am 01.02.2015)

26 Subramanian, A., und Roy, D. (2001): Who Can Explain The Mauritius Miracle: Maede, Romer, Sachs, or Rodrik? International Monetary Fund. IMF Working Paper WP/01/

27 United Nations (2012): World Population Prospects: The 2015 Revision. http://esa.un.org/wpp/documentation/publications.htm (abgerufen am 01.02.2015)

28 Klingholz, R., und Vogt, G. (2013): Demografisches Neuland. Schneller noch als Deutschland muss Japan Antworten auf eine schrumpfende und alternde Gesellschaft finden. Berlin-Institut für Bevölkerung und Entwicklung. Berlin

29 OECD (2015): Online-Datenbank. Paris. http://stats.oecd.org/. (abgerufen am 01.08.2015)

30 Williamson, J.B., und Higo, M. (2007): Older Workers: Lessons from Japan. Boston College Center for Retirement Research. http://crr.bc.edu/wp-content/uploads/2007/06/wob_11.pdf (abgerufen am 08.02.2015)

31 Lutz, W., und KC, S. (2011): Global Human Capital: Integrating Education and Population. Science, Vol. 333, Nr. 6042, S. 587–592

32 Jisheng, Y. (2012): Grabstein – Mùbei: Die große chinesische Hungerkatastrophe 1958–1962. Frankfurt/M. Siehe auch: Rummel, R. J. (2007): China's Bloody Century: Genocide and Mass Murder since 1900. Piscataway, NJ

33 Rand Corporation (2015): China's aging population poses challenges, but changes to health and migration policies can help. http://www.rand.org/news/press/2015/01/19.html (abgerufen am 01.08.2015)

34 Greenhalgh, S. (2008): Just One Child: Science and Policy in Deng's China. Berkeley
35 Basten, S., et al. (2014): Future Fertility in Low Fertility Countries. In: Lutz, W., et al. (2014): World Population and Global Human Capital. Oxford University Press
36 Bloom, D., et al. (2003): The Demographic Dividend: A New Perspective on the Economic Consequences of Population Change. Santa Monica
37 Crespo, J. et al. (2014): Is the demographic dividend an education dividend? Demography, Vol. 51, Nr. 1, S. 299–315
38 Mason, A. (2002): Capitalizing on the demographic dividend. http://www2.hawaii.edu/~amason/Research/UNFPA.PDF (abgerufen am 01.08.2015)
39 Wang, Q., und Lin, X. (2014): Does religious beliefs affect economic growth? Evidence from provincial-level panel data in China. China Economic Review 31/2014, S. 277–287
40 Einzig im deutschen Sprachraum werden die Roma meist als »Roma und Sinti« bezeichnet.
41 Dokumentations- und Kulturzentrum Deutsche Sinti und Roma: Der nationalsozialistische Völkermord an den Sinti und Roma. http://www.sintiundroma.de/sinti-roma/ns-voelkermord.html (abgerufen am 09.02.2015)
42 Grienig. G. (2010): Roma in der EU. Berlin-Institut für Bevölkerung und Entwicklung. Berlin. http://www.berlin-institut.org/online-handbuchdemografie/bevoelkerungsdynamik/regionale-dynamik/roma-in-europa.html (abgerufen am 01.02.2015)
43 Bar-Ilan, M. (1992): Illiteracy in the Land of Israel in the First Centuries C.E. In: Fishbane, S., et al. (Hrsg.): Essays in the Social. Scientific Study of Judaism and Jewish Society, II. New York
44 Kohlhammer, S. (2006): Kulturelle Grundlagen wirtschaftlichen Erfolgs. Merkur 11/2006, S. 1025–1037
45 Einzigartiges Israel 2.0. http://www.einzigartiges-israel.de/html/164--wissenschaft.html (abgerufen am 01.02.2015)

4 Auf der Verliererstraße?

1 Schoeler, G. (1989): Mündliche Thora und Hadit: Überlieferung, Schreibverbot, Redaktion. Der Islam, Band 66, S. 213–251

2 Schilling, H. (2012): Martin Luther. Rebell in einer Zeit des Umbruchs. München, S. 174
3 Diner, D. (2007): Versiegelte Zeit. Über den Stillstand in der islamischen Welt. Berlin
4 Ebda.
5 Ebda.
6 Atiyeh, G. N. (Hrsg.) (1995): The Book in the Islamic World. Albany
7 Ofek, H. (2011): Why the Arabic World Turned Away from Science. The New Atlantis, Nr. 30, S. 3–23
8 Abdel-Sabad, H. (2010): Der Untergang der islamischen Welt. München
9 Segal, A. (1996): Why Does the Muslim World Lag in Science? Middle East Quarterly, Juni 1996, S. 61–70
10 United Nations Educational, Scientific and Cultural Organization (2010): Unesco Science Report 2010. The current Status of Science around the World. Paris
11 United Nations Development Programme (2002): Arab Human Development Report. Creating Opportunities for Future Generations. New York
12 Maamouri, M. (1998): Language Education and Human Development: Arabic Diglossia and Its Impact on the Quality of Education in the Arab Region. The World Bank: The Mediterranean Development Forum. http://files.eric.ed.gov/fulltext/ED456669.pdf (abgerufen am 01.08.2015)
13 Diner, D. (2007): Versiegelte Zeit. Über den Stillstand in der islamischen Welt. Berlin
14 United Nations Development Programme (2003): Arab Human Development Report. Building a Knowledge Society. New York
15 Maamouri, M. (1998): Language Education and Human Development: Arabic Diglossia and Its Impact on the Quality of Education in the Arab Region. The World Bank: The Mediterranean Development Forum. http://files.eric.ed.gov/fulltext/ED456669.pdf (abgerufen am 01.08.2015)
16 United Nations Development Programme (2002): Arab Human Development Report. Creating Opportunities for Future Generations. New York
17 Global Human Capital Data Sheet (2015). http://www.iiasa.ac.at/web/home/research/researchPrograms/WorldPopulation/FeaturedHighlights/150216-Datasheet2015.html (abgerufen am 01.08.2015)
18 United Nations Economic and Social Commission for Western Asia (2014): Arab Middle Class. Measurement and role in driving change. Beirut

19 Unesco (2014): Teaching and Learning: Achieving quality for all. 2013/14 Report. Paris
20 United Nations Development Programme (2005): Arab Human Development Report. The Acquisition of Human Capabilities. New York
21 Global Human Capital Data Sheet (2015): http://www.iiasa.ac.at/web/home/research/researchPrograms/WorldPopulation/Featured Highlights/150216-Datasheet2015.html (abgerufen am 01.08.2015)
22 United Nations Economic and Social Commission for Western Asia (2014): Arab Middle Class. Measurement and role in driving change. Beirut
23 United Nations Development Programme (2003): Arab Human Development Report. Building a Knowledge Society. New York
24 United Nations Development Programme (2014): Arab Knowledge Report 2014. New York
25 Segal, A. (1996): Why Does the Muslim World lag in Science? Middle East Quarterly, Juni 1996, S. 61–70
26 United Nations Development Programme (2014): Arab Knowledge Report 2014. New York
27 Ghriss, N.F. (2014): The Role of Education in Individual and Sustainable Development. In: Korany, B. (Hrsg.): Arab Human Development in the Twenty-first Century, Cairo
28 SCImago Journal & Country Rank (2013). http://www.scimagojr.com/countryrank.php?area=0&category=0&region=all&year=2013&order=it&min=0&min_type=it (abgerufen am 01.02.2015)
29 Academic Ranking of World Universities (2015). http://www.shanghairanking.com/de/ (abgerufen am 07.07.2015)
30 World Intellectual Property Organization: http://www.wipo.int (abgerufen am 02.08.2015).
31 United Nations Development Programme (2009): Arab Human Development Report. Challenges to Human Security in Arab Countries. New York
32 United Nations Economic and Social Commission for Western Asia (2014): Arab Middle Class. Measurement and role in driving change. Beirut
33 Kröhnert, S. (2006): Warum entstehen Kriege? Welchen Einfluss die demografische und ökonomische Entwicklung auf die Entstehung bewaffneter Konflikte haben. Berlin-Institut für Bevölkerung und Entwicklung. Berlin
34 United Nations Development Programme (2014): Arab Knowledge Report 2014. New York

35 Chabaan, J. (2010): Job Creation in the Arab Countries: Navigation Through Difficult Waters. Research Paper Series: Arab Development Report. United Nations Development Programme
36 Auty, R.M. (1993): Sustaining Development in Mineral Economies: The Resource Curse Thesis. London
37 Al-Shobakky, W. (2008): Petrodollar Science. The New Atlantis, Nr. 22, S. 3
38 Diner, D. (2007): Versiegelte Zeit. Über den Stillstand in der islamischen Welt. Berlin
39 Ebda.
40 Kreiser, K.(2011): Atatürk. Eine Biografie. München
41 Weltbank (2015): World Development Indicators. http://data.worldbank.org/data-catalog/world-development-indicators (abgerufen am 02.10.2015)
42 Bertelsmann Transformation Index 2014: Turkey. http://www.bti-project.de/reports/laenderberichte/mena/tur/index.nc (abgerufen am 18.10.2015)
43 International Labour Organisation (2013): Key Indicators of the Labour Market (KILM) 2013, 8th Edition. Genf
44 Ebda.
45 Kazim, H. (2014): Erdogans Bildungspolitik: Zurück ins Osmanische Reich. Der Spiegel, 8.12.2014. http://www.spiegel.de/politik/ausland/tuerkei-erdogan-fordert-unterricht-in-religion-und-osmanisch-a-1007264.html (abgerufen am 17.10.2015)
46 Ehsan, M. (2006): Islam and Science: An Islamist revolution. Nature, Nr. 444, S. 22–25
47 World Intellectual Property Organization: http://www.wipo.int (abgerufen am 02.08.2015)
48 Lutz, W. et al. (2010): Demography, Education and Democracy: Global trends and the case of Iran. Population and Development Review, Vol. 36, Nr. 2, S. 253–281
49 South Asia Terrorism Portal: Fatalities in Terrorist Violence in Pakistan 2003–2015. http://www.satp.org/satporgtp/countries/pakistan/database/casualties.htm (abgerufen am 02.08.2015)
50 Berlin-Institut für Bevölkerung und Entwicklung (2015): Same trajectories, diverging results. How Bangladesh overtook Pakistan in the demographic transition. Working paper for World Bank Report: Africa's Transition. Dividend or Desaster? Washington, DC
51 Biswas, R. (2013): Future Asia: The New Goldrush in the East, Basingstoke

5 Von enormen Bildungsdefiziten und einem bedrohlichen Bevölkerungswachstum

1 Unesco Institute for Statistics: Data Center, 2015. http://www.uis.unesco.org/datacentre/Pages/default.aspx (abgerufen am 18.10.2015)
2 Unicef (2015): Fixing the Broken Promise of Education for All. Findings from the Global Initiative on Out-of-School Children. New York
3 Unicef (2015): The Investment Case for Education and Equity. New York
4 McKinsey & Company (2011): Out of Africa: A generation of consumers on the rise; Roland Berger Strategy Consultants (2012): Global Topics inside Africa
5 African Development Bank (2011): The Middle of the Pyramid: Dynamics of the Middle Class in Africa. http://www.afdb.org/fileadmin/uploads/afdb/Documents/Publications/The%20Middle%20of%20the%20Pyramid_The%20Middle%20of%20the%20Pyramid.pdf (abgerufen am 02.08.2015)
6 Njiraini, J. (2015): Is Africa the new face of rising wealth and opulence? Africa Renewal, April 2015, S. 28
7 Forbes (2015): The Forbes List Files. Africa's 50 richest. http://www.forbes.com/africa-billionaires/list/#tab:overall (abgerufen am 02.08.2015)
8 African Development Bank et al. (2015): African Economic Outlook 2015. http://www.africaneconomicoutlook.org/en/ (abgerufen am 02.08.2015)
9 The World Bank (2015): GDP growth. http://data.worldbank.org/indicator/NY.GDP.MKTP.KD.ZG (abgerufen am 29.07.2015)
10 Devarajan, S. und Fengler, W. (2013): Africa's Economic Boom. Why the Pessimists and the Optimists are both right. Foreign Affairs 68/2013, Mai/Juni 2013, S. 68–81
11 Unicef (2014): Generation 2030 Africa. New York
12 Hermann, M., et al. (2015): Consequential omissions. How demography shapes development. Lessons from the MDGs for the SDGs. Berlin
13 African Development Bank et al. (2015): African Economic Outlook 2015. http://www.africaneconomicoutlook.org/en/ (abgerufen am 02.08.2015)
14 Roland Berger Strategy Consultants (2012): Global Topics inside Africa
15 United Nations Development Programme (2014): Human Development Reports. http://hdr.undp.org/en/content/human-development-index-hdi (abgerufen am 02.08.2015)

16 Hermann, M., et al. (2015): Consequential omissions. How demography shapes development. Lessons from the MDGs for the SDGs. Berlin
17 African Development Bank et al. (2015): African Economic Outlook 2015. http://www.africaneconomicoutlook.org/en/ (abgerufen am 05.08.2015)
18 The Fund for Peace (2015): Fragile State Index 2015. http://fsi.fundforpeace.org/ (abgerufen am 15.10.2015)
19 Ebda.
20 The Economist (28.02.2013): Africa rising. A hopeful continent
21 Devarajan, S., und Fengler, W. (2013): Africa's Economic Boom. Why the Pessimists and the Optimists Are Both Right. Foreign Affairs 68/2013, Mai/Juni 2013, S. 68–81
22 Barth, H. (2012): Reisen und Entdeckungen in Nord- und Zentralafrika. Wiesbaden
23 International Institute for Applied Systems Analysis: Wittgenstein Centre Data Explorer 2015. http://www.oeaw.ac.at/vid/dataexplorer/ (abgerufen am 22.10.2015)
24 Molony, T. (2014): Nyerere, The Early Years. Melton
25 Nyerere, J. (1968): Freedom and Socialism. A Selection from Writings & Speeches, 1965–1967. Dar es Salaam
26 Unesco Institute for Statistics. Data Center 2015
27 Devarajan, S., und Fengler, W. (2013): Africa's Economic Boom. Why the Pessimists and the Optimists Are Both Right. Foreign Affairs 68/2013, Mai/Juni 2013, S. 68–81
28 Ng, F., und Yeats, A. (2005): Kenya Export Prospects and Problems World Bank Africa Region Working Paper Series. http://ssrn.com/abstract=1172344 (abgerufen am 02.08.2015)
29 UN Population Division (2012): Global Population Estimates and Projections, 2012 http://esa.un.org/unpd/wpp/ (abgerufen am 02.08.2015)
30 Broadberry, S., und Roake, O. (2010): The Cambrigde Economic History of Modern Europe, Vol. 1. 1700–1870, Cambridge
31 The DHS Program (2014): Kenya Demographic and Health Survey 2014. http://dhsprogram.com/what-we-do/survey/survey-display-451.cfm (abgerufen am 02.08.2015)
32 Lutz, W., et al. (2015): The link between Structural Adjustment Programs, education discontinuities and stalled fertility in Africa. IIASA Interim Report IR-15–007; Kakwani, N., et al. (1990): Structural Adjustment and Living Conditions in Developing Countries. The World Bank. Washington, DC
33 Adepoju, A. (Hrsg), (1993): The Impact of Structural Adjustment on the Population of Africa: The Implications for Education, Health, & Employment. London

34 Lutz, W., et al. (2015): The link between Structural Adjustment Programs, education discontinuities and stalled fertility decline in Africa, IIASA Interim Report IR-15–007

35 Teklu, H., et al. (2013): Components of Fertility Change in Ethiopia. Further analysis of the 2000, 2005 and 2011 Demographic and Health Surveys. DHS Further Analysis Reports Nr.80. Calverton, Maryland

36 Wils, A.B., et al. (2001): Mozambique‘s Future: Modelling Population and Sustainable Development Challenges. IIASA Executive Summary, Laxenburg

37 United Nations Development Programme (2014): Assessing Progress in Africa toward the Millennium Development Goals. New York

38 The World Bank (2010): Service Delivery Indicators. Tanzania Education. http://www.sdindicators.org/tanzania-education/ (abgerufen am 12.08.2015)

39 Devarajan, S., und Fengler, W. (2013): Africa's Economic Boom. Why the Pessimists and the Optimists Are Both Right. Foreign Affairs 68/2013, Mai/Juni 2013, S. 68–81

40 Uwezo East Africa (2013): Are Our Children Learning? Literacy and Numeracy Across East Africa. http://twaweza.org/uploads/files/2013%20Annual%20Report%20Final%20Web%20version.pdf (abgerufen am 12.08.2015)

41 Smith-Greenaway, E. (2015): Are literacy skills associated with young adult's health in Africa? Evidence from Malawi. Social Science & Medicine, Nr. 127, S. 124 133

42 Unicef (2015): The Investment Case for Education and Equity. New York

43 Steer, L., und Smith, K. (2015): It's Time to Reverse Declining ODA to Education. Brookings. Education+Development. http://www.brookings.edu/blogs/education-plus-development/posts/2015/01/12-overseas-development-assistance-education-steer (abgerufen am 02.08.2015)

44 Unicef (2015): The Investment Case for Education and Equity. New York; OECD Development Centre Data Base (2015). http://www.unicef.org/publications/files/Investment_Case_for_Education_and_Equity_FINAL.pdf (abgerufen am 12.08.2015)

45 British Council (2014): Can higher education solve Africa's job crisis? Understanding graduate employability in Sub-Saharan Africa

46 Population Reference Bureau (2013): Creating Jobs: Challenge for a Demographic Dividend. In: Africa and the Demographic Dividend. Washington, DC

47 Unicef (2014): Generation 2030 Africa. New York

48 Asian Development Bank (2015): Asian Development Outlook 2013. Financing Asia's Future Growth. http://www.adb.org/publications/asian-development-outlook-2015-financing-asias-future-growth (abgerufen am 01.08.2015)
49 Lee, Y., und Mellor, W. (2015): India Rising, China Slowing Doesn't Mean Modi Wins. Blomberg Business. http://www.bloomberg.com/news/articles/2015–06–16/india-rising-china-slowing-doesn-t-necessarily-mean-modi-wins (abgerufen am 09.08.2015)
50 United Nations Development Programme (2014): Human Development Report 2014
51 Forbes (2015): The Forbes List Files. India's 100 richest people. http://www.forbes.com/india-billionaires/list/#tab:overall (abgerufen am 12.08.2015)
52 United Nations Development Programme (2014): Human Development Index. http://hdr.undp.org/en/content/human-development-index-hdi (abgerufen am 09.08.2015)
53 Ambedkar, B.R. (2011): Castes in India. Nabu Press, Charleston
54 Cheney, G.R., et al. (2005): A profile of the Indian Education System. http://www.teindia.nic.in/files/articles/indian_education_sysytem_by_karthik_murlidharan.pdf (abgerufen am 08.08.2015)
55 Wittgenstein Centre for Demography and Global Human Capital (2015): Wittgenstein Centre Data Explorer 2015
56 Lee, Y., und Mellor, W. (2015): India Rising, Chinas Slowing Doesn't Mean Modi Wins. Bloomberg Business. http://www.bloomberg.com/news/articles/2015–06–16/india-rising-china-slowing-doesn-t-necessarily-mean-modi-wins (abgerufen am 12.08.2015)
57 Prime Minister's Office (2014): Narendra Modi. Governance Track Record

6 Nichts als Vorteile

1 Lutz, W., et al. (2008): The demography of educational attainment and economic growth. Science, Vol. 319, Nr. 5866, S. 1047–1048
2 Elbert, T., et al. (1995): Increased cortical representation of the fingers of the left hand in string players. Science, Vol. 270, Nr. 5234, S. 305–307
3 Wolfgang Lutz, persönliche Mitteilung
4 Kandel, E. (2007): In Search of Memory. New York
5 Sauvy, A. (1958): De Malthus a Mao Tse-toung. Paris

6 Baker, X., et al. (2011): The education effect on population health: A reassessment. Population and Development Review, Nr. 37 (2), S. 307–332
7 Winkler-Dworak, M. (2008): The Low Mortality of a Learned Society. European Journal of Population, Nr. 24, S. 405–424
8 Caselli, G., et al. (2014): Future mortality in low mortality countries. Chapter 5. In: Lutz, W., et al. (Hrsg.): World Population and Human Capital in the 21st Century. Oxford
9 Vallin, J. et al. (2005): Geographic diversity and cause-of-death patterns and trends in Russia. Demographic Research, Vol 12/13, S. 323–380
10 Olshansky, J., et al. (2012): Differences in life expectancy due to race and educational differences are widening, and many may not catch up. Health Affairs, Nr. 31, S. 1803–1813
11 KC, S., und Lentzner, H. (2010): The effect of education on adult mortality and disability: a global perspective. Vienna Yearbook of Population Research 2010, Vol. 8, S. 201–235
12 Statistik Austria: Österreichische Gesundheitsbefragung 2006/07
13 Caselli, G., et al. (2014): Future mortality in low mortality countries. Chapter 5. In: Lutz, W., et al. (Hrsg.): World Population and Human Capital in the 21st Century. Oxford
14 Sanderson, W. (2004): Interactions between education and HIV: Demographic examples from Botswana. In: Lutz. W., et al.: The End of World Population Growth in the 21st Century: New Challenges for Human Capital Formation and Sustainable Development. London
15 Lampert, T., und Kroll, L. (2014): Soziale Unterschiede in der Mortalität und Lebenserwartung. Robert Koch-Institut. Berlin
16 Leong, D., et al. (2015): Prognostic value of grip strength: findings from the Prospective Urban Rural Epidemiology (PURE) study. The Lancet, Vol. 386, Nr. 9990, S. 266–273 http://www.thelancet.com/pdfs/journals/lancet/PIIS0140–6736%2814%2962000–6.pdf (abgerufen am 22.10.2015)
17 Sanderson, W., und Scherbov, S. (2014): Measuring the speed of aging across population subgroups. PLoS ONE 9(5): e96289. doi:10.1371/journal.pone.0096289
18 Pamuk, E., et al. (2011): Comparing relative effects of education and economic resources on infant mortality in developing countries. Population and Development Review, Nr. 37, S. 637–664
19 Fuchs, R., et al. (2010): Education or wealth: which matters more for reducing child mortality in developing countries? Vienna Yearbook of Population Research, Vol. 8, S. 175–199
20 Pamuk, E., et al. (2011): Comparing relative effects of education and economic resources on infant mortality in developing countries. Population and Development Review, Nr. 37, S. 637–664

21 Malik, K. (Hrsg.) (2014): Reducing vulnerability in critical life course phases by enhancing human capital. In: Safeguarding Human Progress: Reducing Vulnerabilities, Building Resilience. UNDP Human Development Report Office. New York
22 Goldin, C. und Katz, L.F. (2008): The Race between Education and Technology. Cambridge
23 OECD (2008): Education at a Glance. OECD Indicators. Paris
24 Schmillen, A., und Stüber, H. (2014): Bildung lohnt sich ein Leben lang. Lebensverdienste nach Qualifikation. IAB-Kurzbericht 1/2014
25 Montenegro, C.E., und Patrinos, H.A. (2014): Comparable Estimates of Returns to Schooling around the World. The World Bank Group. Policy Research Working Paper
26 Lutz, W. (1972): Volksschule, ein Verbrechen am Kind. Informationen (Schülerzeitung des Schottengymnasiums der Benediktiner in Wien), 1/1972, S. 2–4
27 Liessmann. K.P. (2014): Geisterstunde: Die Praxis der Unbildung. Eine Streitschrift. Wien
28 Striessnig, E. (2015): What do we know about education and happiness? Kapitel in der Dissertation an der WU Wien
29 Easterlin, R.A. (1974): Does Economic Growth Improve the Human Lot? In: David, P.A., und Reder, M.W. (Hrsg.): Nations and Households in Economic Growth: Essays in Honor of Moses Abramovitz. New York, S. 89–125
30 Hermann, M. (2015): Consequential omissions. How demography shapes development. Lessons from the MDGs for the SDGs. Berlin
31 UN Population Division, World Population Prospects: The 2012 Revision. New York
32 Siehe ausführliche Diskussion dieses Themas in: Lutz, W., und Skirbekk, V. (2014): How education drives demography and knowledge informs projections. In: Lutz, W., et al. (Hrsg.): World Population and Human Capital in the 21st Century. Oxford
33 Unicef (2011): The State of World's Children 2011. Adolescence: An Age of Opportunity. New York
34 Kirdar, M., et al. (2009): The Impact of Schooling on the Timing of Marriage and Fertility: Evidence from a Chance of Compulsary Schooling Law. http://www.erf.org.eg/CMS/uploads/pdf/1224079467_15-thAC_LBR_Dayioglu_Kirdar_Koc.pdf (abgerufen am 12.10.2015)
35 Tsunami Alarm-System: Vorkommen von Tsunamis im Indischen Ozean. http://www.tsunami-alarm-system.com/phaenomen-tsunami/vorkommen-indischer-ozean.html (abgerufen am 22.10.2015)

36 Frankenberg, E., et al. (2014): Education, Vulnerability, and Resilience after a Natural Disaster. Ecology and Society. Vol. 18 (2), S. 16

37 Pichler, A., und Striessnig, E. (2013): Differential Vulnerability to Hurricanes in Cuba, Haiti, and the Dominican Republic: The Contribution of Education. Ecology and Society, Vol. 18, Nr.3. http://dx.doi.org/10.5751/ES-05774–180331 (abgerufen am 22.10.2015)

38 Muttarak, R., und Pothisiri, W. (2013): The Role of Education on Disaster Preparedness: Case Study of 2012 Indian Ocean Earthquakes on Thailand's Andaman Coast. Ecology and Society, Vol. 18, Nr.4. http://dx.doi.org/10.5751/ES-06101–180451. (abgerufen am 22.10.2015)

39 Lutz, W., et al. (2014): Universal education is key to enhanced climate adaptation: Fund more educators rather than just engineers. Science, Vol. 346, Nr. 6213, S. 1061–1062

40 Glaeser, E.L., et al. (2007): Why does democracy need education? Journal of Economic Growth, Vol. 12, S. 77–99

41 Lutz, et al., (2010): Demography, Education and Democracy: Global trends and the case of Iran. Population and Development Review, Vol. 36, S. 253–281

7 Fortschritt oder Katastrophe?

1 Meadows, D., et al. (1972): Die Grenzen des Wachstums. Bericht des Club of Rome zur Lage der Menschheit. Stuttgart

2 Feder, G., und Umali, D. (1993): The adoption of agricultural innovations: A review. Technological Forecasting and Social Change, Vol. 43, Nr. 3/4, S. 215–239

3 Moss, R., et al. (2010). The next generation of scenarios for climate change research and assessment. Nature Vol. 463, S. 747–756

4 World Economic Forum (2015): 10 global challenges. 10 expert views from Davos. https://agenda.weforum.org/2015/01/10-global-challenges-10-expert-views-from-davos/ (abgerufen am 02.10.2015)

5 The Millennium Project (2014): Global Challenges for Humanity. http://www.millennium-project.org/millennium/challenges.html (abgerufen am 17.10.2015)

6 G7 summit (2015): Key topics for the summit announced. https://www.g7germany.de/Webs/G7/EN/G7-Gipfel_en/Agenda_en/agenda_node.html (abgerufen am 02.10.2015)

7 Lutz, W., et al. (2014): World Population and Human Capital in the 21st Century. Oxford

8 Lutz, W., et al. (2014): Universal education is key to enhanced climate adaptation. Science, Vol. 346, Nr. 6213, S. 1061–1062

9 Das Wittgenstein Centre for Demography and Global Human Capital gründet auf einer Zusammenarbeit zwischen dem Internationalen Institut für Angewandte Systemanalyse (IIASA), der Österreichischen Akademie der Wissenschaften (ÖAW) und der Wirtschaftsuniversität Wien (WU). Publiziert und begründet sind die Berechnungen in: Lutz, W., et al. (2014): World Population and Human Capital in the 21st Century. Oxford

10 KC, S., et al. (2014): Reducing vulnerability in critical life course phases by enhancing human capital. In: Safeguarding Human Progress: Reducing Vulnerabilities, Building Resilience, United Nations Development Programme, Human Development Report Office. New York, S. 151–194

11 SSP Database. https://secure.iiasa.ac.at/web-apps/ene/SspDb/dsd?Action=htmlpage&page=countries (abgerufen am 02.08.2015)

12 New World Encyclopedia: Nigerian Civil War. http://www.newworldencyclopedia.org/entry/Nigerian_Civil_War#cite_note-4 (abgerufen am 02.10–2015)

13 Food and Agriculture Organization of the United Nations (FAOSTAT) (2011): Top imports Nigeria 2011. http://faostat.fao.org/desktopdefault.aspx?pageid=342&lang=en&country=159 (abgerufen am 02.08.2015). Siehe auch: International Rice Research Institute (IRRI): Trends in global rice trade. http://irri.org/rice-today/trends-in-global-rice-trade (abgerufen am 02.08.2015)

14 Barungi, B., et al. (2015): Africa Economic Outlook. Nigeria 2015. http://www.africaneconomicoutlook.org/fileadmin/uploads/aeo/2015/CN_data/CN_Long_EN/Nigeria_GB_2015.pdf (abgerufen am 02.08.2015)

15 Unesco (2012): Education in Pakistan. http://en.unesco.org/gem-report/sites/gem-report/files/EDUCATION_IN_PAKISTAN__A_FACT_SHEET.pdf (abgerufen am 02.08.2015)

16 ASER Pakistan (2015): Annual Status of Education Report 2015. http://www.aserpakistan.org/ (abgerufen am 22.10.2015)

17 IPPNW Germany et al. (2015): Body Count. Casualty Figures after 10 Years of the »War on Terror«. Iraq. Afghanistan. Pakistan. http://

www.ippnw.de/commonFiles/pdfs/Frieden/Body_Count_first_international_edition_2015_final.pdf (abgerufen am 02.10.2015)

8 Was tun?

1 Unesco Institute for Statistics (2015): Fixing the Broken Promise of Education for All. Findings from the Global Initiative of Out-of-School-Children. Montreal
2 Ebda.
3 Easterly, W. (2014): The Tyranny of Experts: Economists, Dictators, and the Forgotten Rights of the Poor. New York
4 Lutz, W. (2009): Sola schola et sanitate: Human capital as the root cause and priority for international development? Philosophical Transactions of the Royal Society. Series B 364, S. 3031–3047
5 Sachs, J. (2015). Financing Education for All. Project Syndicate, 19.03.2015
6 Stiglitz, J., und Bilmes, L. (2008). The Three Billion Dollar War. New York
7 Bloomberg Business (2015): FIFA Graft Probe Threatens New Scrutiny of Qatars's World Cup. http://www.bloomberg.com/news/articles/2015–05–27/qatar-200-billion-world-cup-under-more-scrutiny-amid-fifa-probe (abgerufen am 15.08.2015)
8 Ross, B., et al. (2015): FIFA Officials Arrested Over Alleged »Rampant Systematic« $150M Bribery Scheme. ABC News, 27.05.2015. http://abcnews.go.com/Sports/fifa-officials-arrested-federal-corruption-investigation/story?id=31326400 (abgerufen am 15.08.2015)
9 Wössmann, L. (2015): Wissen und Wohlstand der Nationen. Frankfurter Allgemeine Zeitung, 18.05.2015
10 Deutsche Akademie der Naturforscher Leopoldina (2014): Frühkindliche Sozialisation. Halle (Saale)
11 Unesco (2015): Sustainable Development Begins with Education. New York
12 The Economist (29.07.2010): Give the poor money
13 Unesco (2014): Education for All. Global Monitoring Report. Paris
14 Ebda.
15 Ebda.
16 Ebda.

17 The Guardian (22.01.2015): Bill Gates: digital learning will revolutionise education in global south. http://www.theguardian.com/global-development/2015/jan/22/bill-gates-digital-learning-revolutionise-education-developing-world (abgerufen am 15.08.2015)
18 Frankfurter Allgemeine Zeitung (15.08.2015): Afrika aber schweigt
19 Die Welt (01.05.2015): Die arabische Welt wird ein Desaster sein. Interview mit Thomas L. Friedman
20 Goverment UK/Government Office for Science (2015): The next 5 years. https://www.gov.uk/government/organisations/government-office-for-science (abgerufen am 02.10.2015)

REGISTER

UNIVERSITÄTSBIBLIOTHEK WU WIRTSCHAFTSUNIVERSITÄT WIEN